Antje Schrupp
Victoria Woodhull

Antje Schrupp

Das Aufsehen erregende Leben der

VICTORIA WOODHULL

Ulrike HELMER Verlag

Bibliografische Information Der Deutschen Bibliothek

Die Deutsche Bibliothek verzeichnet diese Publikation in der Deutschen Nationalbibliografie; detaillierte bibliografische Daten sind im Internet über http://dnb.ddb.de abrufbar.

Umschlaggestaltung: Atelier KatarinaS
Druck und Bindung: Niederland Verlagsservice, Königstein/Taunus
Printed in Germany

ISBN 3-89741-105-9

Email: ulrike.helmer.verlag@t-online.de
www.ulrike-helmer-verlag.de

Inhalt

Einleitung

HEILIGABEND im Jahr 1837, in einem kleinen Dorf namens Homer, Ohio, USA: Ein methodistischer Prediger hat am Ortsrand ein riesiges Zelt aufbauen lassen, er will die Menschen zu Christus bekehren. Das religiöse Erweckungs-Spektakel ist willkommen, denn es ist sonst nicht viel los auf diesem abgelegenen Fleckchen Erde. Der Prediger ist gut, die Stimmung aufgeputscht. Die Menge schreit, tanzt und lobt den Herrn. Mitten drin eine der enthusiastischsten Anhängerinnen des Predigers: Roxanna Claflin, genannt Annie. Sie ist vom vielen Schreien schon ganz heiser, fühlt sich Gott nahe. In solchen Momenten vergisst Annie ihre quengelnden Kinder, ihren cholerischen Mann, die anständigen Damen von Homer, die mit ihr, der verrückten Annie, nichts zu tun haben wollen. Irgendwann fällt die junge Frau in Trance, das passiert ihr häufig. Sie hat kaum noch Stimme, trotzdem schreit sie weiter »Halleluja, Halleluja«, bis sie schließlich entkräftet zu Boden sinkt. In dem Moment kommt Buck, ihr Ehemann, zieht sie hinter eine Bank und schiebt ihr den Rock hoch. Rings herum sinken Menschen zu Boden, schreien, stöhnen und singen. Religiöse Ekstase und sexuelle Leidenschaft vereinigen sich zu einer gewaltigen Flamme der Lust – und genau so wurde, jedenfalls nach ihrer eigenen Darstellung, Victoria Woodhull gezeugt.

35 Jahre später kandidiert das Gossenmädchen aus dem kleinen Dorf in Ohio als erste Frau für das Amt des Präsidenten der Vereinigten Staaten von Amerika und verfügt über eine der erstaunlichsten Lebensgeschichten, die man sich denken kann. »Victoria Woodhull hat mehr für die Frauen getan, als jede andere von uns es gekonnt hätte«, schrieb die berühmte Frauenrechtlerin Elizabeth Cady-Stanton, »sie hat den Männern getrotzt und sie herausgefordert und wurde dafür mit Schmähungen überschüttet, die eine Frau schaudern

lassen. Sie hat es riskiert, auf eine Weise von Schande gezeichnet zu werden, die jede andere von uns, die man doch immer willensstark genannt hat, gelähmt haben würde. Sie wird so berühmt sein, wie sie berüchtigt war, ehrlos gemacht von unwissenden und feigen Männern und Frauen. In den Annalen der Emanzipation wird der Name Victoria Woodhull als der einer Befreierin verzeichnet sein.«

Wie ein Flächenbrand überzogen Victoria Woodhulls Aktionen das Amerika der frühen 1870er Jahre. Die Zeitungen übertrumpften sich gegenseitig mit Schlagzeilen. »Petticoats zwischen den Bullen und Bären der Wall Street«, titelten sie, als Woodhull als erste Frau eine Brokerfirma gründete. Der berühmte Karikaturist Thomas Nast zeichnete sie als »Mrs. Satan«, die anständige Frauen auf Abwege führt. »Hiermit verkünde ich, dass die Frauen in Amerika das Wahlrecht haben«, teilte sie in ihrer eigenen Zeitung der erstaunten Öffentlichkeit mit – und das fast fünfzig Jahre vor der offiziellen Einführung des Frauenwahlrechts. Als erste Frau hielt sie 1871 eine Rede vor dem Rechtsausschuss des Kongresses und präsentierte dort ihr »Woodhull Memorial« zum Wahlrecht für Frauen, womit sie der ganzen Frauenbewegung eine neue Richtung gab. Mit ihren Vorträgen über Feminismus, Kommunismus und freie Liebe füllte Victoria Woodhull Säle mit mehreren tausend Plätzen. 1872 gründete sie eine eigene Partei, und 600 Delegierte aus allen Teilen des Landes nominierten sie zu ihrer Präsidentschaftskandidatin. Und als sie die außerehelichen Affären des berühmten Predigers Henry Ward Beecher publik machte, löste sie einen Skandal aus, der die Medien über Jahre hinweg beschäftigte.

Aber Victoria Woodhull war keine gewöhnliche Reformerin, wie es so viele gab im damaligen Amerika. Denn da war immer auch noch eine andere Seite in ihr, eine, die die Verbindung hielt zu der freizügigen und ekstatischen Annie Claflin, ihrer Mutter: Victoria Woodhull hatte Visionen und sah Geister und sie betonte immer wieder, dass sie es seien, die ihr in Trance ihre sozialen Theorien offenbarten. Dem Eisenbahn-Millionär Cornelius Vanderbilt sagte sie mit Hilfe der Geister die Börsenkurse voraus und ließ sich dafür gut bezahlen. Sie hatte Verbindungen zum New Yorker Rotlichtmilieu, einige ihrer besten Freundinnen waren Prostituierte, und eine Zeit lang verdiente sie selbst auf diese Weise ihr Geld. Sie lebte freizügig, hatte wechselnde Liebhaber und nicht zuletzt eine völlig chaotische Familie, die ihr überall hin nachreiste und Streitigkeiten lautstark, häufig betrunken, und nicht selten vor Gericht austrug – zur Freude der Skandalreporter, aber zum Entsetzen der »anständigen« Reformerinnen und Reformer.

Victoria Woodhull blieb immer das Mädchen aus der Unterschicht. Und von da bezog sie auch die Motivation, sich politisch einzumischen: »Als ich als Hellseherin gearbeitet habe«, schrieb sie, »suchten hunderte, was sage ich, tausende von verzweifelten, todtraurigen Männern und Frauen meinen Rat. Die Horrorgeschichten, das erschreckende Unrecht, das mir dabei zu Ohren kam, haben meine Aufmerksamkeit geweckt für die Falschheit und Verkommenheit der Gesellschaft und mich dazu gebracht, darüber nachzudenken, ob Gesetze, die so viel Verbrechen und Elend hervorbringen, weiterbestehen sollten.« Victoria Woodhull hatte genaue Vorstellungen davon, was sich ändern müsste, damit die Welt besser wird. Und irgendwann fasste sie den Entschluss, ihr Wissen, ihre Lebenserfahrung, ihre Überzeugungen auf der politischen Bühne ihrer Zeit zu Gehör zu bringen.

Sie freundete sich mit einflussreichen Männern an, Philosophen, Journalisten, Wirtschaftsleuten, Politikern – und brachte sie dazu, ihre Ambitionen zu fördern und zu unterstützen. Sie griff die Themen auf, die in ihrer Zeit aktuell waren: Frauenwahlrecht, Abschaffung der Sklaverei, Spiritismus, Sozialismus. Und diese Themen füllt sie an mit ihren Erfahrungen, mit Beispielen aus dem Leben der einfachen Leute. Daraus entwickelte sie ihre ganz eigene politische Theorie: »Fortschritt, Gedankenfreiheit, Leben ohne Beschränkungen!« lautete ihr Wahlspruch. Das Schlimmste für Victoria Woodhull war Heuchelei – und davon bekam sie selbst genug am eigenen Leib zu spüren. Männer, die mit ihr ins Bett gingen, verleumdeten sie ungerührt als Prostituierte. Frauen, die ihr insgeheim anvertrauten, wie recht sie mit ihren Ansichten habe, distanzierten sich tags drauf öffentlich von der »skandalösen Woodhull«. Aber Victoria Woodhull ließ sich nicht entmutigen. »Das Wort Fehlschlag kommt in ihrem Wortschatz nicht vor«, schreibt einer ihrer Liebhaber, der bekannte Journalist Theodore Tilton bewundernd, »ihre Ambitionen sind erstaunlich, sie hält nichts für unerreichbar. In ihrem Fall ist das alte Wunder wieder in Kraft gesetzt – der Glaube versetzt Berge.«

Dass Victoria Woodhull so selbstsicher, so mutig sein konnte, liegt zum großen Teil an der Unterstützung und Ermutigung, die sie von den weiblichen Mitgliedern ihrer Familie bekommen hat: Nicht nur

Mutter Annie war davon überzeugt, dass ihre Tochter zu Großem bestimmt sei. Vor allem Victorias jüngere Schwester Tennessee war ihr eine eng verbundene und rebellische Mitstreiterin. Aber auch Victorias Tochter Zulu Maud, die selbst nie geheiratet hat, war Victoria eine unersetzliche Mitarbeiterin und Gefährtin. Diese Stärkung und Bestätigung durch den engsten Kreis ihrer Familienmitglieder war die Basis, von der aus sie operierte. Die Meinung von Mutter, Schwester und Tochter waren ihr Maßstab und ihre Inspiration, und das machte sie unabhängig von den Kommentaren der Zeitungen und von den Konventionen ihrer Zeit.

Die Aktualität der Forderungen und Theorien Victoria Woodhulls ist erstaunlich. Vieles von dem, was Victoria Woodhull vor 130 Jahren schrieb und sagte, trifft auch heute noch zu und erscheint im Rückblick geradezu visionär. Etwa ihr Beharren darauf, dass rechtliche Gleichheit nicht das Hauptziel der Frauenbewegung sein kann, sondern dass es um weibliche Freiheit in einem weiteren Sinne geht. Oder ihre feste Überzeugung, dass eine Arbeiterbewegung, die sich auf den Kampf gegen das »Kapital« versteift (der ihrem Zeitgenossen Karl Marx so wichtig war), zum Scheitern verurteilt sein würde. Oder die Mahnung, dass erzwungener Sex, auch in der Ehe, ein Verbrechen darstellt.

Trotzdem ist Victoria Woodhull heute völlig unbekannt und auch nicht wie von Elizabeth Cady-Stanton prophezeit »in den Annalen der Emanzipation als Befreierin« verzeichnet. Im Gegenteil: Sie wurde aus den Geschichtsbüchern getilgt, teilweise mit Absicht, teilweise aus Unkenntnis. Weder die Frauenbewegung noch die Arbeiterbewegung würdigten sie als eine ihrer Vordenkerinnen. Das liegt nicht nur daran, dass Victoria Woodhull ihrer Zeit um hundert Jahre voraus war, wie sie selber meinte. Vielmehr wollen historische Darstellungen meistens eine bestimmte These, wenn nicht gar eine Ideologie vertreten. Deshalb ist es für sie eine wichtige Frage, ob eine bestimmte Person zu den Feinden oder zu den Freunden zu zählen ist. Victoria Woodhull war aber meistens beides – und deshalb konnte man sie nicht einordnen, hielt sie wahlweise für zu ordinär oder zu elitär, für zu reich oder zu arm, für flatterhaft und nicht ›ernsthaft‹ genug, um einen Platz in der Ahnenreihe der sozialen Bewegungen einzunehmen. 130 Jahre lang war der Skandal des Mädchens aus der Unterschicht, das Präsidentin werden wollte und dem es für einige Jahre tatsächlich gelang, sich an die Spitze der amerikanischen Frauen-

und Reformbewegungen zu stellen, zu unglaublich, als dass er Eingang in die Geschichtsbücher gefunden hätte.

Nur wenige ihrer Zeitgenossen haben Victoria Woodhull verstanden, und bei ihren Zeitgenossinnen sah es nicht viel besser aus. Ob sie Victoria Woodhull nun bewunderten oder verdammten (letzteres war weitaus häufiger der Fall) – ihre Originalität als politische Denkerin erkannten nur wenige. Denn Victoria Woodhull passt in keine Schublade. Sie lässt sich im Rahmen herkömmlicher politischer Bewegungen nicht einordnen, kein »-ismus« wird ihr gerecht. War sie Kapitalistin oder Kommunistin? Feministin oder Prostituierte? Intellektuelle oder Geistheilerin? Immer scheint die eine Seite ihres Wesens der anderen zu widersprechen. Aber es geht hier gar nicht um ein Entweder-oder. Denn wer sagt eigentlich, dass Kapitalismus und Kommunismus nicht zusammenpassen? Wer behauptet, dass eine Prostituierte nicht »respektabel« sein kann? Und wieso sollte eine Präsidentschaftskandidatin keine Geister sehen?

Victoria Woodhull war keine Spinnerin, sie war nicht einfach nur exzentrisch. Vielmehr schuf und lebte sie eine soziale Theorie, die in sich stimmig ist. Sie war eine scharfe Denkerin, eine kluge Strategin und eine engagierte Politikerin, aber sie blieb immer auch die Tochter ihrer Mutter. Sie machte ihre eigene Lebenserfahrung zur Grundlage der Politik – und Lebenserfahrungen passen nun einmal nicht in theoretische Schablonen. Victoria Woodhull war nicht einerseits Kommunistin, andererseits Kapitalistin, einerseits Frauenrechtlerin, andererseits Prostituierte, einerseits Politikerin, andererseits Geistheilerin – sie war all das gleichzeitig, und für sie gehörte das auch alles zusammen; genau wie im wirklichen Leben.

Weil sie sich weigerte, zur Leitfigur einer bestimmten Bewegung zu werden, konnte das 20. Jahrhundert, das Jahrhundert der Ideologien, nichts mit Victoria Woodhull anfangen. Im 21. Jahrhundert aber, dem Zeitalter der gescheiterten Ideologien und zerbrochenen Systeme, macht es Spaß, diese außergewöhnliche Frau, die in so vielerlei Hinsicht Pionierarbeit geleistet hat, wieder zu entdecken. Sie könnte ein Symbol sein für die weibliche Liebe zur Freiheit, die das Risiko eingeht, sich der Welt und ihrer Widersprüchlichkeit zu stellen und sie dadurch zu verändern. Erste Anzeichen gibt es bereits: Für einen Hollywood-Film über Victoria Woodhull, so heißt es, existiert bereits das Drehbuch.

Von Homer in Ohio nach New York City

1838–1868
Victorias Kindheit und Jugend,
ihre Ehe mit Canning Woodhull,
ihre Bekanntschaft mit James Blood
und ihr Entschluss, die Welt zu verändern

VICTORIA WOODHULL kam ziemlich genau neun Monate nach jener denkwürdigen Empfängnis im Heiligabendgottesdienst zur Welt: Am 23. September 1838. Annie und Buck Claflin folgten einer gängigen Mode, als sie ihrer Tochter den Namen der soeben gekrönten englischen Königin gaben. Immerhin bekam Victoria auf diese Weise nicht so einen merkwürdigen Namen, wie Annie sie sonst für ihre Kinder aussuchte: Odessa und Maldon, Hebern und Utica zum Beispiel. Victoria war das siebte Kind, das Annie Claflin zur Welt brachte – eine magische Zahl! Annie war überzeugt, dass dieses Kind etwas Besonderes ist. Trotzdem hätte sie sich wohl »niemals träumen lassen, dass ihre Tochter eines Tages nach einem höheren Amt streben würde als dem englischen Thron«, sagte Victoria Woodhull später. Das stimmt wohl. Denn ihrer Herkunft nach wäre ihr eine ganz andere Laufbahn bestimmt gewesen als die, die erste Präsidentschaftskandidatin Amerikas zu werden: Als Prostituierte könnte sie vielleicht arbeiten oder als Fabrikarbeiterin, im besten Fall würde sie die Ehefrau eines halbwegs ehrbaren Wirtshausbetreibers oder Farmers, und ganz sicher jedenfalls die Mutter einer großen Schar Kinder. Denn Victoria Woodhull war ein Kind aus der Gosse; sie stammte aus einer Unterschichtsfamilie, die nicht nur arm war, sondern verkommen. Im Hause Claflin herrschte keine ehrbare Bedürftigkeit, sondern Dreck und Unzucht. Die Claflins waren soziale Außenseiter.

Roxanna Claflin, geborene Hummel, stammte wahrscheinlich von einer deutschen Einwandererfamilie ab, jedenfalls hatte ihr Englisch einen starken deutschen Akzent. Eine Rolle spielte das nicht. Sie hatte keine Familie. Auf die Frage eines Reporters, woher sie komme, antwortete sie später einmal: »von nirgendwo«. Vielleicht war sie die Tochter von Jake Hummel, einem deutschen Einwanderer, der in einem kleinen Ort namens Hummel's Wharf in Pennsylvania eine Schenke betrieb. Vielleicht war sie auch das uneheliche Kind einer Verwandten des Kneipenwirts, und der uneheliche Vater könnte sogar der Gouverneur von Pennsylvania, Simon Snyder, gewesen sein. Aber wie gesagt, eine Rolle spielte das nicht. Annie war einfach irgendein Mädchen, um das sich niemand sonderlich kümmerte. Sie wuchs im Wirtshaus von Hummel's Wharf auf und arbeitete dann als Dienstmädchen auf der benachbarten Pferdefarm von Gouverneur Snyders Sohn John.

Auf dieser Farm tauchte im Sommer 1824 Reuben Buckman Claflin auf, ein ziemlich gewiefter 28jähriger Bursche, der lesen und schreiben und vor allem gut rechnen konnte. Irgendwann hatte er mal ein paar Wochen bei einem Anwalt gejobbt, seither gab er seinen Beruf mit »Rechtsanwalt« an. Sein Einkommen bestritt er aber in erster Linie als Pferdehändler (böse Zungen behaupteten auch: als Pferdedieb), wobei er sich gerne mit Kartenspiel und ähnlichen Aktivitäten ein Zubrot verdiente. Im Dezember 1825 heirateten Buck und Annie, vier Monate später wurde ihre erste Tochter, Margaret Ann, geboren. Gemeinsam mit Annie erfand Buck Claflin bald eine Einkommensquelle, die lukrativer und weniger gefährlich war als Pferdediebstahl und Kartenspielen: Wahrsagerei, kombiniert mit Erpressung. Annie begann den Leuten die Zukunft vorherzusagen, sie tröstete Mütter über den Verlust ihrer verstorbenen Kinder hinweg, Witwer über den ihrer Frauen, und gab in jeder Lage gesundheitliche und psychologische Ratschläge. Bei diesen Gesprächen erfuhr sie allerhand Intimes aus den Familien- und Geschäftsangelegenheiten der Ortschaft. Nach einer Weile allerdings erschien ihr unweigerlich die Jungfrau Maria, und eine unerklärliche Kraft zwang sie, auf den nächstbesten Hügel zu steigen und lauthals vor Gott ihre Sünden zu bekennen – und die ihrer Nachbarinnen und Nachbarn gleich mit. Sündige Seelen allerdings, die Bucks Geldbörse mit angemessenen Spenden zu füllen halfen, kamen in Annies öffentlichen Bekenntnissen wunderbarerweise nicht vor.

In diesem Geschäft war es erforderlich, von Zeit zu Zeit den Wohnort zu wechseln, denn über kurz oder lang setzten sich die Leute gegen die Erpressungen der Claflins zur Wehr. Also zogen Annie und Buck in den ersten elf Jahren ihrer Ehe kreuz und quer durch Pennsylvania, bevor sie schließlich in Homer/Ohio landeten. Annie hatte alle zwei Jahre ein Kind zur Welt gebracht, aber zwei Mädchen, Delia und Odessa, waren früh gestorben. Die Schwestern Margaret Ann und Polly waren zehn und sechs Jahre alt, ihre Brüder Maldon und Hebern vier und zwei, als die Familie beschloss, sesshaft zu werden. Buck hatte beim Boom der Grundstückspreise in der Region um den Ohio und Erie Kanal geschickt spekuliert, und als die Claflins in Homer ankamen, hatten sie ein wenig Geld in der Tasche. Das war ein knappes Jahr vor jenem denkwürdigen Zeugungsakt an Heiligabend im Missionszelt.

Der Ort Homer hatte damals ungefähr 400 Einwohnerinnen und Einwohner und acht Schnapsbrennereien – exzessiver Alkoholkonsum und die regelmäßig stattfindenden Erweckungsgottesdienste waren die einzigen Vergnügungen, die das Leben hier zu bieten hatte. Auf den Straßen tummelten sich Schweine und Hühner, als Toiletten dienten Löcher, die man im Garten grub. Die Claflins ließen sich hier, jedenfalls für ihre Verhältnisse, häuslich nieder. Sie kauften die örtliche Mühle zusammen mit 200 Hektar Land, das sie mehr oder weniger bewirtschafteten, und Buck verdiente sich etwas dazu, indem er den Farmern in der Nachbarschaft half, Zäune zu reparieren oder kranke Pferde zu kurieren. Es dauerte fast zehn Jahre, bis man sie aus dem Ort vertrieb. Nach Victoria brachte Annie noch drei weitere Kinder zur Welt, die Schwester Utica im Jahr 1841, dann einen Jungen, der aber früh starb, und schließlich, 1846, Tennessee Celeste.

Obwohl sie keineswegs bitter arm waren, galten die Claflins in Homer als asozial. Das lag nicht nur an Bucks dubiosen Geschäften, sondern auch an Annies exzentrischem Verhalten. Sie konnte zwar nicht lesen und schreiben, dafür wusste sie aber lange Passagen der Bibel auswendig, hatte religiöse Visionen und kommunizierte mit Geisterwelten. Nachts streifte sie durch die Wälder und sprach lauthals mit den Bäumen. Außerdem verspürte sie wenig Lust zu hausfraulichen Tätigkeiten. Ihre Kinder bettelten bei den Nachbarn um Essen, und wenn Annie auf ihrem Ofen überhaupt einmal etwas zusammenbraute, dann die Zutaten für eine ihrer selbst gemachten Medizinen, denen sie – wohl nicht ganz zu Unrecht – mehr vertraute als dem ortsansässigen Arzt. Kolportiert wird die Geschichte, wie die Damen des Ortes den Versuch unternahmen, Annie davon zu überzeugen, Gardinen an die Fenster zu hängen: »Fenster sind da, um Luft und Licht reinzulassen«, antwortete sie ruppig. Kurz und gut: Annie Claflin war nicht ehrbar, nicht »respektabel«, wie es damals hieß, und ihre Kinder waren es daher auch nicht.

Buck hatte einen cholerischen Charakter, Prügel waren seine bevorzugte Erziehungsmethode. Einem Biografen schilderte Victoria Woodhull später ihre Kindheit in den dramatischsten Tönen: »Nicht ein Sonnenstrahl vergoldete den Morgen ihres Lebens«, schrieb er mitfühlend, »ihre Mädchenzeit war andauernde Bitterkeit, sie musste arbeiten wie ein Sklave und wurde gepeitscht wie ein Sträfling. Ihr Vater war unparteiisch in seiner Gewalttätigkeit gegenüber allen Kindern. In einem Bottich mit Regenwasser bewahrte er eine Anzahl grüner geflochtener Weidenruten auf, und mit diesen stechenden Waffen, niemals mit einer normalen Peitsche, traktierte er das Fleisch der Kinder, bis ihre Tränen und ihr Blut ihn gnädig stimmten. Manchmal nahm er auch eine Handsäge oder ein Stück Feuerholz als Werkzeug seiner Grausamkeit.« Victorias ältester Bruder Maldon lief, als er 13 war, nach einer besonders brutalen Züchtigung davon und ward nie wieder gesehen.

Was Victoria von ihrer Mutter Annie berichtet, klingt aber auch nicht viel besser: »Sie hat die Kinder gelegentlich gequält und attakkiert, bis sie Krämpfe bekamen, worauf sie dann hysterisch lachte, in die Hände klatschte und so zufrieden aussah wie eine Katze, die mit einer Maus spielt. Zu anderen Zeiten dagegen war ihre Zärtlichkeit den Kindern gegenüber geradezu engelhaft. Sie hätschelte und liebkoste sie und dankte Gott für solche Kinder. Sie sorgte für ihre Kinder mit ekstatischer Freude, und gleich darauf schlug sie sie mit einer Härte, als wollte sie Körper und Seele gleichzeitig zerstören.« Trotzdem zeigte die Familie Claflin einen außergewöhnlichen Zusammenhalt. Selbst als die Kinder längst erwachsen waren, lebten meist alle unter einem Dach, und Victoria sorgte bis zu deren Tod für ihre Eltern. Die Claflins schlugen und sie liebten sich, sie zogen gegeneinander vor Gericht, nur um sich dann vor den Augen des Richters weinend in die Arme zu fallen. Das waren natürlich ganz andere Familienstrukturen, als sie in Familien aus der Mittelschicht vorherrschten. Die Claflins stritten sich nicht subtil, sie arbeiteten nicht mit Liebesentzug oder schlechtem Gewissen, für die Kinder setzte es keine heimlichen Kniffe in den Oberschenkel unter dem Tisch. Hier wurde offen gebrüllt oder geprügelt. Ob die Nachbarn etwas von ihren Auseinandersetzungen mitbekamen, war den Claflins völlig egal. Man kann sich vorstellen, dass eine solche Kindheit eine harte Schule war. Trotzdem vermittelte die Familie den Kindern ein Gefühl der Sicherheit und Geborgenheit. Vor allem Annie schaffte es, die Familie zusammenzuhalten: Ihre Mutter, erinnert sich Victoria später, achtete stets darauf, dass sich alle nach einem Streit wieder versöhnten – niemand soll voller Ärger ins Bett gehen, war ihre Maxime.

Victoria und ihre Schwestern wuchsen also auf, ohne mit kleinbürgerlichen Anforderungen und Frauenbildern konfrontiert zu werden, wie sie damals für die Erziehung von Mädchen üblich waren. Schulen sahen die Claflin-Kinder nur sporadisch von innen – Victoria ging im Alter von acht bis elf Jahren zur Schule, hin und wieder jedenfalls. Sie hatte als Kind keinerlei Vorstellungen von der angeblich natürlichen Rollenverteilung der Geschlechter: Weibliche Häuslichkeit, Bescheidenheit, Demut, Fürsorglichkeit? – doch nicht bei Annie Claflin! Der Mann als ritterlicher Beschützer, als Familienernährer, als derjenige, der die Verantwortung trägt für Frau und Kinder? – nicht, wenn der Vater Buck Claflin heißt! Das Leben, erfuhr Victoria Woodhull, ist Kampf, und zwar nicht in übertragenem Sinne, sondern ganz wörtlich. Beim Kampf ums Überleben ist es egal, ob du eine Frau oder ein Mann bist, abgesehen davon vielleicht, dass du als Frau andere Waffen einsetzen solltest. Es ist nicht so, dass Victoria Woodhull in ihrem Elternhaus nichts gelernt hätte. Nur eben nicht das, was eine anständige Frau des 19. Jahrhunderts lernen sollte. Victoria Woodhull lernte nicht kochen und putzen, nähen oder Tische dekorieren. Aber sie lernte, schlau zu argumentieren, sich bei Vorwürfen herauszureden und den eigenen Vorteil nicht aus den Augen zu verlieren. Sie lernte, sich von der Meinung anderer unabhängig zu machen, nichts für selbstverständlich zu halten, keine Gerechtigkeit von irgendwelchen Autoritäten zu erwarten und auf die eigenen Wünsche und Auffassungen mehr zu achten als auf gesellschaftliche Konventionen und das Gerede der Leute.

Andererseits (oder vielleicht auch gerade deshalb) war die soziale Stellung der ehrbaren Frauen, die Achtung, die einer »Lady« entgegengebracht wurde, für Victoria Woodhull ihr Leben lang ein Ideal, das sie anstrebte. Schon als Kind war Victoria von kleinbürgerlichem Ambiente fasziniert. In einer ihrer Visionen sieht sie als Mäd-

Victoria Woodhulls Eltern: Annie (Roxanna) Hummel Claflin und Buck (Reuben Buckman) Claflin.

chen das Paradies und beschreibt es als Ansammlung von biederen Kleinbürgerhäusern mit Blumenrabatten im Garten. Und als sie später, schon berühmt, ihre eigene Vergangenheit für die Medien neu erfindet, beschreibt sie ihr Geburtshaus in Homer genau so: »Ein kleines, weiß gestrichenes Häuschen mit hohem Giebel, einer Veranda und einem Blumengarten.« Für die üblichen Klagen und Sorgen bürgerlicher Frauen hatte Victoria Woodhull nicht viel Verständnis. Wieso sollte man sich darüber beklagen, nicht arbeiten zu dürfen, keine »Aufgabe« zu haben? Schließlich gab es so viele Möglichkeiten, etwas zu tun, wenn man sich nicht täglich darum sorgen musste, etwas zu essen zu haben und nicht verprügelt zu werden.

Aber auch wenn Victoria Woodhull gerne eine geachtete, ehrbare Frau gewesen wäre, so war sie doch niemals bereit, für diese Art der Anerkennung Kompromisse zu machen. Sie liebte zwar den schönen Schein der bürgerlichen Welt, hasste aber die damit oft verbundene Heuchelei, die Tatsache, dass es hinter den Kulissen meistens keineswegs so ehrenwert zuging, wie es nach außen den Anschein hatte. Zum Beispiel bei den Scribners, den Nachbarn der Claflins in Homer. Ihr Haus war von dem chaotischen, unkrautüberwucherten Garten der Claflins durch eine dicke Hecke getrennt. Die Scribners waren eine keineswegs wohlhabende, aber ausgesprochen anständige methodistische Familie mit sauberer Küche, Blumenrabatten und, natürlich, Gardinen an den Fenstern. Die Familie war so ehrbar, dass Frau Scribner ihre Tochter Laurie mit einer Weidenrute schlug, weil sich einmal von den dreckigen Claflins einen Apfel schenken ließ. Victoria zog ihre Lehren aus diesem Beispiel: Zeitlebens hasste sie nichts so sehr wie Heuchelei und Doppelmoral. Ihre Ansprüche an ein tugendhaftes Leben waren nicht niedriger, sondern höher als die ihrer ehrbaren Geschlechtsgenossinnen – sie verlangte, dass man die Moral nicht nur auf den Lippen führt, sondern sich auch tatsächlich danach verhält. Später soll sie immer einen Talisman bei sich getragen haben, einen in jedes ihrer Kleider eingenähten Zettel, auf dem der 2. Vers des 120. Psalms geschrieben stand: »Herr, rette mein Leben vor Lügnern, rette es vor falschen Zungen.«

Esoterik des 19. Jahrhunderts – der Spiritismus

Annie Claflins Ausweg aus der sozialen Ächtung, den sie auch ihren Töchtern eröffnete, war die Flucht in jenseitige Welten. Victoria sagte später, dass ihre Mutter Spiritistin war, bevor diese Bewegung überhaupt existierte. Ihren Kindern erzählte Annie regelmäßig von ihren Visionen. Sie sah Jesus, der ihr seine blutigen Hände entgegenstreckte, oder auch den Teufel, den sie an seinem roten Schwanz und dem Pferdehuf erkannte. Ihre Mutter sei gleichermaßen im Himmel und in der Hölle zu Hause gewesen, sagte Victoria, »sie betete, bis ihre Augen voller Tränen standen und gleichzeitig fluchte sie, bis sie Schaum vor dem Mund hatte.« Dabei schärfte Annie ihren Töchtern immer wieder ein, dass ihnen ein besseres Leben vorbestimmt sei. Das hätten die Geister vorhergesagt. In einer Vision habe sie gesehen, dass sie reich sein würden und in eigenen Kutschen umherfahren. Wenn die Nachbarn und Mitschülerinnen die Claflin-Mädchen verspotteten, erklärte Annie ihnen, sie seien eben anders. Sie zog ihre Töchter und vor allem Victoria, »die kleine Königin«, in dem Bewusstsein auf, von jenseitigen Mächten beschützt zu werden und zu Höherem berufen zu sein. Von ihrer Mutter übernahm Victoria die Überzeugung, dass sie unter dem Schutz der Geister stehe und daher immer im Recht sei, egal, was die anderen sagen.

Es ist müßig, darüber zu spekulieren, ob Victoria Woodhulls Verbindung zur Geisterwelt eine zeitgenössische Modeerscheinung war, ob sie sich diese Dinge einbildete oder ob sie hier ein geschicktes Mittel einsetzte, um ihren Worten mehr Geltung zu verschaffen – für sie war die Existenz der Geisterwelt schlicht eine Tatsache. Victoria war davon überzeugt, im Auftrag jenseitiger Kräfte unterwegs zu sein. Das mag heute absurd klingen, aber im Amerika in der Mitte des 19. Jahrhunderts war sie keineswegs die einzige, die so etwas von sich behauptete. Der Spiritismus war damals eine weit verbreitete Bewegung. Vor allem in den Zeiten des amerikanischen Bürgerkriegs, als sich die Südstaaten von der Regierung in Washington abspalten wollten, erlebte der Spiritismus einen riesigen Aufschwung: Fast jede Familie hatte wegen des Kriegs Tote zu beklagen, und da war die Vorstellung verlockend, man könne mit den Verstorbenen in Kontakt treten. Schätzungen zufolge stieg die Zahl der Anhänger und Anhängerinnen des Spiritismus zwischen 1850 und 1863 von zwei auf sieben Millionen an, und darunter waren deutlich mehr Frauen als Männer. Viele führende Politiker, Schriftstellerinnen, Frauenrechtlerinnen und Reformer interessierten sich für den Spiritismus, auch wenn ihre Biografen später oft dazu tendierten, diesen Aspekt zu verschweigen oder in seiner Bedeutung herunterzuspielen.

Als offizielle Geburtsstunde der spiritistischen Bewegung gilt der 31. März 1848. An diesem Abend hörten die 11jährige Kate und die 13jährige Maggie Fox aus Hydesville im Staat New York zum ersten Mal das Klopfen von Geistern. Immer wenn die beiden Mädchen in Trance fielen, konnten die Anwesenden diesen Geistern Fragen stellen, die dann mit einer gewissen Anzahl von Klopftönen beantwortet wurden. Die Sensation der geisterklopfenden Mädchen sprach sich schnell herum, und im Mai bereits war das Elternhaus der Fox-Schwestern zu einer Art Wallfahrtsort geworden. Menschen, die mit den Geistern kommunizieren wollten, zelteten im Garten und belagerten das Haus, sodass die Mutter ihre Töchter vor dem Andrang in Sicherheit brachte. Maggie wurde zur Familie eines Onkels geschickt, Kate zu einer Tante nach Rochester.

In Rochester gab es eine starke freidenkerische Gruppierung, die sich für den Abolitionismus, also die Abschaffung (»abolition«) der Sklaverei, einsetzten. Diese Kreise waren immer offen für neue Ideen. Eine wichtige Rolle spielte das Ehepaar Amy und Isaak Post, überzeugte Quaker, die im Keller ihres Hauses eine Station der

»Underground Railroad« betrieben – das war ein ausgeklügeltes System von geheimen Wegen, über die entflohene Sklavinnen und Sklaven aus den Südstaaten nach Kanada gebracht wurden. Bei den Posts verkehrten die prominentesten Anti-Sklaverei-Aktivisten der Zeit, William Lloyd Garrison, Wendell Philipps und Frederick Douglass, aber auch Daniel Anthony und seine Tochter, die junge Susan B. Anthony. Vor allem Amy Post interessierte sich für die neuen Versuche des Spiritismus, Kontakte mit Verstorbenen aufzunehmen, denn kurz zuvor war ihre kleine Tochter Mathilda gestorben. Als Kate Fox bei ihrer Tante in Rochester ankam, schickte diese Amy Post eine Nachricht und teilte ihr mit, dass sie nun mit Hilfe von Kate Kontakt zu ihrer Tochter aufnehmen könne. Amy Post wurde eine enthusiastische Verteidigerin der medialen Fähigkeiten von Kate und Maggie Fox, und das trug sehr zu deren Popularisierung in den Reformkreisen Amerikas bei. Bald begannen die Mädchen auf Bühnen aufzutreten. Für einen Dollar konnte man zuschauen, wie sie verschiedenen Prüfungen ausgesetzt wurden. Man band ihnen die Hände zusammen und knebelte sie, um zu verhindern, dass sie selbst das Klopfen verursachten, und man stellte ihnen Fangfragen – die die klopfenden Geister aber immer mit Bravour überstanden.

Nicht nur in der Anti-Sklaverei-Bewegung, auch in der beginnenden Frauenrechtsbewegung fand der Spiritismus viele Anhängerinnen. Diese enge Verbindung von politischem Kampf mit Spiritismus und Geisterglauben mag aus heutiger Sicht merkwürdig erscheinen, aber auch in späterer Zeit waren ja politische Bewegungen nicht selten mit Esoterik und Spiritualität verbunden. Damals hatten solche Vorstellungen jedenfalls durchaus eine gewisse Logik. Zwei Faktoren ließen die Idee, man könne mit den Geistern der Toten kommunizieren, plausibel erscheinen: Erstens hatte es in der ersten Hälfte des 19. Jahrhunderts eine starke religiöse Erweckungsbewegung gegeben, die die Vorstellung in der Bevölkerung verbreitet hatte, dass jeder Mensch im Gebet direkt mit Gott kommunizieren könne. Wenn man aber sogar mit Gott sprechen kann, warum dann nicht auch mit den Toten? Ein zweiter Faktor war für den Erfolg des Spiritismus aber vielleicht sogar noch wichtiger: Man konnte darin nämlich einen weiteren Fortschritt zur Enträtselung der Welt sehen. Auf technischem Gebiet waren gerade Elektrizität und Telegrafie erfunden worden, also ebenfalls unsichtbare Energien und Impulse, die große Wirkung entfalteten, ohne dass man unmittelbar verstand, wie das vonstatten ging. Es galt deshalb in dieser Zeit nicht nur als fortschrittlich, sondern geradezu als wissenschaftlich, Verbindungen zur Welt der Toten, zum Unbewussten und Jenseitigen zu suchen. Isaak Post zum Beispiel begründete seine Unterstützung für den Spiritismus damit, dass dies eben ein »spiritueller Telegraf« sei, der die bisher unüberbrückbare Hürde zwischen dem Diesseits und dem Jenseits für die Menschen verfügbar mache. Es war ja die Zeit des Grenzen Überwindens – Kanäle, Eisenbahnstrecken, Telegrafenverbindungen wurden gebaut. Was noch wenige Jahre zuvor unvorstellbar war, wurde mit einem Mal möglich. Warum sollte nicht auch die Grenze zum Jenseits überwunden werden?

Dass vor allem Frauen die spiritistische Bewegung vorantrieben, hatte verschiedene Gründe. Ende der vierziger Jahre, als die Kommunikation mit den Geistern aufkam, waren etwa die Hälfte aller Todesfälle Kinder unter fünf Jahren. Natürlich interessierten sich vor allem die Mütter dafür, mit ihnen in Kontakt zu bleiben. Aber auch wenn Erwachsene starben, betraf die unmittelbare Auseinandersetzung mit dem Tod die engsten, meist familiären Beziehungen. Das heißt, sie fielen in das, was damals sehr viel mehr als heute als »weibliche Sphäre« betrachtet wurde. Der Spiritismus interpretierte den Tod nicht als ein Ende, sondern als Übergang in eine neue Daseinsform und spendete so den Angehörigen Trost. Bei Beerdigungen trugen Spiritistinnen und Spiritisten nicht trauriges Schwarz, sondern ein fröhliches Weiß, denn sie feierten die Ankunft ihres verstorbenen Angehörigen in »Summerland«, wie sie das Jenseits nannten. Auch dass Frauen im allgemeinen als rein und passiv galten, ließ sie als spiritistische Medien besonders geeignet erscheinen. Schon in der christlich-religiösen Erweckungsbewegung hatten Frauen immer häufiger in Trance das Wort ergriffen, und diese Tradition wurde nun im Spiritismus fortgesetzt. Wenn Frauen mit der Autorität der Geister sprachen, garantierte ihnen das die Möglichkeit, auch von männlichen Zuhörern ernst genommen zu werden. Im Auftrag der Geister zu sprechen gab vielen von ihnen Mut und Selbstbewusstsein. Sie konnten nun zu allen Themen Stellung nehmen, auch zu solchen, die als ›unweiblich‹ oder als unschicklich für eine Dame galten, denn es war ja durchaus möglich, dass sie zum Beispiel im Namen verstorbener großer Denker sprachen. Da ist es auch nur konsequent, dass der Spiritismus in der privaten Sphäre blieb, keine Kirchen und Versammlungshallen brauchte. Die Sitzungen fanden in der Regel bei den Medien oder den Kontakt Suchenden zu Hause statt, in dem Bereich also, für den die Frauen zuständig waren.

Victoria Woodhull hatte ihre erste Vision im Alter von fünf Jahren. Im Haus der Nachbarsfamilie Scribner lebte die 21 Jahre alte Rachel, eine Schwester des Hausherrn. Die junge Frau fand offenbar Gefallen an dem hübschen und aufgeweckten Nachbarsmädchen und freundete sich mit Victoria an. Sie brachte ihr ein wenig lesen und schreiben bei, kämmte ihr hübsche Frisuren, gab ihr Essen und das Gefühl, nicht ganz so dreckig und verkommen zu sein wie der Rest der Claflins. Vielleicht war es auch Rachel, die in Victoria den Wunsch weckte, aus den vorgegebenen Wegen ihrer familiären Herkunft auszubrechen. Sie war ihr großes Vorbild. Aber eines Tages erkrankte Rachel an Cholera und starb ganz plötzlich, innerhalb von nur wenigen Stunden. Dieses einschneidende Erlebnis löste Victorias erste Flucht aus einer unerträglichen Welt in die der Erscheinungen aus. Sie stand im Obstgarten der Scribners, geschockt von der Todesnachricht, als Rachels Geist zu ihr kam. Die tote Rachel nahm Victoria an der Hand, und sie schwebten gemeinsam einen spiralförmigen Weg entlang, in hellem weißen Licht, bis sie in die Geisterwelt kamen. Dort trafen sie, so Woodhulls späterer Bericht, »einige Geister, von denen ich heute weiß, dass es Demosthenes, Bonaparte und Josephine waren. Sie sagten mir, dass ich in ihrem Dienst stehe, und dass sie mich immer bewachen, anleiten und für mich Sorge tragen würden, sodass ich, wenn ich erwachsen bin, geeignet wäre, ihre Arbeit auf Erden zu tun.« Dann zeigten die Geister Victoria eine paradiesische Welt und sagten, »dass all dies noch im Laufe meines Lebens verwirklicht würde und dass ich eine wichtige Rolle dabei spielen würde, es möglich zu machen.« Unbefangen erzählte Victoria ihrer Mutter von solchen Visionen, und Annie bestärkte sie darin, diese Wahrnehmungen ernst zu nehmen.

Der Spiritismus war aber nicht der einzige Glaube, dem Annie aufgeschlossen gegenüber stand. Sie verstand sich auch als fromme Christin und war immer offen für übernatürliche Erfahrungen aller Art – vor allem dann, wenn sie praktischen Nutzen versprachen. Als eines ihrer Kinder an Typhus starb, machte sie sich daran, neue Heilmethoden zu finden. Ein damals in Amerika sehr populäres neues Wunderheilmittel war der Mesmerismus oder auch Magnetismus, eine Ende des 18. Jahrhunderts von dem Wiener Arzt Franz Anton Mesmer erfundene Kur. Mesmer glaubte, dass es im menschlichen

Körper eine unsichtbare Flüssigkeit gibt, die sich nach den Gesetzen des Magnetismus verhält und entsprechend auch durch Magnete, die an den Körper angebracht werden, beeinflusst werden kann. Mesmers Anhänger und Anhängerinnen entwickelten daraus verschiedene Techniken der »magnetischen Heilung«, bei denen Patientinnen und Patienten zuweilen in Trance beziehungsweise in einen unbewussten, hypnotisierten Zustand versetzt wurden. In Amerika vermischten sich diese Techniken mit den christlich-religiösen Erweckungsbewegungen, in denen Trancezustände und Wunderheilungen ebenfalls eine wichtige Rolle spielten. Annie Claflin sah 1845 auf dem Markt in Homer die Show eines Mesmeristen, der ein 15-jähriges Mädchen hypnotisierte. Er stach in ihren Finger, aber es floss kein Blut, und als er ihr ein Tuch zeigte und sagte, es sei eine Schlange, wand sie sich vor Angst. Annies Interesse war sofort geweckt. Sie war bisher immer selbst in Trance gefallen, um ihre Kinder durch Handauflegung gesund zu machen. Aber vielleicht war es ja besser, die Kinder selbst in Trance zu versetzen? Vor allem drei ihrer Kinder zeigten eine frühe Begabung für das Jenseitige und Übersinnliche: Hebern, Victoria und ganz besonders die Jüngste, Tennessee.

Tennessee war von klein auf Victorias Lieblingsschwester. Im Alter von zehn Jahren, so erzählt Victoria später, habe sie die damals zweijährige Tennie einmal vor dem Tod gerettet. Die Kleine lag leblos mit einer Lungenentzündung im Bett, dem Tode nahe. Als Vicky ihre Schwester schüttelte, seien zwei Engel erschienen und hätten sie von der Wiege weggestoßen. Sie streichelten das Kind mit ihren weißen Händen und bliesen ihm ins Gesicht. Als etwas später Mutter Annie in den Raum kam, lag Victoria in tiefer Trance am Boden, während Tennessee gesund in ihrem Bettchen schlief. Es könnte natürlich sein, dass Victoria sich das alles nur ausgedacht hat und die Wirklichkeit viel prosaischer war: Sie sollte auf ihre kleine Schwester aufpassen, war aber eingeschlafen, und als ihre Mutter ins Zimmer kam und sie erwischte, erfand Victoria geistesgegenwärtig die Geschichte von den Engeln. Bei Annie hätte so eine Ausrede sicher gezogen. Aber selbst wenn es so gewesen sein sollte: Victoria glaubte fest daran, dass Geister aus dem Jenseits sie auch im Alltag beschützen und bewachen. Wenn sie als Kind schwere Arbeiten verrichten musste, schreibt sie später, schwebte sie manchmal einige Meter über dem Boden und sah sich selbst bei der Arbeit zu, ein Phänomen, das ihr das ganze Leben über in schwierigen Situationen half.

Als Victoria neun Jahre alt war, mussten die Claflins Homer verlassen. Eine Weile hatten sie Flaschen mit einem von Annie zusammengebrauten »Lebenselixier« verkauft, einer sehr wirkungsvollen Mischung aus Alkohol und Opiaten, der Annie auch selbst gerne zusprach. Doch das Geschäft lief nur mäßig. Auch der Versuch, aus Victorias Redegewandtheit Geld zu machen – Kinderpredigten über das Ende der Welt und die bevorstehenden Höllenqualen waren damals sehr in Mode –, brachte nicht genug Geld, um den Lebensunterhalt für die vielköpfige Familie zu sichern. Also versuchte Buck es wieder einmal auf die illegale Weise: Er nahm eine Stelle als Posthalter an und klaute Geld aus Briefen. Immerhin war er schlau genug, nach ein paar Monaten wieder damit aufzuhören, noch rechtzeitig bevor der Betrug auffiel. Im Herbst 1847 schloss er dann eine Brandschutzversicherung für die alte Mühle ab, die auf seinem Grundstück stand. Kurz darauf brannte sie tatsächlich ab. Da Buck ein Alibi hatte, vermutete man, Annie oder eines der Kinder hätten die Mühle angezündet. Es wurde geredet, es wurde gedroht. Und als ihm der Boden zu heiß wurde, verschwand Buck, ganz verantwortlicher Familienvater, von einem Tag auf den anderen und ließ Annie und die Kinder ohne einen Cent zurück. Nach seinem Verschwinden fand man den Postsack mit den leeren Briefumschlägen, denen er das beigelegte Geld entnommen hatte. Im Frühjahr 1848 organisierten die ehrbaren Damen des Ortes Homer einen Wohltätigkeitsbasar, und den Erlös gaben sie Annie Claflin – unter der Bedingung, dass sie und die Kinder auf Nimmerwiedersehen aus der Gegend verschwänden.

Die Familie sammelte sich wieder in einem Ort namens Mount Gilead/Ohio. Dort wohnte inzwischen die älteste Tochter Margaret Ann, die den örtlichen Drogisten, Enos Miles, geheiratet hatte. Mit dem ehrbaren Leben war es aber auch hier bald vorbei, denn Miles erwischte seine Frau mit einem anderen Mann in einem Hotelzimmer. Überhaupt scheinen Victorias spätere Ansichten über freie Liebe sich auf zahlreiche familiäre Erfahrungen gestützt zu haben. Auch Schwester Polly hatte »respektabel« geheiratet, einen Anwalt namens Ross Burns, doch sie schickte Liebesbriefe an verschiedene Verehrer in der Stadt, und als Burns dahinter kam, ließ er sich scheiden.

Buck Claflin erkannte bald, welche Geldquellen im Boom des Spiritismus lagen. In Mount Gilead mietete er ein Zimmer und vermarktete Victoria und bald auch Tennessee als Wahrsagerinnen. Es gab Tischerücken, Seancen, Kontakte mit Verstorbenen und Geistermusik – alles gegen gutes Geld, das Buck einsammelte. Annie Claflin braute wieder das Lebenselixier, unterstützt von Utica, der mittleren Tochter, die offenbar weniger als Vicky und Tennie in der Lage war, die Kundinnen und Kunden von ihren spirituellen Fähigkeiten zu überzeugen. Zeit ihres Lebens war Utica auf ihre Schwestern eifersüchtig, und schon als Teenagerin wurde sie alkohol- und opiumabhängig. Tennie dagegen war als Wahrsagerin außerordentlich begabt. Schon im Alter von fünf Jahren soll sie hellseherische Fähigkeiten entwickelt haben, sagte den benachbarten Farmern, wo sie ihre weggelaufenen Kühe wieder finden konnten und ähnliches mehr. Manche ihrer Vorhersagen fanden sogar den Weg in die örtliche Tagespresse, wie etwa der Vorfall, als sie eines Nachts schreiend erwachte und detailgetreu beschrieb, wie ein Gebäude niederbrannte und die Feuerwehrleute nicht in der Lage waren, den Brand zu löschen. Als genau dies einen Monat später in einer benachbarten Stadt geschah, beschuldigte man die Claflins zunächst, das Feuer selbst gelegt zu haben, ein Vorwurf, von dem sie jedoch letzten Endes freigesprochen wurden.

Tennessee wurde von ihren Eltern schon als kleines Kind zur Wahrsagerin stilisiert und ging diese Tätigkeit offenbar mit einer gewissen »Professionalität« an. Sie hatte keine Skrupel, sich bei ihren Voraussagen in irgendwelche Banalitäten über Geld und Liebe zu flüchten, wenn ihr die spirituelle Inspiration ausging. Victoria hingegen, bereits ein Teenager, sträubte sich gegen diese Art der Vermarktung ihrer medialen Fähigkeiten. Während ihr Vater schnelle, umsatzträchtige Sitzungen wollte, konnte es vorkommen, dass Victoria für Stunden in Trance fiel. Sie scheute sich auch nicht, den Leuten vorherzusagen, dass sie oder nahe Angehörige bald sterben würden – was, selbst wenn es stimmte, aus geschäftlichem Interesse nicht unbedingt klug war. Denn schließlich suchten die Menschen, wenn sie die Geister befragten, Trost und Hoffnung und wollten nicht mit der Aussichtslosigkeit ihrer Lage konfrontiert werden. Aber Victoria weigerte sich, ihren Kontakt zur Geisterwelt, der ja ihr persönlicher Fluchtweg aus der harten Realität war, zu banalisieren und damit zu entwerten. In den Auseinandersetzungen mit seiner Tochter griff Buck immer häufiger zur Rute, und möglicherweise vergewaltigte er sie auch – jedenfalls sagte Victoria später, ihr Vater habe sie »vorzeitig zur Frau gemacht«. Doch auch in dieser Lage halfen ihr die Geister. Oft fand Victoria Rat und Trost bei ihren verstorbenen Schwestern Delia und Odessa oder bei allen möglichen Engeln. Eines Tages, nach einem besonders heftigen Streit mit ihrem Vater, sah sie beim Waschen im Wasserbottich das Bild eines schönen, kräftigen Mannes mit einer weißen Toga, der ihr sagte, sie werde »zu großer Bedeutung aufsteigen, ihre Armut ablegen und in einem stattlichen Haus wohnen, großen Reichtum erlangen in einer großen Stadt mit vielen Schiffen und die Führerin ihres Volkes werden.« Wer dieser geheimnisvolle Mann war, das wusste Victoria damals noch nicht, aber sie vertraute und sie glaubte ihm.

Flucht nach vorn in die Ehe

Die Situation im Hause Claflin wurde immer unerträglicher. Als daher ein halbwegs ehrenwerter Mann die 14-jährige Victoria fragte, ob sie ihn heiraten würde, zögerte sie keine Sekunde. Dies war die Chance, aus den Fängen ihres Vaters zu entfliehen. Auch Annie unterstützte die Heirat ihrer Tochter, aber Buck widersetzte sich zunächst – schließlich war seine Vicky die Haupteinnahmequelle der Familie. Doch Victoria setzte ihren Kopf durch. Ende 1853 heiratete sie, gerade 15 geworden, den 21 Jahre alten Arzt Canning Woodhull.

Nur zu bald stellte es sich heraus, dass sie vom Regen in die Traufe geraten war. Victoria Woodhull lernte die in der Ehe mögliche Entwürdigung von Frauen in einer ihrer krassesten Varianten kennen. In nüchternem Zustand war Canning Woodhull zwar offenbar ein recht charmanter Ehemann und auch von guter Herkunft – von außen betrachtet war die Ehe für Victoria eine gute Partie. Tatsächlich jedoch war Woodhull meistens betrunken und trieb sich in Wirtshäusern und Bordellen herum. Sechs Wochen nach der Hochzeit fand Victoria heraus, dass ihr Mann bereits ein uneheliches Kind hatte, und zwar mit einer Frau, die er nach wie vor regelmäßig traf. 1854, kurz nach Weihnachten, brachte Victoria ihr erstes Kind zur Welt, nur mit Hilfe einer Nachbarin und ihres auch an diesem Tag wieder halbbetrunkenen Mannes. Es war ein Sohn, den sie nach dem Dichter »Byron« nannte. Bald stellte sich aber heraus, dass Byron schwer geistig behindert war; er lernte sein Leben lang nicht sprechen. Victoria gab verschiedene Erklärungen für die Behinderung ihres Sohnes: Manchmal sagte sie, Canning Woodhull habe sie während der Schwangerschaft in den Bauch getreten, oder sie erklärte, Byron sei als Baby vom zweiten Stock aus dem Fenster gefallen.

Vor allem machte Canning Woodhull keinerlei Anstalten, seiner wichtigsten Pflicht als Ehemann und Familienernährer nachzukommen, nämlich für Geld zu sorgen. Auch jetzt mussten die Geister Victoria zur Seite stehen. Eine der Geschichten, die sie aus ihrer Ehezeit erzählt, ist folgende: Eines Nachts sieht sie in einer Vision Canning, wie er volltrunken in einem Hotel einkehrt und sich auf ein Sofa wirft, wobei seine Geldbörse auf den Boden fällt. Ein Kellner kommt, sieht Woodhull schlafen und die Börse auf dem Boden liegen, und versteckt das Geld rasch hinter dem Sofa. Als Canning Woodhull am nächsten Morgen nach Hause kommt und seine Geldbörse vermisst, kann er sich nicht mehr erinnern, wo er sich in der Nacht überall herumgetrieben hat. Aber Victoria geht in das besagte Hotel, stellt den Kellner zur Rede und bekommt das Geld zurück.

Bald war klar, dass die junge Familie nur überleben konnte, wenn Victoria selber Geld verdienen würde – und sie hatte auch schon eine Idee. Die fünfziger Jahre waren in Amerika die Zeit des Goldrausches. 1848 waren in Kalifornien die ersten Nuggets entdeckt worden, schon zwei Jahre später war aus einem gewissen 500-Seelen-Dorf namens San Francisco eine blühende Stadt mit 40 000 Einwohnern geworden. Auch Victoria Woodhull sah hier eine Chance, zu Geld zu kommen. 1858 überquerte sie mit ihrem Mann und dem vierjährigen Byron im Schlepptau den amerikanischen Kontinent und siedelte nach San Francisco über – damals eine Reise von mehreren Monaten.

Zunächst hatte sie vor, wieder als Wahrsagerin und spiritistisches Medium zu arbeiten. Doch in Zeiten allgemeinen Aufbruchs und großer Euphorie über den schnellen Gold-Reichtum war dafür wenig Bedarf. Sehr große Nachfrage bestand dagegen nach sexuellen Dienstleistungen: In San Francisco lebten damals zwanzigmal soviel Männer als Frauen. Auch die zwanzigjährige Victoria Woodhull arbeitete zunächst als eines der »Cigar Girls« – das waren junge Mädchen, die den Verkauf von Zigaretten mit sexueller Animation verbanden. Doch sie hatte dafür offenbar nicht viel Talent, möglicherweise war sie nicht unterwürfig und devot genug. Jedenfalls versuchte sie dann, sich als Näherin durchzuschlagen, sie »trug die Nadel, diese Waffe, die für so viele Frauen die einzige ist, um ihren Kampf des Lebens zu führen, von Haus zu Haus«, erzählte sie später.

Dann aber lernte Victoria eine »Schauspielerin« namens Anna Cogswell kennen, und die beiden Frauen freundeten sich an. Anna schlug ihr vor, ebenfalls als Schauspielerin zu arbeiten. Auch die so genannte »Schauspielerei« war zwar ein sehr sexualisiertes Metier (man kennt die einschlägigen Szenen und Kostüme aus den Westernfilmen), aber diese Arbeit war doch nicht so demütigend wie die der »Cigar Girls« und ungleich lukrativer. Die Bühnenmädchen waren selbstbewusst und verrucht, und bei diesen Auftritten kam Victoria ihre starke Ausstrahlung und ihr gutes Gedächtnis zu Hilfe. Im Dunstkreis der Halbwelt von San Francisco lernte sie damals auch Josie Mansfield kennen, eine andere »Schauspielerin«, die von ihrem Stiefvater bereits mit zwölf Jahren in die Prostitution gedrängt worden war. Um dem zu entkommen, war Josie mit einem Schauspieler durchgebrannt, der im Team von Anna Cogswell arbeitete. Zehn Jahre später würden sich Victoria Woodhull und Josie Mansfield in New York wieder sehen – unter ganz anderen sozialen Umständen und zu ihrem beiderseitigen Vorteil.

Zufrieden war Victoria mit ihrem neuen Leben nicht. Sie hasste die Bühne, versicherte sie später, sie habe immer gewusst, dass ihr ein anderes Schicksal bestimmt sei. Wieder einmal waren es die Geister, die sie leiteten: Eines Abends, als sie wie gewohnt auf der Bühne stand, hörte sie die Stimme ihrer Schwester Tennessee, die rief: »Vicky, komm nach Hause.« Sie sah eine Vision von Tennie, die einen rot-weiß gestreiften Kittel trug und neben ihrer Mutter Annie stand. Mitten in der Vorstellung sprang Victoria von der Bühne, hastete noch im Kostüm in ihre Mietswohnung und packte ihre Sachen zusammen. Am nächsten Morgen war die Familie Woodhull bereits auf dem Weg zurück in den Osten. Als sie Wochen später zu Hause ankamen, begrüßte Tennessee die ältere Schwester an der Tür – und trug dabei denselben Kittel, den Victoria in ihrer Vision gesehen hatte. Auch Mutter Annie wunderte sich nicht, ihre Tochter so plötzlich wieder zu sehen: Sie selber habe ja Tennie angewiesen, »die Geister auszusenden, um Vicky heimzubringen.«

Von da an lebten die Woodhulls wieder mit Victorias Eltern und Geschwistern zusammen. Das Unternehmen Claflin lief recht gut Anfang der sechziger Jahre. Die inzwischen 14-jährige Tennessee machte ihre Sache als Hellseherin hervorragend. Laut Eigenwerbung konnte sie Auskünfte über die Befindlichkeit abwesender Freunde geben (egal ob tot oder lebendig), konnte Vergangenheit, Gegenwart

Die junge Familie Woodhull

und Zukunft der Menschen sehen und Krankheiten wie Fieber, Rückenschmerzen, Verrenkungen heilen – sogar solche, für die die besten Ärzte keinen Rat wussten, wie zum Beispiel Krebs. Tennessee konnte in Trance fallen und per Geistreise fernen oder verstorbenen Lieben Nachrichten übermitteln, und sie wusste auch alles über die früheren, gegenwärtigen und zukünftigen Liebespartner und -partnerinnen der Damen und Herren, die sie aufsuchten. Auf Flugblättern und Plakaten verkündete Buck, dass Tennie von acht Uhr morgens bis neun Uhr abends konsultiert werden könne, zum Preis von einem Dollar pro Sitzung. Das altbekannte Lebenselixier, das Annie herstellte, hieß nun »Miss Tennessees magnetisches Lebenselixier« und kostete zwei Dollar die Flasche, doppelt so viel wie früher. »Es war ein hartes Leben«, kommentierte Tennie später, »ich wurde gezwungen, die Leute für Geld zu belügen.« Buck Claflin war zudem sehr erfindungsreich, wenn es darum ging, der Scharlatanerie zu mehr Wirkung zu verhelfen. Auf dem örtlichen Friedhof verschaffte er sich Informationen über die Familienverhältnisse der Leute: Die Grabsteine verrieten ihm, wer mit wem verwandt war und wessen nahe Angehörige kürzlich verstorben waren. Dies und eine Reihe anderer Tricks ermöglichten es Tennessee, ihre Kundinnen und Kunden auch dann zufrieden zu stellen, wenn ihre medialen Fähigkeiten sie im Stich ließen.

Victoria war empört über dieses Treiben. Bald verließ sie ihre Familie erneut und ging mit Mann und Kind nach Indianapolis/Illinois, wo sie sich mit einer eigenen Praxis als »Hellseherin, Medium und magnetische Heilerin« selbstständig machte. Doch das Zusammenleben mit Canning Woodhull wurde immer unerträglicher. Er trug nichts zum Lebensunterhalt bei und war nur ein Klotz am Bein. Kurz nach der Geburt ihres zweiten Kindes im April 1861 – ein Mädchen, dem sie den ausgefallenen Namen Zulu Maud gab – reichte Victoria die Scheidung ein. Es hat fast den Anschein, als habe sie sich noch den Wunsch eines zweiten Kindes erfüllen wollen, bevor sie sich von der Last ihres nutzlosen Ehemannes befreite. In all den Jahren seit der Geburt des inzwischen sechsjährigen Byron war Victoria nicht wieder schwanger geworden; offenbar kannte sie Verhütungsmittel oder Abtreibungsmethoden. Aber nun wollte sie ein zweites Kind, »sie betete zu Gott um eine Tochter mit schönem Körper und gesundem Geist.« Das Gebet wurde erhört. Zulu Maud war ein Wunschkind, sie war sowohl klug als auch schön, und sie blieb eine treue Gefährtin ihrer Mutter bis zu deren Tod.

Nach der Trennung von Canning Woodhull kehrte Victoria erst einmal wieder zu ihren Eltern und Geschwistern zurück. Aber das war nur eine Notlösung. Da Bucks Betrügereien immer über kurz oder lang aufflogen, tingelten die Claflins weiterhin von Ort zu Ort, ständig auf der Suche nach Leichtgläubigen, die sich übers Ohr hauen ließen. Dass der Claflin-Clan so gutes Geld verdienen konnte, war auch eine Folge des Bürgerkriegs. Ende des Jahres 1860 hatten sich die Südstaaten abgespalten, und im April 1861 setzte Präsident Abraham Lincoln die Armee in Bewegung, um den Aufstand niederzuschlagen. Vier Jahre lang führten die Nord- und die Südstaaten der USA Krieg gegeneinander, es gab Hunderttausende von Toten, Seuchen wie Typhus, Malaria und andere Krankheiten überzogen das Land. Da bestand großer Bedarf an Heilungen jeglicher Art, ob körperlicher oder seelischer Natur – gute Geschäftsbedingungen für die Claflins.

1863 landeten sie in Ottawa/Illinois, wo Buck unter dem Namen »Doktor Reuben B. Claflin« eine Art Krankenhaus eröffnete und sich als »Amerikanischer König des Krebses« anpries. In einem Zimmer stellte er ein paar Betten auf und versprach die Heilung jedes Krebskranken innerhalb von 48 Stunden, »ohne Instrumente, ohne Schmerz oder Chloroform, einfach durch Anwendung einer selbst hergestellten Salbe.« Dieses neue Wundermittel stellten in bewährter Weise Annie und Utica her, es enthielt vor allem Ziegenfett und eine Lauge. Doch offenbar reichten die Einkünfte aus der angeblichen Krebsheilung nicht aus, um die vielköpfige Familie zu ernähren. Immerhin lebten im Haus von Annie und Buck jetzt neben Tennessee, Utica, Victoria und ihren zwei Kindern auch noch die beiden inzwischen geschiedenen älteren Schwestern, Margaret Ann mit vier Kindern und Polly mit ihrer Tochter Rosa, sowie Bruder Hebern, der sich unterdessen ebenfalls einen fiktiven Doktortitel zugelegt hatte. Vor allem die drei jüngsten Claflin-Töchter, Tennessee, Utica und Victoria, waren ausgesprochen hübsch. Also beschloss Buck, zusätzlich zu seiner Krebsheilung auch Lehrstunden im »Kult der Liebe« anzubieten, wie er es in einer Zeitungsannonce formulierte.

Die Sache mit der angeblichen Krebsheilungs-Salbe war keine von Bucks besten Ideen. Offenbar unter dem Druck, Erfolge zu erringen, rührten Anni und Utica ätzende Mittel bei und dosierten die Salbe immer stärker. Die Schreie der Patienten und Patientinnen nach dieser »Behandlung« waren weithin in der Nachbarschaft zu hören. Als

Buck dann auch noch anfing, falsche Zeugenaussagen zu erfinden, um sich anzupreisen, überspannte er den Bogen endgültig. Zum Verhängnis wurde den Claflins eine Anzeige, in der er behauptete: »Mrs. Rebecca Howe, die nach der Behandlung durch Miss Tennessee Claflin von einer gefährlichen Krankheit geheilt wurde, möchte diesem bemerkenswerten Kind danken und empfiehlt allen, es bei Krebsleiden zu konsultieren.« Buck, der nur zu gut wusste, dass Rebecca Howe an Brustkrebs litt, hatte darauf spekuliert, dass sie als anständige Dame niemals öffentlich über so einen delikaten Körperteil sprechen würde. Doch da hatte er sich in der Lady geirrt: Wissend, dass sie ohnehin bald sterben würde, schrieb sie einen Brief an die örtliche Zeitung und stellte klar, dass ihre Brust von der Salbe, die Tennie aufgetragen habe, vollständig weggefressen worden sei, dass sie seither unter unerträglichen Schmerzen leide und nur noch um ein schnelles Ende bete. Tennessee Claflin sei schlichtweg eine Betrügerin. Zwei Ärzte bestätigten Howes Aussage.

Vier Tage später wurde das Haus der Claflins von der örtlichen Polizei und zwei Ärzten untersucht. Laut Zeitungsberichten fand man die Kranken dort in den menschenunwürdigsten Umständen vor. Nun fanden auch andere betrogene Patientinnen und Patienten den Mut, sich zu beschweren: Am nächsten Tag gingen neun weitere Anklagen wegen unsachgemäßer ärztlicher Behandlung, Erpressung und Quacksalberei ein. Und als Rebecca Howe dann tatsächlich starb, wurde Tennessee auch noch wegen Totschlags angeklagt. Irgendwie wurden die Claflins aber gewarnt – Gerüchten nach war einer der Anwälte Tennessees Liebhaber gewesen. »Das plötzliche Verschwinden von Tennessee Claflin« lautete am nächsten Tag die Schlagzeile in den Zeitungen. Die Claflins hatten Hals über Kopf das Weite gesucht, und in den Wirren des Bürgerkrieges ging der Vorfall unter.

Die Segen des Magnetismus

Für Victoria gab der Skandal um die Krebssalbe den Anlass, ihr Glück erneut allein, ohne ihre Familie, zu versuchen. Sie nahm ihre Kinder, den zehnjährigen Byron und die dreijährige Zulu, und ging nach Chicago, wo sie wieder eine Praxis für »magnetisches Heilen« eröffnete. Der Magnetismus war inzwischen eine weit verbreitete alternative Heilmethode in Amerika geworden und versprach gute Einkommensmöglichkeiten, auch ohne Betrügerei. Besonders verbreitet war die Variante, dass die Heilerin mit den Händen nah am Körper des Kranken entlang streifte, ohne ihn wirklich zu berühren. Dadurch sollte dem Patienten oder der Patientin positive magnetische Energie zugeführt und negative Energie abgezogen werden. Victoria Woodhull glaubte fest an ihre Fähigkeit, durch die Hände Energieströme mit anderen Menschen auszutauschen und sie so beeinflussen zu können, und sie wandte das auch häufig in Alltagssituationen an. So begrüßte sie die Menschen immer, indem sie ihnen beide Hände reichte, und es gibt viele, die berichten, sie hätten in diesen Momenten eine starke Energie gespürt. Wenn sie mit Vorwürfen und Kritik konfrontiert wurde, schaute sie ihr Gegenüber mit festem Blick an, so lange, bis er oder sie wegsah. Woodhull glaubte auch, dass sie mit ihren »magnetischen« Fähigkeiten Menschen, die ihr übel wollten, von sich fernhalten könne.

Dass die Ratsuchenden selbst an die Fähigkeiten der Heilerin glauben, dass sie ihr vertrauen, war damals wie heute der Dreh- und Angelpunkt solcher spirituellen Methoden. Und Vertrauen erwecken, das konnte Victoria Woodhull wie kaum eine andere. Sie behandelte vor allem Frauen, die mit den unterschiedlichsten Problemen zu ihr kamen, und hörte sich aufmerksam ihre Lebens- und Leidensgeschichten an. Victorias Kundinnen sprachen über sexuellen Missbrauch, über Vergewaltigung, über schwierige Geburten, sterbende Kleinkinder, gewalttätige Ehemänner. Sie schilderten ihre Schmerzen beim Geschlechtsverkehr, die unerträgliche Arbeitsbelastung, Armut und Demütigung. Sie erzählten, wie sie Schwangerschaften verhinderten oder wo und wie sie Abtreibungen vornahmen. Die Armen sprachen über die Schwierigkeiten, sich und die Kinder satt zu kriegen, die Reichen über die Langeweile und Perspektivlosigkeit eines bürgerlichen Frauenlebens. Victoria Woodhull hörte gut zu, gab Ratschläge und machte Voraussagen für die Zukunft. Sie war eine Meisterin darin, Fragen und Probleme vorwegzunehmen und den Ratsuchenden das Gefühl zu vermitteln, ihre Situation zu verstehen und Lösungswege aufzeigen zu können. Zweifellos kam ihr dabei ihr großes Selbstbewusstsein zu Gute und ihre feste Überzeugung, über außerordentliche spirituelle Fähigkeiten zu verfügen. Sie schildert ihre Zeit als Heilerin mit Worten, die fast so klingen, als sei sie Jesus Christus: Sie »richtete die Füße der Lahmen, öffnete die Ohren der

Tauben.« Nur dass Victoria Woodhull mehr Wert auf den praktischen Nutzen legte, denn sie fand auch »Bankräuber, brachte verborgene Verbrechen ans Licht, enthüllte Geschäftsgeheimnisse.« Die Jahre, die sie als spirituelle Heilerin verbrachte, legten den Grundstein für Woodhulls spätere Karriere als Reformerin und Politikerin. In ihren Vorträgen zitierte sie immer wieder aus dem riesigen Fundus an Schicksalen vor allem von Frauen, aber auch von Männern, den sie in diesen Jahren ihrer Praxis als Heilerin und Wahrsagerin gesammelt hatte.

Während sich Victoria Woodhull in Chicago eine Existenz aufbaute, zog der Rest des Claflin-Clans nach Cincinnati und vermarktete weiterhin Tennessee als Hellseherin und Heilerin. Aber auch diesmal ließ der Ärger mit der Polizei nicht lange auf sich warten. Eines Tages verfolgte ein Polizist die Ehefrau eines angesehenen Holzhändlers in das Haus der Claflins, wo er sie im Bett mit einem anderen Mann vorfand. Die Frau wurde verhaftet und des Ehebruchs angeklagt, die Claflins mit der Beschuldigung bedacht, ein Bordell zu betreiben. Dazu kam eine Anklage wegen Erpressung. Kurze Zeit später tauchte die gesamte Familie in Chicago auf und zog bei Victoria ein – ein endloses Katz-und-Maus-Spiel. In Chicago lernte Tennessee, inzwischen 19 Jahre alt, einen gewissen John Bartels oder Bortels kennen und heiratete ihn. Im Sommer 1865 nahmen Victoria, Tennessee, Bartels und ihr Bruder Hebern den alten Planwagen ihres Vaters und tingelten einige Monate mit einer »rollenden Medizinshow« durch die Staaten Illinois, Missouri, Arkansas und Tennessee. Unterwegs bekamen Tennie und John Bartels aber Streit, und am Ende kauften Victoria und Hebern ihre Schwester quasi frei: Sie gaben Bartels einen Anteil ihrer Einkünfte von der Reise unter der Bedingung, dass er verschwinde und Tennie in Ruhe lasse.

Nach einigen Monaten kehrten die Geschwister nach Chicago zurück und Victoria unternahm einen weiteren Versuch, ihrer Familie zu entkommen. Sie ging nach St. Louis/Missouri und ließ sich dort erneut – diesmal unter dem Pseudonym Madame Holland – als Wahrsagerin und magnetische Heilerin nieder. In ihrer Werbung wandte sie sich ausdrücklich an Frauen und versprach ihnen »wunderbare Kuren für weibliche Leiden durch Hellseherei«. Doch es war ein männlicher Kunde, der schon bald ihr Leben gründlich ändern würde. Hier, in St. Louis, lernte Victoria Woodhull nämlich den Mann kennen, der in den nächsten zehn Jahren ihr treuer Begleiter sein sollte, ihr Liebhaber, Lehrer und Manager – James Blood. Nach Victorias Schilderung lief ihre erste Begegnung folgendermaßen ab: Eines Tages tritt ein neuer Kunde, ein stattlicher Mann, in ihre abgedunkelte Praxis und setzt sich in den Stuhl ihr gegenüber. Auf der Stelle fällt sie in Trance und verkündet: »Ich sehe, dass unsere Zukunft verknüpft ist. Unsere Schicksale sind miteinander verwoben.« Tragischerweise war es Bloods Ehefrau, die ihn gebeten hatte, sie zu der neuen Wahrsagerin Madame Holland zu begleiten. Doch schon bald war Blood selbst ein ständiger Gast in Victorias Praxis.

James Blood war damals 31 Jahre alt – fünf Jahre älter als Victoria – ein angesehener, wohlhabender Mann, städtischer Untersuchungsrichter und Präsident der örtlichen Eisenbahngesellschaft, ein ursprünglich eher konservativer Mann, der mit seiner Frau und zwei Töchtern ein ganz normales Leben führte. Doch der Bürgerkrieg hatte Blood sehr verändert, ihn am Sinn des Lebens zweifeln lassen. Als er Victoria Woodhull kennen lernte, steckte er in einer tiefen persönlichen Krise. Der Bundesstaat Missouri lag etwa in der Mitte der USA, wo die Grenze zwischen den Nord- und Südstaaten verlief. Die Bevölkerung war in der Frage der Sklaverei gespalten. Drei Viertel der weißen Männer kämpften für den Norden, der die Sklaverei abgeschafft hatte, das restliche Viertel für die Südstaaten, deren Baumwollindustrie auf der Arbeitskraft der aus Afrika verschleppten Schwarzen gründete. Blood war einer der ersten, die sich freiwillig für den Norden meldeten. Er wurde mehrmals verwundet und kehrte als Held mit dem Titel eines Colonel nach St. Louis zurück. Aber die Schrecken und Grausamkeiten des Krieges, der Anblick sterbender Soldaten und die Leiden der Verwundeten auf den Schlachtfeldern hatten sein Leben und seinen Glauben verändert. Er wurde Spiritist und kommunizierte täglich mit den Geistern seiner verstorbenen Kriegskameraden. 1864 wurde er Präsident der Spiritistischen Gesellschaft von St. Louis.

Bei seiner Familie und den früheren Bekannten stieß diese neue Weltsicht auf wenig Verständnis – wohl aber bei Victoria Woodhull. Im Sommer 1866 brannten die beiden zusammen durch. James Blood ließ Frau, Kinder, Arbeit, Reputation und einen ansehnlichen Schuldenberg zurück, kaufte einen Planwagen und tingelte mit Victoria als Dr. und Mrs. James Harvey durch die Lande. Blood fand sich schnell in der Claflin'schen Lebensweise zurecht: Victoria bot ihre Dienste als Hellseherin und Heilerin an, James war ihr Ratgeber

James Blood

und Manager. Nach einigen Monaten hatten sie genügend Geld beisammen, um ihre Verhältnisse in St. Louis regeln zu können. Blood ließ sich scheiden, zahlte seine Schulden ab und überschrieb seiner früheren Frau alle seine Besitztümer, um dann mit Victoria die Stadt für immer zu verlassen.

Im Gegensatz zu Victoria Woodhull war James Blood ein gebildeter Mann, heute würde man sagen: ein Intellektueller. Er hatte sich mit den philosophischen Ideen seiner Zeit beschäftigt, engagierte sich für politische Reformen, und er war der erste, der Victoria Woodhull eine Art »theoretischen Überbau« bieten konnte für die Erfahrungen, die sie in ihrem eigenen Leben gesammelt hatte und aus den Erzählungen ihrer Klientinnen und Klienten kannte. Man könnte auch sagen, James Blood gab Victorias Lebensstil und ihren Überzeugungen eine politische Bedeutung und Rechtfertigung. Er machte ihr klar, dass vieles, was ihr Leben prägte, nicht nur das Ergebnis individueller Umstände war, sondern eine Folge gesellschaftlicher Entwicklungen und Trends: Seit den vierziger Jahren gab es in Amerika eine starke Bewegung für politische Reformen, die vor allem zwei große Ziele verfolgte, die Teilhabe der Frauen an den bürgerlichen Rechten der Männer und die Abschaffung der Sklaverei. Diese gemeinsame Reformbewegung von religiös-christlichen oder spiritistischen, frauenrechtlerischen und »abolitionistischen« Kräften war in den fünfziger Jahren immer stärker geworden und spielte inzwischen eine wichtige Rolle. Es handelte sich dabei nicht im eigentlichen Sinn um eine revolutionäre Bewegung, vergleichbar mit jener in Europa, wo es damals Barrikadenkämpfe und regelrechte Umstürze gab. In Europa stellten sozialistische Gruppen die ungleiche Verteilung von Wohlstand in Frage und wollten die Regierungen, die meistens noch Monarchien waren, stürzen. Die amerikanischen Reformerinnen und Reformer dagegen standen keineswegs grundsätzlich in Opposition zur amerikanischen Regierung oder zum kapitalistischen Wirtschaftssystem. Sie wollten keine Revolution, sondern verfolgten lediglich das Ziel, den Grundlagen der Vereinigten Staaten, den in der Unabhängigkeitserklärung festgehaltenen Prinzipien, wieder Geltung verschaffen, und zwar auch für die, die bislang davon ausgeschlossen waren. Wenn erst einmal Frauen und Schwarze wählen dürften, glaubten sie, dann würde sich die soziale Frage von selbst lösen.

Von all diesen politischen Themen und Entwicklungen hörte Victoria Woodhull nun zum ersten Mal. Vielleicht erzählte James Blood ihr auch von Sojourner Truth, der ehemaligen Sklavin, die seit einigen Jahren mit ihren Vorträgen durch ganz Amerika zog und unter anderem deutlich machte, dass das weiße, bürgerliche Frauenbild nicht repräsentativ für alle Frauen war. »Kein Mann hat mir je in einen Wagen geholfen oder über eine Pfütze, oder hat mir jemals den besten Platz eingeräumt. Und bin ich nicht eine Frau? Ich habe gepflügt und gepflanzt und geerntet, und kein Mann war besser als ich. Und bin ich nicht eine Frau?« hatte Sojourner Truth vor einem Frauenrechtskongress 1851 in Ohio ausgerufen, und wenn Victoria Woodhull jemals davon erfahren hat, wird ihr das gefallen haben: Auch ihr hatte bisher niemand in den Wagen geholfen. Von Sojourner Truth hätte Victoria Woodhull auch lernen können, dass eine Frau, die sich auf ihre eigene, konkrete Lebenserfahrung beruft, eine Herausforderung für verschiedene Seiten darstellt: Für die Männer, die Frauen unter Verweis auf angeblich »natürliche« Eigenschaften ihre Rechte verweigern wollen, aber auch für die Frauenrechtlerinnen, die glaubten, ihre Probleme als Frauen aus der Mittelschicht seien die Probleme aller Frauen.

James Blood hat Victoria auch erzählt, dass es neben den großen Strömungen der Reformbewegung noch eine radikalere Minderheit gab, zu der er selbst gehörte und die nicht nur rechtliche Gleichstellung, sondern eine grundlegende Reform der Sitten und vor allem der Geschlechterbeziehungen wollte: Die so genannten »Free Lovers«, Anhängerinnen und Anhänger der freien Liebe. Sie beriefen sich auf frühsozialistische Ideen aus Europa, wo bereits in den dreißiger Jahren Kommunen entstanden waren, die neue Modelle für das Zusammenleben von Männern und Frauen entworfen und praktiziert hatten: ohne Hierarchien, ohne gesetzliche Ehe, ohne Unterdrückung der Sexualität. Diese Ideen waren mit den Einwanderungsbewegungen aus Europa nach Amerika gekommen und fielen dort, getreu dem Motto »Anything goes«, auf fruchtbaren Boden. Während die Frühsozialistinnen und Frühsozialisten in Europa politisch verfolgt wurden, konnten sie in Amerika ihre neuen Ideen relativ frei ausleben. Es gab ja Platz genug und man war in Amerika viel toleranter gegenüber religiös oder eben auch weltanschaulich geprägten Gemeinschaften, die für sich eigene soziale Regeln aufstellten und danach lebten.

Man kann sich vorstellen, welche Inspiration James Blood und

Victoria Woodhull füreinander gewesen sein müssen. Während die kleinbürgerliche prüde Gesellschaft Victoria bis dahin als Hure und unmoralisches Subjekt beschimpft hatte, wurde sie von James Blood bewundert, denn er konnte in ihr eine Symbolfigur für seine eigenen sozialen Theorien sehen. War diese junge Frau nicht ein anschauliches Beispiel aus Fleisch und Blut für das, was eine Gesellschaftsreform bedeuten könnte? War sie nicht das Paradebeispiel für freie Liebe? Sexuelle Dienstleistungen, so erklärte James Blood, seien ein Tauschgeschäft wie jedes andere auch, nicht mehr oder weniger ehrenwert als andere Geschäfte – natürlich war Victoria begeistert. Auch ganz unabhängig von den Geistern, die vom verwobenen Schicksal der beiden Liebenden kündeten, und von ihrer gegenseitigen Anziehungskraft, die sie ein Liebespaar werden ließ, ergänzten Victoria Woodhull und James Blood einander aufs Beste. Er bot ihr die Möglichkeit, ihre Ansichten und Erfahrungen in einer »Theorie« wieder zu finden, und gab ihr das Selbstvertrauen, mit ihren Überzeugungen und ihrer Lebensweise auch Menschen aus der Mittelkasse gegenüberzutreten. Und sie ermöglichte ihm den Ausbruch aus spießbürgerlichen Verhältnissen, die Umsetzung seiner Theorien in die Praxis, war der lebende Beweis dafür, dass seine sozialen Theorien nicht nur Spinnerei waren. Auf ganz unterschiedlichen Wegen – Woodhull über die blanke Notwendigkeit des Überlebenskampfes, Blood durch theoretisches Nachdenken über soziale Theorien – waren beide zu derselben Lebensphilosophie gekommen. Das machte sie füreinander so attraktiv und ihre Begegnung so faszinierend.

James Blood und Victoria Woodhull zogen nach Dayton/Ohio, eine Stadt, die für ihre liberale Handhabung der Ehegesetze bekannt war, denn hier konnten auch Geschiedene wieder heiraten. Am 12. Juli 1866 ließen sich Victoria Claflin – so ihr Eintrag auf der Urkunde – und James Blood dort von einem presbyterianischen Priester trauen. Später betonten sie jedoch, sie hätten sich zwei Jahre danach wieder scheiden lassen, weil ihre Liebe es nicht nötig habe, durch Gesetze geschützt zu werden. Wie auch immer: Die nächsten zehn Jahre lebten Victoria Woodhull und James Blood als Paar zusammen. Victoria nahm aber nicht den Nachnamen ihres Mannes an, sondern benutzte weiterhin den Familiennamen Woodhull. Vielleicht hatte Blood ihr erzählt, dass die bekannte Frauenrechtlerin Lucy Stone einige Jahre zuvor von sich reden gemacht hatte, weil sie sich weigerte, den Nachnamen ihres Ehemannes anzunehmen. Vielleicht überlegte sich Victoria aber auch einfach nur, dass der Name »Blood«, also »Blut«, keine gute Werbung für eine Heilerin und Wahrsagerin abgab.

Der Rest ihrer Familie war unterdessen in Victorias altem Haus in Chicago zu den üblichen Geschäften im Dunstkreis von Scharlatanerie, Prostitution und Erpressung zurückgekehrt. Noch immer war Tennessee die Haupteinnahmequelle der Familie. Sie war die attraktivste Hure und die talentierteste Wahrsagerin von allen. Victoria hat später einmal gesagt, das einzige, worin sich alle Claflins jemals einig waren, sei die Überzeugung gewesen, dass Tennie allein das Geld für die ganze Familie verdienen sollte. Utica, die sowohl auf die selbstständigere Victoria als auch auf die erfolgreichere Tennessee neidisch war, beklagte sich, dass »Tennie in einer Nacht von zehn Männern Besuch hat, und nach jedem muss ich sie baden, ihr ein neues Nachthemd anziehen und sie für den Nächsten parfümieren.« Wieder einmal beschwerten sich Nachbarn, die Claflins würden ein Bordell betreiben, aber wie gewöhnlich war das schwer zu beweisen. Und erneut hagelte es Anklagen gegen Tennie wegen »betrügerischen Wahrsagens« – der Vermieter nutzte das als Vorwand, um den Claflins die Wohnung zu kündigen.

Irgendwann war auch für Tennessee das Fass übergelaufen. Sie packte ihre Koffer und reiste zu Victoria, die die jüngere Schwester gerne bei sich aufnahm. Mit James Blood verstand sich Tennie auf Anhieb gut. Unter den dreien festigte sich eine Lebens- und Arbeitsgemeinschaft, die sich als außerordentlich tragfähig und produktiv erwies. Blood machte die Schwestern vertraut mit Wirtschaftstheorien, den politischen Verhältnissen ihrer Zeit, sozialen Utopien und sozialistischen Ideen. Vicky und Tennie lernten schnell und begierig. Hier öffneten sich für sie neue Welten und eine Fülle ungeahnter Möglichkeiten. Annie und Buck Claflin jedoch hassten James Blood: Annie, weil er so viel Einfluss auf ihre Töchter hatte, Buck, weil er ihm seine wichtigste Einkommensquelle genommen hatte. Doch aller Protest half nichts. Von nun an gingen Victoria Woodhull, Tennessee Claflin und James Blood gemeinsam auf Wanderschaft.

In diesen Jahren nach dem Ende des Bürgerkriegs war der Spiritismus auf dem Höhepunkt seiner Popularität. Der Tod einer ganzen Generation junger Männer ließ den Glauben, sie seien nicht gestorben, sondern ihre Seelen nur in eine andere Daseinsform hinüber geglitten, für Millionen Amerikanerinnen und Amerikaner verlockend erscheinen. Hellseherinnen waren sehr gefragt, und das Unternehmen Woodhull, Claflin und Blood lief gut. Die drei hatten Geld genug und führten ein freies und abwechslungsreiches Leben. Nur Victoria war auf die Dauer nicht zufrieden. Als Spiritistin und Wahrsagerin, die durch kleine und unbedeutende Städtchen des mittleren Westens zog, konnte sie nichts Großes leisten – und nach wie vor war sie davon überzeugt, dass das ihre Bestimmung sei.

Später erzählte sie immer wieder die Geschichte, wie der unbekannte Geist in der weißen Toga ihr schließlich den entscheidenden Wink gab: Eines Tages, als sie gerade in Pittsburgh waren, erschien ihr wieder die wohl vertraute Gestalt. Diesmal sprach der Geist: »Deine Arbeit soll nun beginnen. All diese Jahre haben wir dich für deine große Mission vorbereitet. Nun geh nach New York City, in die Great Jones Street Nummer 17. Dort wirst du ein Haus finden, das auf dich und die Deinen wartet.« In ihrer Vision sah Victoria ein Haus, voll möbliert, mit Schlafräumen, einem Salon, ausladenden Treppen. Auf einem Mahagonitisch in der großen Eingangshalle lag ein Buch, allerdings war es aufgeschlagen, sodass sie den Titel nicht lesen konnte. Das Bild verschwand, und Victoria sah den Geist wieder. »Wer bist du?« fragte Victoria, »all diese Jahre hast du mir das nicht gesagt, sag es mir jetzt.« Der Geist zeigte auf einen weißen Marmortisch und schrieb mit dem Zeigefinger Buchstaben auf die Tischplatte. Zunächst war die Schrift unsichtbar, doch nach einer Weile wurden die Buchstaben immer heller und glänzender, bis sie schließlich in Flammen aufgingen. Und Victoria konnte den Namen lesen – Demosthenes. Der Mann in der weißen Toga war also der Geist eines berühmten Redners aus dem antiken Griechenland. Es war klug von Demosthenes, Victoria Woodhull seine Identität erst jetzt zu enthüllen. Denn vor ihren Geschichtslektionen bei James Blood hätte ihr dieser Name wohl kaum etwas gesagt.

»Macht es wie ich, befragt die Geister«

1868–1870
Victorias Ankunft in New York, ihre Kontakte zum Rotlichtmilieu, ihre erste Begegnung mit den Frauenrechtlerinnen, die Bekanntschaft mit Cornelius Vanderbilt und die Gründung der Brokerfirma Woodhull, Claflin und Co.

NEW YORK CITY war im Jahr 1868 keine besonders schöne Stadt. In Harlem fuhr man zwar noch durch idyllische grüne Felder, aber in Downtown herrschte unerträgliches Gedränge und ohrenbetäubender Lärm. In den sechs Jahren zuvor hatte sich die Bevölkerung verdoppelt, rund eine Million Menschen lebte nun hier, aber die Kanalisation und die Infrastruktur hatten mit diesem Boom nicht Schritt gehalten. New York und die benachbarte, damals noch eigenständige Stadt Brooklyn drohten im Schmutz zu versinken. Einen großen Anteil daran hatten die Ruß speienden Dampfloks, die sich durch die engen Straßen schoben, denn die Eisenbahn war damals das Hauptverkehrsmittel in Amerika. Verschiedene Bahngesellschaften konkurrierten miteinander, und fast jede von ihnen betrieb eine Linie nach New York. Um die südlichen Gegenden Manhattans vor weiterer Verschmutzung zu schützen, hatte die Stadtverwaltung 1850 jeglichen Eisenbahnverkehr unterhalb der 42. Straße verboten. Wie alle Reisenden, die nach New York kamen, mussten daher auch Victoria, Tennessee und James hier vom Zug in Pferdekutschen umsteigen. Allerdings gab es an dieser Stelle noch nicht die später von Cornelius Vanderbilt gebaute schöne Grand Central Station. Der Umsteigeplatz war vielmehr ein Schlammfeld mit freilaufenden Schweinen und Gänsen, und zu allem Überfluss wurde er auch noch von den Viehherden gekreuzt, die von den Hudson River Docks quer über die Halbinsel zu den Schlachthäusern am East River getrieben wurden.

Manhattan war damals zweigeteilt: Reichtum, Wohlstand und aufstrebende Firmen siedelten im Westen, Fabriken, Schnapsbrennereien und die ärmlichen Wohngebiete der deutschen, englischen und irischen Einwandererfamilien lagen im Osten, wobei die Fourth Avenue die Grenze bildete. Lagen an der Second und Third Avenue noch vier- und fünfstöckige Mietshäuser mit Arbeiterwohnungen, so wurde die Fifth Avenue bereits von den hohen Sandsteingebäuden der wohlhabenden New Yorker Familien gesäumt, und sonntags promenierte hier die High Society.

Victoria, Tennessee und James Blood begaben sich umgehend zu der Adresse, die Demosthenes ihnen mitgeteilt hatte – Nummer 17, Great Jones Street. Die Great Jones Street lag ganz im Südzipfel Manhattans, sie war ein Teilstück der 3. Straße, zwischen Bowery und Broadway. Pathetisch beschreibt Victoria Woodhull später ihre Ankunft an der neuen Wirkungsstätte: Als sie klopften, öffnete eine Frau die Tür, begrüßte sie mit den Worten: »Ach, Sie kommen sicher wegen der Zimmer«, und bat sie, in der Eingangshalle zu warten, bis die Betten gemacht seien. Das Haus sah haargenau so aus, wie Victoria es in ihrer Vision gesehen hatte. Auf dem Tisch lag das große Buch, und diesmal konnte sie auch den Titel lesen – es waren »Die Reden des Demosthenes«.

Victorias Vision schien sich also zu erfüllen: Sie war nach New York gekommen, um Großes zu leisten, und sie fand alles so vor, wie der Geist des Demosthenes es ihr prophezeit hatte. Doch es sollte noch zwei Jahre dauern, bis sie tatsächlich eine wichtige Rolle im öffentlichen Leben spielte. Erst einmal musste Geld verdient werden. James Blood fand Arbeit bei einer kleinen Zeitung, die sein Bruder George in New Jersey herausgab, Victoria und Tennessee knüpften auf der Suche nach Verdienstmöglichkeiten Kontakte zu den Bordellbetreiberinnen, die es auf der Fifth Avenue reichlich gab. Wie immer ließ auch der Rest der Familie nicht lange auf sich warten. Kaum waren Annie und Buck darüber im Bilde, dass Victoria und Tennessee das Herumreisen aufgegeben hatten und sich in New York niederlassen wollten, da standen sie und Utica auch schon vor der Tür. Buck begleitete seine Töchter bei ihrem Gang durch die Bordelle, um den New Yorker Prostituierten das bekannte »Lebenselixier« zu verkaufen, das Annie und Utica immer noch brauten. Es war nun mit

Laudanum angereichert, einem Opiumderivat, das von Prostituierten damals häufig verwendet wurde und das nicht nur die Claflins, sondern auch die meisten Apotheken im Angebot hatten.

Sexuelle Dienstleistungen waren ein florierendes Geschäft in New York. 1868 lebten schätzungsweise 20 000 Prostituierte in der Stadt, viele von ihnen – weiße wie schwarze Frauen – waren während des Bürgerkriegs aus den Südstaaten eingewandert. Sie arbeiteten in über sechshundert offiziell registrierten Bordellen, knapp hundert Stundenhotels und fast ebenso vielen »Musikkneipen mit schlechtem Ruf«. Natürlich gab es auch zahlreiche nicht registrierte Häuser, die man noch dazu zählen muss, und Tausende von Frauen, die auf dem Straßenstrich arbeiteten. Obwohl Prostitution offiziell verboten war, gab es faktisch kaum Beschränkungen des Gewerbes, im Gegenteil: Ein damals sehr verbreiteter New-York-Stadtführer zum Beispiel, der »Gentleman's Guide«, führte detailliert die verschiedenen Häuser mit ihren speziellen Angeboten auf. Hotels und Restaurants warben für die Etablissements in ihrer Nachbarschaft und vermittelten ihren männlichen Gästen Kontakte zu den Frauen. Der Besuch eines Bordells gehört ebenso selbstverständlich zum Abendvergnügen der wohlsituierten New Yorker Männer wie ein Abendessen im Restaurant.

Eines der beliebtesten Bordelle war das von Annie Wood in einem diskreten Haus an der Ecke von 34. Straße und Fifth Avenue. Laut »Gentleman's Guide« war das Etablissement innen wie ein Herrenhaus der Südstaaten hergerichtet und servierte französische und kreolische Küche. Annie Wood war, wie so viele andere, aus den Südstaaten nach New York gekommen und hatte ihr Haus mit Hilfe eines anonymen Investors gegründet. Stolz betonte sie, dass hier nur die »besten Gentlemen« verkehrten, und sie warb damit, dass diese Herren bei den abendlichen Treffen in ihrem Etablissement in einer diskreten und entspannten Atmosphäre ihre politischen und wirtschaftlichen Angelegenheiten diskutieren könnten. Eine »Spezialität« des Hauses waren die Afroamerikanerinnen, die das Klischee von der sexuellen Wildheit der Mulattinnen verkörperten. Die weißen Frauen dagegen inszenierten sich, ebenso wie die Hausherrin selbst, als aristokratische, aber naive Südstaaten-Schönheiten. Aber Annie Wood war nur scheinbar naiv. In Wirklichkeit war sie eine clevere Geschäftsfrau, die ein gut gehütetes Geheimnis hatte, von dem ihre Kunden natürlich nichts wussten: In zwei dicken schwarzen Büchern notierte sie akribisch die Namen, Berufe und sexuellen Vorlieben ihrer Gäste. Sie sah es als eine Art Rückversicherung an, diese Details festzuhalten.

Victoria Woodhull und Tennessee Claflin gehörten schon bald zu den guten Freundinnen von Annie Wood. In diesem Bordell traf Victoria auch Josie Mansfield wieder, die sie aus San Francisco kannte und die schon einige Jahre zuvor nach New York gekommen war. Sie hatte eine Zeit lang für Annie Wood gearbeitet, war aber inzwischen die Kurtisane des reichen Unternehmers Jim Fisk. Victoria und Tennessee scheinen in New York nicht mehr selbst als Huren gearbeitet zu haben. Stattdessen entdeckten sie die Frauen als potentielle Kundinnen für ihre hellseherischen und heilenden Fähigkeiten. Sie verkauften ihnen nicht nur das dubiose Lebenselixier, sondern auch nützliche Dinge, zum Beispiel Verhütungsmittel wie Essigschwämmchen, die, in die Vagina eingeführt, die männlichen Spermien abtöteten, süßes Wasser zur Reinigung des Intimbereichs, oder ein leichtes Betäubungsmittel, das die Schmerzen beim Geschlechtsverkehr linderte. Sicher ist ihnen dabei nützlich gewesen, dass sie das Rotlicht-Milieu und die Tätigkeit einer Prostituierten aus eigener Erfahrung kannten. Für Victoria und Tennessee waren diese Frauen ganz normale Kundinnen, die eben einen speziellen Beruf ausübten. Sie sahen in ihnen nicht moralischen Abschaum oder bemitleidenswerte Opfer eines verkorksten Lebenswegs, und das schuf natürlich eine Vertrauensbasis.

Josie Mansfield …

Später, als bekannte Rednerin, kam Victoria Woodhull immer wieder auf das Thema Prostitution zurück. »Die Wahrheit ist«, sagte sie zum Beispiel, »dass Prostituierte, die nicht trinken und sich gegen Krankheiten schützen, zu den gesündesten aller Frauen gehören und ihre Schönheit und Lebenskraft bis ins hohe Alter behalten. Ich kenne Hunderte von Ehefrauen, die zugeben, dass sie nicht einen Tag länger mit ihrem Ehemann leben würden, wenn sie einen anderen Weg hätten, ihren Lebensunterhalt zu sichern, und die dennoch auf Prostituierte herabsehen, als hätten sie Lepra. Es kann Prostitution in der Ehe geben und fairen Handel in einem Bordell. Es kommt auf die Bedingungen an, unter denen der Akt stattfindet, und nicht darauf, wo oder wie er ausgeführt wird.« Ein weiteres Argument, das sie in diesem Zusammenhang immer wieder vorbrachte, war die Verantwortung der Männer: Wer sich über Prostitution moralisch entrüstet, muss zunächst die Freier kritisieren, die hier eine Nachfrage schaffen, nicht die Frauen, die diese Nachfrage befriedigen.

Victoria Woodhull stellte auch Studien darüber an, welche Einkommensmöglichkeiten dieser Beruf für Frauen bot. Eine erstklassige Prostituierte musste ihrer Vermieterin etwa 40 Dollar pro Woche für ein Zimmer zahlen und zwanzig Prozent ihrer Einnahmen abgeben. Von diesem Geld musste die Vermieterin die Behörden bestechen – in der Regel funktionierte das so, dass alle paar Wochen einige Frauen verhaftet wurden, aber am gleichen Tag gegen eine Strafe von etwa 100 Dollar wieder freigelassen wurden. Streifenpolizisten und höhere Polizeibeamte mussten mit kleinen Bestechungen bei Laune gehalten werden, außerdem konnten sie die Dienstleistungen der Frauen gratis nutzen. Einige Prostituierte gingen, wie Josie Mansfield, auch dauerhafte oder feste Teilzeit-Arrangements mit wohlhabenden Kunden ein, wodurch sie vom Status einer Prostituierten in den einer Kurtisane aufstiegen. Victoria Woodhull hielt es für einen Skandal, dass ein Großteil der Einnahmen von Prostituierten für die Bestechung von Politikern und Polizisten aufgewendet werden musste. Sie sah hier ein typisches Beispiel für die gesellschaftliche Doppelmoral: Das formale Verbot der Prostitution hatte ja offensichtlich nicht den Zweck, gekauften Sex aus moralischen Gründen zu unterbinden, sondern es schuf lediglich eine zusätzliche Einkommensquelle für die Ordnungshüter. Wäre die Prostitution nicht verboten, so argumentierte Woodhull, dann würde das allen nützen: Die Frauen könnten mehr verdienen, und trotzdem würde ihre Dienstleistung für die Kunden billiger werden.

... und Jim Fisk

Erste Kontakte mit der Frauenbewegung

Neben Annie Wood, Josie Mansfield und anderen Frauen aus dem Rotlichtmilieu lernte Victoria Woodhull in New York aber auch noch andere Kreise kennen. James Blood knüpfte Kontakte zu Leuten aus den Reformbewegungen, Männern und Frauen mit sozialistischen, freidenkerischen, feministischen Ideen. Zum ersten Mal erlebte Victoria Woodhull hier politische, intellektuelle Debatten mit Gleichgesinnten. Themen wie freie Liebe, soziale Reformen, gesellschaftliche Utopien wurden diskutiert, und Victoria hatte einiges dazu zu sagen. Sie streckte ihre Fühler auch in Richtung Frauenbewegung aus. Im Januar 1869 fuhr sie zum nationalen Jahreskongress der Frauenrechtlerinnen nach Washington. Bei diesem Treffen sah Woodhull zum ersten Mal alle wichtigen Vorkämpferinnen der amerikanischen Frauenbewegung ›life‹: Die 53-jährige Elizabeth Cady-Stanton, die berühmte radikale Vordenkerin der Feministinnen und schon seit zwanzig Jahren ihre unbestrittene Anführerin. Ihre fünf Jahre jüngere Freundin und Mitstreiterin Susan B. Anthony, die fast ebenso lang an ihrer Seite gestanden hatte – die beiden traten eigentlich immer im Duo auf. Die 50-jährige Lucy Stone, eine entschiedene Kämpferin gegen die Sklaverei und ebenfalls von Beginn an eine Mitstreiterin der Frauenbewegung. Die bereits 76 Jahre alte Quakerin Lucretia Mott, ebenfalls eine Frauenrechtlerin der ersten Stunde. Die 55-jährige Paulina Wright Davis, Herausgeberin einer Frauenzeitung und eine bekannte Rednerin zu Frauenthemen. Die 49 Jahre alte Schriftstellerin Julia Ward Howe. Die 48-jährige Mary Livermore, die besonders durch ihr Engagement im Bürgerkrieg bekannt geworden war. Sie hatte sich dafür eingesetzt, dass Frauen als Krankenschwestern an der Front helfen konnten, und war deshalb mehrmals mit Präsident Lincoln zusammengetroffen.

Dass auch Victoria Woodhull an diesem Frauenkongress in Washington teilnahm, weiß man nur, weil sie es irgendwie schaffte, einen Reporter des *Evening Star* dazu zu bringen, sie als »die kommende Frau« der Frauenbewegung zu rühmen. Das ist recht merkwürdig, denn sie war ja damals noch völlig unbekannt und bei dem Kongress nur Zuhörerin. Aber richtig war, dass sie eine neue Generation verkörperte. Victoria Woodhull war mit ihren dreißig Jahren viel jünger als die Kämpferinnen, die zwanzig Jahre zuvor die Frauenrechtsbewegung ins Leben gerufen hatten. Sie waren gemeinsam älter geworden, es fehlte ihnen an Nachwuchs und an frischen Ideen – vor allem jetzt, wo die politischen Entwicklungen nach dem Ende des Bürgerkrieges und der Abschaffung der Sklaverei die Frauenbewegung auf eine harte Probe stellten.

Das Hauptthema der amerikanischen Frauenbewegung war von Anfang an das Frauenwahlrecht gewesen, und zwar seit dem allerersten nationalen Frauenkongress, den Elizabeth Cady-Stanton und Lucretia Mott im Jahr 1848 in Seneca Falls/New York organisiert hatten. Damals stand eine von Stanton verfasste »Declaration of Sentiments« im Mittelpunkt, eine »Erklärung der Gefühle«, in der die Gleichheit der Geschlechter proklamiert wird – in Anlehnung an die »Declaration of Independence«, die amerikanische Unabhängigkeitserklärung. Die wesentlichen Forderungen darin waren Gesetzesänderungen zur rechtlichen Gleichstellung von Frauen, insbesondere eben beim Wahlrecht. Soziale Fragen spielten bei den amerikanischen Feministinnen kaum eine Rolle, vielleicht deshalb, weil fast alle von ihnen aus der gehobenen Mittelschicht kamen: Es waren Töchter und Ehefrauen von Politikern, Juristen, Großgrundbesitzern, Pfarrern. Die meisten von ihnen hatten keine Existenzsorgen. Ihr Problem waren nicht Armut oder soziale Ungerechtigkeiten, sondern ihr Ausschluss aus den bürgerlichen Rechten. Fast alle amerikanischen Frauenrechtlerinnen stammten aus Familien mit einem christlich-religiösen Hintergrund. Die meisten von ihnen begründeten ihre Forderung, politisch mitbestimmen zu können, mit der größeren Moral und Tugendhaftigkeit von Frauen.

Von Beginn an hatten sie ihren Kampf zusammen mit der Anti-Sklaverei-Bewegung geführt, denn sie hatten ja ein gemeinsames Ziel: den Zugang der Ausgeschlossenen, der Frauen und der Schwarzen, zu den rechtlichen Privilegien der weißen Männer. Nun aber, Anfang 1869, drohte diese schon zwei Jahrzehnte andauernde Koalition zu zerbrechen. Nach dem Ende des Bürgerkriegs und dem Sieg der Nordstaaten über die Sklavenhalter-Staaten im Süden wurde in den politischen Gremien der USA die Einführung des Wahlrechts für afroamerikanische Männer ernsthaft diskutiert. Und die Chancen standen gut, dass es zu einer Gesetzesänderung kommen würde. Vom Frauenwahlrecht war in diesem Zusammenhang allerdings keine Rede. Trotzdem begrüßten die meisten Frauenrechtlerinnen das geplante Gesetz als einen ersten Schritt hin zu einer gerechteren

Gesellschaft. Das Wahlrecht für Frauen, so meinten sie, würde dann auch irgendwann kommen.

Ganz anders sahen das aber Elizabeth Cady-Stanton und Susan Anthony. Beide lehnten das Gesetzesvorhaben zur Einführung des Wahlrechts für schwarze Männer entschieden ab. Für sie war das Verrat an der gemeinsamen Sache. Hatten nicht jahrelang Frauen und Schwarze Seite an Seite dagegen gekämpft, dass ihnen die bürgerlichen Rechte verweigert wurden? Und nun sollten die einen zugunsten der anderen auf ihre Forderungen verzichten? Das triebe, so argumentierten Cady-Stanton und Anthony, die Frauendiskriminierung erst recht auf die Spitze. Denn die Frauen wären dann nicht mehr nur eine von mehreren gesellschaftlichen Gruppen, denen das Wahlrecht verweigert würde, sondern die einzige. Oder, wie Cady-Stanton es zugespitzt formulierte: »Es heißt nun: Männer gegen Frauen. Alle Männer werden wählen, nicht aufgrund von Intelligenz, Patriotismus, Wohlstand oder weißer Haut, sondern allein deshalb, weil sie Männer sind – und keine Frauen.«

Susan Anthony (links) und Elizabeth Cady-Stanton, die berühmten radikalen Vordenkerinnen der amerikanischen Frauenbewegung

Genau um diese Streitfrage ging es beim Jahreskongress der Frauenbewegung Anfang 1869. Elizabeth Cady-Stanton und Susan Anthony waren entschlossen, die Solidarität mit den Schwarzen aufzukündigen. Es sei absurd, sagte Cady-Stanton in ihrer Rede, dass »Patrick und Sambo, die nicht einmal wissen, was der Unterschied zwischen Monarchie und Republik ist, die weder die Unabhängigkeitserklärung noch Webster's Wörterbuch lesen können, Gesetze machen sollen für Frauen wie Lucretia Mott, Ernestine L. Rose und Anna E. Dickinson« – Ernestine Rose war eine bekannte jüdische Freidenkerin und

Feministin, Anna Dickinson eine einflussreiche Intellektuelle und politische Rednerin dieser Jahre. Wenn schon nicht alle Erwachsenen wählen sollten, schlug Cady-Stanton vor, dann solle das Wahlrecht wenigstens nicht von unsinnigen Kriterien wie Hautfarbe oder Geschlecht abhängen, sondern von Einkommen und Bildung.

Frederick Douglass, ehemaliger Sklave und wichtiger Führer der Anti-Sklaverei-Bewegung

Die Mehrheit der Frauenrechtlerinnen, vor allem die langjährigen Kämpferinnen gegen die Sklaverei, waren über so eine Argumentation entsetzt. Sie begrüßten das Wahlrecht für schwarze Männer und betonten, dass die Lebensverhältnisse der afroamerikanischen Bevölkerung um so viel schlechter wären als die der Weißen, dass sie das Wahlrecht viel dringender brauchten als weiße Frauen. Vor allem Lucy Stone, die in den Jahrzehnten zuvor eng mit Cady-Stanton zusammengearbeitet und viele Kongresse mit ihr vorbereitet hatte, ärgerte sich über deren kompromisslose Haltung und warf ihr rassistische Untertöne vor. Unterstützt wurde sie dabei von Frederick Douglass, einem ehemaligen Sklaven und langjährigen Führer der Anti-Sklaverei-Bewegung, der ebenfalls an dem Frauenkongress teilnahm. Er hatte immer das Frauenwahlrecht unterstützt, appellierte aber jetzt an die Frauen, die geplante Wahlrechtsänderung zugunsten der schwarzen Männer zu unterstützen. Beide Seiten lieferten sich heftige Wortgefechte, fanden aber keine Einigung. Schließlich kam es zur Spaltung der Frauenbewegung: Im Anschluss an den Kongress organisierten Lucy Stone und Julia Ward Howe von Boston aus die *Amerikanische Frauenwahlrechts-Vereinigung*, während Elizabeth Cady-Stanton und Susan Anthony in New York die *Nationale Frauenwahlrechts-Vereinigung* gründeten.

Victoria Woodhull kam unbeeindruckt von dem Kongress zurückt. »Stürme im Wasserglas«, urteilte sie abfällig über die Auseinandersetzungen der Frauenrechtlerinnen. Sie verstand vor allem nicht, warum das Wahlrecht überhaupt eine so große Bedeutung haben sollte. Ihrer Erfahrung nach waren für die meisten Frauen brutale und verantwortungslose Ehemänner oder zu wenig Geld größere Probleme als die Frage, ob sie wählen gehen durften oder nicht. Aber es war ihr klar geworden, dass das Wahlrecht nun einmal für die organisierte Frauenbewegung das entscheidende Thema war und dass kein Weg daran vorbeiführen würde, sich damit auseinander zu setzen, wenn sie hier mitmischen wollte. Doch für welche der beiden Fraktionen sollte sie Partei ergreifen? Auf der einen Seite war Victoria Woodhull eindeutig dafür, dass schwarze Männer das Wahlrecht bekommen sollten, denn das wäre doch schon mal besser als nichts. Pragmatisch wie sie war, hielt sie Cady-Stantons abstrakte Einwände für Spitzfindigkeiten. Andererseits war ihr aber auch klar, dass Elizabeth Cady-Stanton und Susan Anthony eine radikalere Grundeinstellung hatten. Der ganze Habitus und das moralisierende Auftreten der »gemäßigten« Frauenrechtlerinnen um Lucy Stone war Victoria Woodhull zu kompromisslerisch, zu wenig kämpferisch. Es käme also darauf an, eine eigenständige Position zur Wahlrechtsfrage zu finden, die gleichzeitig radikal war und doch pragmatisch – und eine Idee dazu, wie eine solche Position aussehen könnte, hatte Woodhull bereits auf dem Kongress selbst bekommen: Eine gewisse Virginia Minor hatte dort nämlich die Meinung vertreten, dass die Frauen gar keine erneute Wahlrechtsänderung bräuchten, weil nämlich bereits der bestehende Gesetzestext das Wahlrecht für »alle Bürger« garantiere – und es sei dabei nicht ausdrücklich von männlichen Bürgern die Rede. Der Redebeitrag von Virgina Minor ging auf dem Kongress im Tumult des gegenseitigen Schlagabtausches unter und wurde nicht weiter diskutiert. Victoria Woodhull aber leuchteten diese Argumente ein, und sie merkte sie sich gut.

»Visionen der Ämter, die ich eines Tages inne haben könnte, tanzten vor meinem inneren Auge«, erzählte Victoria, als sie von dem Kongress zurück kam. Keine Frage: Sie wollte eine Anführerin der Frauenbewegung werden. Irgendwie müsste sie eine Möglichkeit finden, die Aufmerksamkeit auf sich zu ziehen, sich Gehör zu verschaffen. Aber dazu würde sie Geld brauchen, und zwar viel Geld. Die bekannten Frauenrechtlerinnen schrieben Bücher, gaben Zeitungen heraus, reisten herum und trafen wichtige Leute. Das musste sie auch tun – und schon ein paar Wochen zuvor hatte Victoria eine Bekanntschaft gemacht, die ihr das vielleicht ermöglichen konnte. Denn Victoria Woodhull hatte den reichsten Mann Amerikas kennen gelernt ...

Der reichste Mann Amerikas

Cornelius Vanderbilt

Cornelius Vanderbilt war der Prototyp des modernen Unternehmers, das Paradebeispiel für den amerikanischen »Vom-Tellerwäscher-zum-Millionär«-Typen. Sein Leben lang war er dem Trend eine Nasenlänge voraus gewesen. Vom einfachen Kapitän eines Staten-Island-Fährbootes stieg Vanderbilt zum Besitzer der größten Schiffsflotte Amerikas auf. 1862, im Alter von 68 Jahren, änderte er noch einmal komplett seine Geschäftsstrategie: Ihm war klar geworden, dass der Schiffsverkehr bald an Bedeutung verlieren und durch die Eisenbahn abgelöst würde. Also kaufte er Eisenbahnaktien, und als 1868 das amerikanische Schienennetz erstmals den ganzen Kontinent von der Ost- bis zur Westküste durchzog, war Vanderbilt Besitzer von zwölf Eisenbahnlinien in ganz Amerika, darunter die fünf größten in New York. Jetzt merkten auch die anderen Investoren, welch ungeheure Kapazitäten in der Eisenbahn steckten, und die große Nachfrage nach Bahnaktien trieb Vanderbilts Vermögen in astronomische Höhen. Aber da war er schon bei der nächsten Geschäftsidee: Als Immobilienexperten noch behaupteten, nördlich der 42. Straße würden in New York niemals lukrative Wohngegenden entstehen, kaufte Vanderbilt zu Spottpreisen riesige Grundstücke bis hoch zur 48. Straße, rund um die Fifth Avenue sogar hinauf bis zur 52. Straße – Land, das innerhalb von wenigen Jahren seinen Wert vervielfachte.

Wenn Vanderbilt so oft als »Visionär« der amerikanischen Wirtschaft gerühmt wird, dann stimmt das jedoch noch in einem wörtlicheren Sinn, als man im allgemeinen glaubt: Vanderbilt war nicht nur ein cleverer Unternehmer, er war auch Spiritist und davon überzeugt, dass Geister aus dem Jenseits seine Geschicke lenkten. Bevor er Victoria Woodhull kennen lernte, konsultierte er regelmäßig eine Wahrsagerin auf Staten Island. Seine Landkäufe im Norden Manhattans – die viele seiner Zeitgenossen als Geldverschwendung belächelten – habe er nur deshalb getätigt, sagte er, weil er in einer Vision die

Zukunft New Yorks gesehen hatte: eine prosperierende Stadt, die sich bis weit hoch in die 90. Straße erstreckt. Auch beim Bau seines Lieblingsprojektes, dem gigantischen Bahnhof am Zug-Endhaltepunkt in der 42. Straße, war er im wahrsten Sinn des Wortes visionär: Grand Central Station sei genauso geworden, wie es die Geister ihm gezeigt hätten, versicherte der stolze Erbauer. Aber nicht nur gute, sondern auch böse Geister bevölkerten Vanderbilts Welt. Ein siebenjähriger Junge, der unter den Hufen seiner Kutschpferde zu Tode gekommen war, ein Schienenarbeiter, der von einem Vanderbilt-Zug erfasst und tödlich verletzt wurde – solche Opfer suchten ihn in Visionen heim, und er bezahlte Heilerinnen viel Geld, wenn sie ihn davon befreiten. Seinen Frisör wies Vanderbilt an, jedes abgeschnittene Haar sofort zu verbrennen, denn er hatte Angst, jemand könnte eine Strähne davon in Ritualen der schwarzen Magie verwenden. Häufig kommunizierte er mit seiner verstorbenen Mutter, Phebe Hand Van der Bilt, die schon viele Jahre tot war und die er sehr verehrt hatte. Anstelle von Ärzten konsultierte er spiritistische Heilerinnen und Heiler. All das war damals allgemein bekannt. Und ebenso stadtbekannt wie Vanderbilts Glaube an die Geisterwelt war sein sexueller Appetit. Immer war er auf der Suche nach potentiellen Mätressen, und seine ständigen sexuellen Übergriffe auf die Dienstmädchen in seinem Haushalt waren ein offenes Geheimnis und allgemeines Stadtgespräch.

Buck Claflin brauchte nur etwa einen Monat in New York, um herauszufinden, dass Cornelius Vanderbilt der ideale Kunde für seine Töchter war. Es war nicht schwer, einen Kontakt herzustellen. Denn eine von Vanderbilts Angewohnheiten war es, jede Person, die ihn sprechen wollte, zu empfangen, ganz egal wer es war. Natürlich wurden die meisten gleich wieder weggeschickt, aber eine Chance bekamen alle – man kann ja nie wissen, woher die nächste gute Idee kommt, pflegte Vanderbilt zu sagen. Tennessee und Victoria nutzten ihre Chance gut. Schon beim ersten Treffen fand der alte Herr, Vanderbilt war zu dieser Zeit schon Mitte siebzig, Gefallen an den Schwestern. Bald waren Victoria und Tennessee regelmäßige Gäste in Vanderbilts Haus am Washington Place, gleich um die Ecke von Great Jones Street. Besonders angetan war der Kommodore, wie er auch genannt wurde, von Tennessee – sie wurde bald seine Geliebte. Die Dienstboten mussten sich daran gewöhnen, dass Tennie morgens in Vanderbilts Bett lag oder halbnackt durch das Haus stromerte.

Tennessee Claflin, 1869.
Sie wurde bald die Geliebte Vanderbilts.

Sie widmete sich aber nicht nur den sexuellen Bedürfnissen des Hausherrn, sondern auch seinen körperlichen Leiden, krempelte seinen Diätplan um und brachte ihn dazu, mit langen Spaziergängen etwas für die körperliche Fitness zu tun. Und während Tennie sich um das leibliche Wohlbefinden des alten Herren kümmerte, nahm sich Victoria seiner Seele an. Sie war für die spirituelle Seite zuständig, überbrachte Vanderbilt Nachrichten von dessen verstorbener Mutter, befreite ihn von seinen Schuldgefühlen und Alpträumen. Bald schon sagte sie ihm auch die Börsenkurse voraus und gab Prognosen zu seinen unternehmerischen Vorhaben ab. Und sowohl Victoria als auch Tennessee wurden für ihre Dienstleistungen gut bezahlt.

Aber zwischen Vanderbilt und den Claflin-Schwestern entstand bald schon mehr. Aus der geschäftlichen Beziehung wurde Freundschaft. Denn trotz seines Reichtums hatte sich Vanderbilt eine gewisse Unterschichtsmentalität bewahrt; er war, wie ein Zeitgenosse schrieb, »derb, profan, ungebildet und außerordentlich arrogant«. Die bessere Gesellschaft vermied es, in allzu engen Kontakt mit ihm zu geraten. Zu ihren Dinners und Festen wurde er selten eingeladen. Mit seinen acht Töchtern und zwei Söhnen hatte er sich zerstritten, und auch zu seiner Frau Sophie, die im Sommer 1868 gestorben war, hatte er zuletzt kaum noch Kontakt gehabt. Tennessee und Victoria wurden für ihn zum Familienersatz. Anders als die meisten Menschen in Vanderbilts Umgebung hatten sie nämlich keine Angst vor dem Kommodore, legten keine Unterwürfigkeit an den Tag, und das schien ihm zu gefallen. Er nannte Tennie seinen »kleinen Sperling« und nahm sie sogar regelmäßig mit ins Büro – eine Ungeheuerlichkeit, nicht nur für damalige Verhältnisse. Dort, auf seinem Schoß hin und her wippend, hörte sie zu, wie er seine Geschäfte erledigte (und sie hörte gut zu). Sie las ihm aus der Zeitung vor und nannte ihn »old boy«. Vanderbilt amüsierte sich prächtig mit den beiden Schwestern. Und wenn der Kommodore sich amüsierte, war er großzügig. Er prahlte sogar damit, Tennessee einen Heiratsantrag gemacht zu haben, den sie aber stolz abgelehnt hätte. Über die Gründe ist viel spekuliert worden, der wahrscheinlichste ist wohl der, dass Tennessee ja offiziell noch mit John Bartels verheiratet war und fürchtete, das könnte herauskommen. Doch mit solchem Gerede jagte Vanderbilt seinen Kindern einen gewaltigen Schreck ein, und sie setzten alles daran, ihn vorsichtshalber mit einer ehrbaren älteren Dame zu verheiraten. Der Plan funktionierte nur halb: Vanderbilt heiratete stattdessen die junge Tochter der älteren Dame. Aber auch die quartierte er dann in einer anderen Wohnung ein, und am Washington Place ging alles so weiter wie bisher.

Natürlich erkannte Victoria Woodhull sofort, welch einmalige Gelegenheit sich durch den Kontakt zu Vanderbilt für ihre Pläne bot. Im November 1868 bereits handelte sie als Gegenleistung für ihre Voraussagen der Börsenkurse eine prozentuale Beteiligung an Vanderbilts Aktiengewinnen aus. Außerdem hörte sie gut zu, fragte ihn über die Gepflogenheiten, Chancen und Risiken des Börsengeschäfts aus und schickte James Blood mit diesen Informationen und dem Geld, das Vanderbilt ihr und Tennie zahlte, an die Wall Street – wo sich das Geld dann auch recht erfolgreich vermehrte. Unter Woodhulls Anleitung wurden Vanderbilts finanzielle Transaktionen immer extravaganter. Im Dezember kündigte er eine Neuemission von achtzig Prozent seiner Central Pacific Railroad-Aktien an, das heißt, für jeweils fünf Aktien kamen vier neue auf den Markt – ein wahrhaft riskantes Unterfangen. Am Weihnachtsabend riet er einer jungen Witwe, die finanziellen Rat bei ihm suchte, ihr ganzes Geld in Central Pacific-Aktien anzulegen, denn »Frau Woodhull hat in Trance gesagt, dass sie steigen werden.« Am nächsten Montag öffnete die Börse bei einem Kurs von 134 Dollar und schloss bei 165 – Victorias Anteil an dem Deal soll ein Paket von 3 000 Aktien gewesen sein, im Wert von 93 000 Dollar. Gefragt, was das Geheimnis solcher unglaublichen Geschäfte gewesen sei, riet der Kommodore seinen Konkurrenten: »Macht es wie ich: befragt die Geister.«

Gute Stimmung auch in der Great Jones Street: So viel Geld hatten die Claflins noch nie gehabt. Es wurden Möbel angeschafft, Kleider gekauft, Dienstmädchen eingestellt. Der neue Wohlstand sprach sich bald herum. Es dauerte nicht lange, und auch die älteren Schwestern Margaret Ann und Polly standen vor der Tür, samt Kindern und neuen Ehemännern. Ob es aber nur die Geister waren, die Victoria bei ihren Börsenspekulationen halfen, sei dahingestellt. Zumindest hilfreich wird auch ihre enge Bekanntschaft mit Frauen aus dem Umkreis von Annie Woods Bordell gewesen sein. Viele davon waren Kurtisanen von wichtigen Herren aus der New Yorker Finanzwelt, und sie hatten durchaus Einblick in die Geschäftsvorhaben ihrer Freier. Die Wall Street war damals noch eine reine Männerangelegenheit, Frauen hatten keinen Zutritt zur Börse und sie durften auch nicht in eigenem Namen mit Aktien handeln. Deshalb hatten diese

Männer kaum Bedenken, vor einer Prostituierten offen über ihre Pläne und Vorhaben zu sprechen – es war für sie schlicht unvorstellbar, dass Frauen, zumal Huren, verstehen könnten, worum es bei diesen Gesprächen über finanzielle Angelegenheiten überhaupt ging. Das war Woodhulls Chance.

Als besonders nützlich erwies sich ihre Bekanntschaft mit Josie Mansfield, der Mätresse des Eisenbahnunternehmers Jim Fisk. Denn Fisk war einer der größten Konkurrenten Vanderbilts. Mansfield hatte ihn im November 1867 als Kunden im Bordell von Annie Wood kennen gelernt. Der Großunternehmer, der für seine Großzügigkeit gegenüber Prostituierten bekannt war, verliebte sich in Josie und wollte sie zu seiner Geliebten machen. Und die verhandelte geschickt, hielt ihn solange hin, bis das Angebot stimmte: Fisk bezahlte Mansfield eine Wohnung, gab ihr 50 000 Dollar in bar und ein Vielfaches davon in Schmuck, bevor sie sein Angebot akzeptierte. Als Victoria Woodhull nach New York kam, gehörte Josie Mansfield zur High Society der Stadt. Sie wohnte in einem vornehmen Haus in der 32. Straße, mit reichlich Personal und allem Schnickschnack. Sie hatte Dienstboten, schöne Kleider und jeden Luxus, den man sich nur denken kann. Und sie war gut informiert über Fisks Geschäftsgeheimnisse, denn heikle Angelegenheiten besprach Fisk nicht gerne in seinem Büro oder in seiner Wohnung, sondern bei Josie Mansfield. Was er natürlich nicht wusste, war, dass sie diese Informationen, vermutlich gegen Bares, an Victoria Woodhull weitergab. Und die wiederum wusste als ›Finanzberaterin‹ von Cornelius Vanderbilt einiges damit anzufangen.

Ihren entscheidenden Coup landete Woodhull am 24. September 1869, dem Tag des größten Finanzdesasters, das Amerika bis dahin erlebt hatte: dem Zusammenbruch des Goldmarkts am »schwarzen Freitag«. Der Hintergrund dieses Börsencrashs, der viele Aktionäre in den Ruin trieb, war folgender: Es gab damals zwei Formen von Dollars, die so genannten »Golddollars«, also Münzen aus massivem Gold, und die so genannten »greenbacks«, grüne Dollarscheine aus bedrucktem Papier, deren materieller Wert gleich Null war. Diese »greenbacks« waren Spekulationen an der Börse ebenso ausgesetzt wie Aktien. Während des Bürgerkriegs, als die politischen Verhältnisse sehr instabil waren, sank der Wert der Papierdollars sehr, und im Jahr 1865 musste man für 100 Golddollar 241 Papierdollar bezahlen. In den folgenden Jahren stieg der Wert der »greenbacks«

aber wieder an, und 1869 kosteten 100 Golddollar nur noch 131 Papierdollar. Viele hielten die »greenbacks« damit für überbewertet, so auch Jim Fisk und seine Partner. Sie erwarteten, dass der Goldpreis bald wieder deutlich ansteigen würde, und kauften deshalb im Frühjahr 1869 Gold im Wert von sieben Millionen Dollar. Aber diese Spekulation war nicht ganz ungefährlich: Der amerikanische Finanzminister hatte nämlich noch 100 Millionen Golddollar in seinen Tresoren, und es bestand die Möglichkeit, dass er diese Reserven verkaufen würde, um den Wert der »greenbacks« – und damit die amerikanische Währung – zu stabilisieren.

Das wollte Jim Fisk natürlich um jeden Preis verhindern und freundete sich deshalb mit Abel Corbin an, einem Schwager des amerikanischen Präsidenten Ulysses Grant. Im Sommer 1869 kauften Fisk und Partner auf den Namen von Abel Corbin und seiner Frau Jenny, der Schwester des Präsidenten, Gold im Wert von 1,5 Millionen Dollar und versprachen ihnen die Gewinne, sollte der Goldpreis steigen. Ähnliche Angebote machten sie auch hohen Beamten im Finanzministerium und im persönlichen Umfeld des Präsidenten, die das teilweise akzeptierten, teilweise ablehnten. Am 2. September besuchte Ulysses Grant seine Schwester in New York. Abel Corbin überredete den Präsidenten, eine Nachricht an den Finanzminister zu schicken und ihn anzuweisen, ohne seine persönliche Zustimmung kein Gold zu verkaufen.

Offenbar erreichte diese Information über Jim Fisk und Josie Mansfield auch Victoria Woodhull, denn nur wenige Tage später besuchte sie Cornelius Vanderbilt und gab ihm in Trance den Rat, ebenfalls Gold zu kaufen. Vanderbilt steckte seine gesamten Geldreserven in dieses Geschäft, insgesamt 9,5 Millionen Dollar, wobei er verschiedene Broker engagierte, um die Spuren zu verwischen. Aber inzwischen häuften sich die Klagen von Brokern und Geschäftsleuten der Wall Street über die Manipulationen auf dem Goldmarkt. Auch der Finanzminister bedrängte Präsident Grant, doch endlich Gold aus den Staatstresoren zu verkaufen und so die amerikanische Währung zu stabilisieren. Am 22. September erhielt Jenny Corbin einen Brief von ihrer Schwägerin, der Präsidentengattin Julia Grant, die sie warnte: »Sag Mr. Corbin, dass der Präsident sehr unter Druck ist wegen eurer Spekulationen, und dass ihr sie so schnell wie möglich beenden müsst.« Corbin verständigte Fisk und seine Freunde. Am nächsten Vormittag trafen sie sich im Haus von Josie Mansfield und planten eine Strategie. Sie entschieden, den Goldpreis auf 150 Dollar hochzutreiben und dann auf einen Schlag all ihr Gold zu verkaufen. Dazu platzierten sie anonyme Verkaufsorder bei verschiedenen Brokern.

Am nächsten Tag kaufte Fisk alles verfügbare Gold auf und animierte so die anderen Broker, ebenfalls weiter Gold zu kaufen. Als der Handel an diesem Tag schloss, stand der Goldpreis bereits bei 144 Dollar. An diesem Abend erschien Victoria Woodhull erneut bei Vanderbilt und riet ihm, sein Gold exakt bei einem Kurs von 150 Dollar zu verkaufen. Sie habe die Vision einer goldenen Blase gesehen, die immer größer und größer wurde und schließlich platzte. Innen sei die Zahl 151 zu sehen gewesen – eine Prophezeiung, die sich also exakt mit der Strategie deckte, die Fisk und Partner bei Josie Mansfield vereinbart hatten. Vanderbilt hörte auf Victorias Rat und beschloss, sein Gold bei 150 Doller zu verkaufen, falls der Preis überhaupt so hoch steigen würde. Und er versprach ihr für diesen Fall die Hälfte seines Gewinns.

Der Goldhandel in New York fand nicht in der eigentlichen Börse statt, sondern in einem speziellen »Goldraum« an der Ecke Broad Street und Exchange Place. Der Goldraum erinnerte an ein griechisches Amphitheater, in der Mitte stand ein Brunnen mit bronzenen Cupidos und Delfinen, die Wasserfontänen spieen. Zwei mechanische Anzeigetafeln, eine innen und eine an der Außenwand des Gebäudes, verkündeten den jeweils aktuellen Goldpreis. Am 24. September, einen Tag nach ihrem 31. Geburtstag, saß Victoria Woodhull mit James Blood in ihrer Kutsche draußen auf der Straße und verfolgte die Entwicklung des Goldpreises, dessen Dotierungen auf der Anzeigetafel immer höher kletterten. Die Märkte schienen völlig verrückt zu spielen. Als die 150 Dollar erreicht waren, wusste Victoria, dass sie es geschafft hatte: Sie war reich.

Der Crash kam am späten Nachmittag, als die Entscheidung des Präsidenten bekannt wurde, am nächsten Tag vier Millionen Golddollar aus den staatlichen Reserven zu verkaufen. Da war der Goldkurs bereits auf sagenhafte 164 Dollar geklettert – nun stürzte er in nur einer halben Stunde auf 132 Dollar ab und damit viele Menschen in den Konkurs. Aus Brooklyn wurden Militärtruppen nach Manhattan geschickt, um einen Aufstand und Schlägereien zu verhindern. Um Mitternacht hatten bereits 25 Menschen Selbstmord begangen. Es wurde ein Untersuchungskomitee eingesetzt, um die

Hintergründe dieses Crashs zu untersuchen, aber es kam zu dem Ergebnis, dass Präsident Grant von den Spekulationen nichts gewusst habe. Cornelius Vanderbilt hatte in weniger als einem Monat sein Vermögen um 1,3 Millionen Dollar vergrößert. Die Hälfte von diesem Gewinn, eine Summe von 650 000 Dollar, gehörte nun Victoria Woodhull. Denn der Kommodore war ein Mann, der sein Wort hielt.

Spekulantinnen an der Wall Street

Über die offiziellen Börsenanalysten pflegte sich Vanderbilt mit dem Spruch lustig zu machen, man könne ebenso gut einen Affen an die Wall Street setzen, denn wenn die Öffentlichkeit nur glaubte, dass er, Vanderbilt, dessen Hintermann sei, würde der Affe mit Leichtigkeit Millionen scheffeln.

Allerdings mochte ein spekulierender Affe an der Wall Street womöglich weniger Aufsehen erregt haben als – eine Frau. Als sich nun die Frage stellte, was Victoria mit ihrem neu gewonnenen Reichtum am besten anfangen sollte, lag die Antwort dennoch nahe: Warum nicht eine eigene Brokerfirma gründen und als selbstständige Unternehmerin an der Wall Street mitmischen? Victoria Woodhull und Tennessee Claflin mieteten also zwei Stockwerke in einem edlen Gebäude im Finanzdistrikt, dem Hoffman House, und eröffneten im Januar 1870 die Firma *Woodhull, Claflin & Co.* Das »Co.« der Firma war natürlich James Blood, der allerdings nicht Miteigentümer war. Rechtlich gesehen gehörte die Firma nur Victoria Woodhull und Tennessee Claflin, James Blood war ihr Angestellter mit einem festen Monatslohn. Bloods älteren Bruder George stellten sie als Buchhalter ein. Am 19. Januar erschien in der Zeitung *Herald* folgende kleine Notiz: »Die gewöhnliche Routine an der Wall Street war heute etwas verändert durch die Anwesenheit von zwei modisch gekleideten Damen als Spekulantinnen. Nur wenige wussten, wer sie waren, außer, dass sie von Hoffman House kamen. Dass sie so viel über das Börsengeschäft wussten, hat alle erstaunt, die mit ihnen zu tun hatten. Nachdem sie einige tausend Aktien der gängigsten Firmen gekauft und andere verkauft und ihre Absicht geäußert hatten, jetzt regelmäßig an der Wall Street zugegen zu sein, gingen sie wieder.«

Vielleicht kam Victoria Woodhull durch diese Notiz überhaupt erst auf die Idee, aus ihren Börsenaktivitäten einen Medienrummel

Zeitgenössische Illustrationen:
Woodhull und Claflin, von Büro und Kutsche aus
die Bullen und Bären der Wall Street dirigierend.

zu machen. Jedenfalls begann mit dieser Meldung eine lange und gute Zusammenarbeit mit dem *Herald*, einer großen New Yorker Zeitung, die auf Börsen- und Wirtschaftsnachrichten spezialisiert war, aber auch einen politischen und gesellschaftlichen Teil hatte. Woodhull lud den Reporter zu sich ein, und einige Tage später erschien im *Herald* eine ausführliche Reportage über die Firma *Woodhull, Claflin & Co.*, dazu ein Hintergrundartikel zum Thema »Frauen an der Wall Street«. Auch die anderen Zeitungen sprangen nun auf die Geschichte an. Die *Sun* widmete der neuen Firma sogar die Titelseite mit der Überschrift »Petticoats zwischen den Bullen und Bären«. Schon nach wenigen Wochen verlegten Woodhull und Claflin ihren Firmensitz in ein größeres Büro Nummer 44, Broad Street, und dieses Ereignis kündigten sie groß in den Zeitungen an. Menschentrauben drückten sich an den Fenstern die Augen platt, um einen Blick auf die weiblichen Brokerinnen zu erhaschen. Es waren Hundertschaften der Polizei notwendig, um die Menge im Zaum zu halten.

In der New Yorker Finanzwelt stieß das neue Unternehmen keineswegs auf Ablehnung, eher wurden die beiden Jungunternehmerinnen als amüsante Kuriosität betrachtet. Die Kommentare der Zeitungen und Börsenbeobachter waren augenzwinkernd sympathisierend, die Männer an der Wall Street fühlten sich nicht bedroht. Die Medien überschlugen sich mit immer neuen Berichten. Sie beschrieben bis ins letzte Detail, wie die Damen Woodhull und Claflin morgens in ihrer offenen Kutsche ins Büro fuhren, wie sie sich teure Füllfederhalter aus Gold hinter die Ohren steckten, und wie sie meist königsblaue Samtkleider trugen. Victoria und Tennessee waren »die betörenden Brokerinnen«, »die Königinnen der Finanzwelt«, »die Sensation von New York«.

Die Schwestern richteten ihre Büros opulent und kitschig ein: Da gab es alte Ölgemälde, griechische Statuen, grüne Samtsofas, ein Piano, ein Gemälde von zwei drallen Engeln, die ihre rosigen Arme um ein goldenes Kreuz schlangen – ein Interieur wie im Malzimmer einer Lady, notierte ein Reporter. Natürlich hing im Foyer ein großes Porträt von Cornelius Vanderbilt. Und ebenfalls gut sichtbar war da auf einem Schild zu lesen: »Herren tragen ihr Anliegen zügig vor und ziehen sich dann umgehend zurück.« Denn von Anfang an warben Woodhull und Claflin gezielt um weibliche Klientel. Damit erschlossen sie eine riesige Marktlücke: Frauen konnten damals noch nicht unter eigenem Namen Börsentransaktionen tätigen, deshalb mussten sich immer einen männlichen Vermittler suchen – dafür gab es bei *Woodhull, Claflin & Co.* ja James Blood. Witwen, reiche Erbinnen, Geschäftsfrauen, Hausfrauen und Dienstmädchen, die ihre Ersparnisse unabhängig von Ehemann und Arbeitgeber anlegen wollten, vertrauten den weiblichen Finanzleuten ihr Geld an. Und die machten es ihren Kundinnen gemütlich: Ein etwas abseits gelegenes und besonders üppig eingerichtetes Büro war allein den Frauen vorbehalten, die finanziellen Rat suchten – Männer hatten keinen Zutritt. Hier gab es ausführliche Unterhaltungen, Raum für Klatsch und Tratsch, finanzielle, spirituelle und sozialpsychologische Beratung in einem, und das alles bei Champagner, Erdbeeren und Schokokonfekt. Natürlich gehörten auch Josie Mansfield, Annie Wood und andere Frauen aus dem Rotlichtmilieu zu den finanzkräftigen Kundinnen von *Woodhull, Claflin & Co.* Und sie brachten auch weiterhin nicht nur ihr Geld mit, sondern auch die Insider-Informationen aus ihren Kundenkontakten.

Geschickt nutzte Victoria Woodhull ihre neue Popularität, um sich ins Gespräch zu bringen. Jeden Samstag luden sie und Tennessee einflussreiche Menschen aus der Politik, der Finanzwelt und der Intellektuellenszene New Yorks in ihre Büroräume ein und gründeten so eine Art politischen Salon. Dazu kamen natürlich auch jede Menge Journalisten. »Wir mögen Zeitungen und Zeitungsleute«, bekräftigte Tennessee, »sie waren immer nett zu uns.« Aber vor allem Victoria war gut im Aufbau von ›public relations‹. Sie wusste, dass öffentliche Wirksamkeit gleichbedeutend war mit ›in der Zeitung stehen‹. Besonders interessiert war sie an einem Kontakt zu Whitelaw Reid, einem Reporter der *New York Tribune*. Reid war es nämlich gewesen, der durch wiederholte Artikel, Porträts und Reportagen die junge Rednerin und Anti-Sklaverei-Aktivistin Anna Dickinson aufgebaut und so bekannt gemacht hatte, dass sie nun als »Jeanne d'Arc der Nordstaaten« galt. So etwas wollte Victoria Woodhull auch sein. Unermüdlich versorgte sie die Presse mit Nachrichten, Interviews, Hintergrundinformationen. Und es gelang den Schwestern auch immer wieder, Schlagzeilen zu machen: Als Tennessee zum Beispiel einmal einen Betrüger entlarvte, der bei *Woodhull, Claflin & Co.* einen gefälschten Scheck einreichen wollte, stand das am nächsten Tag in allen Zeitungen – und einmütig lobten die Journalisten den guten Geschäftssinn des Frauenunternehmens.

Dass sie Frauen waren, schadete Woodhull und Claflin bei ihrem Unternehmen also keineswegs, im Gegenteil, das machte ihre Aktivitäten ja gerade so interessant für die Medien. Und die beiden inszenierten ihre Weiblichkeit geschickt – mal kokettierten sie damit, mal provozierten sie. Eines Tages zum Beispiel gab Tennessee ein Interview und trug dabei kein Kleid, sondern einen Männeranzug. »Wenn Sie damit auf die Straße gehen«, warnte der Reporter, »gibt es einen Aufstand.« Offenbar verstand sie das als Aufforderung und trug von da an häufiger Männerjacken, die sie jedoch meistens mit einem langen, schwarzen Rock kombinierte, und Victoria tat es ihr gleich. Irgendwann in dieser Zeit ließen sich beide auch die Haare kurz schneiden – aus »Ungeduld über die tägliche Zeitverschwendung bei der angemessenen Haarpflege«, wie Victoria sagte. Sicher war das Ganze aber auch eine Imagefrage. Gerne ließen sich Victoria und Tennessee nun in Herrenjacken, aufrechter Haltung und mit kühn nach vorne schauendem Blick porträtieren.

Tennessee Claflin, ca. 1870

Natürlich wurden sie von den Zeitungen auch danach gefragt, ob sie denn nun Frauenrechtlerinnen seien, ob sie für die Rechte der Frauen kämpfen wollten. »In den letzten 15 Jahren«, erklärte Victoria im *Herald* mit entwaffnender Offenheit, »haben wir fast überall den Rat, die Unterstützung und die Bestätigung des anderen Geschlechts bekommen, während unser eigenes Geschlecht uns nur mit Schmutz beworfen hat. Deshalb gehören wir nicht zu denen, die glauben, dass der Grund, warum unserem Geschlecht so viele Rechte geraubt worden sind, der böse Wille der Männer ist, sondern im Gegenteil, viele Frauen sind schlecht darauf vorbereitet, den besten Gebrauch von ihren größeren Möglichkeiten zu machen. Sobald unser Geschlecht darauf eingerichtet ist, die Herausforderungen und Pflichten des Lebens auszufüllen, kann ihm das Recht dazu nicht vorenthalten werden, und wenn doch, dann sind wir die ersten, dafür zu kämpfen, wenn es nötig ist. Ohne uns von den Männern abgrenzen zu wollen, schlagen wir eine Revolution vor, wann immer die Ketten des Konservatismus zu langsam fallen oder uns daran hindern, die Fähigkeiten auszuüben, die wir haben.«

Wie so etwas praktisch funktionierte, zeigt folgende Geschichte. Eines Abends wollten Victoria und Tennessee bei Delmonico's, einem noblen New Yorker Restaurant an der Ecke Wall Street und Chambers Street, zu Abend essen. Allerdings wussten sie genau, dass es damals ein ungeschriebenes Gesetz gab, wonach Frauen nach 18 Uhr nicht ohne männliche Begleitung in Restaurants bedient wurden. Victoria und Tennessee setzten sich trotzdem und bestellten Tomatensuppe für zwei, aber der Kellner, unsicher, was er tun sollte, rief den Besitzer. Lorenzo Delmonico ging an den Tisch der beiden und flüsterte ihnen zu: »Es hat wohl ein Irrtum vorgelegen, als man Ihnen einen Tisch gegeben hat. Wir sind davon ausgegangen, dass sich noch ein Herr zu Ihnen gesellen würde. Tun Sie doch bitte so, als würden Sie sich mit mir unterhalten, und ich bringe Sie zur Tür. Dann sieht es so aus, als hätten Sie nur mit mir sprechen wollen, und wir erregen kein Aufsehen.« Victoria erwiderte: »Kein Aufsehen erregen? Was soll das heißen?« – »Ich kann Sie hier nicht ohne einen Mann essen lassen. Das würde einen schlimmen Präzedenzfall schaffen«, antwortete Delmonico nervös. »Wir möchten Sie nicht in Verlegenheit bringen«, sagte Tennie, stand auf, verließ das Restaurant, und kam im nächsten Moment mit ihrem Kutscher in seiner Livree wieder zurück, der sich, mit sichtlichem Unbehagen, mit an den Tisch setzten musste. »Und nun, Kellner«, sagte Victoria, »bringen Sie uns Tomatensuppe für drei.«

Mit ihrem neu gewonnenen Wohlstand richteten sich Victoria Woodhull und Tennessee Claflin nicht nur schicke Büros ein, sondern sie mieteten auch ein elegantes vierstöckiges Wohnhaus in der 38. Straße, in unmittelbarer Nähe zur Fifth Avenue. Sie genossen den ungewohnten Reichtum in vollen Zügen, lebten ihren Traum von Luxus aus. Orientalische Teppiche, Ölgemälde und Kronleuchter aus venezianischem Glas wurden angeschafft. Purpurner Samt, Spiegel, Mahagoniregale und riesige Kronleuchter schmückten die Räume, wenn man Zeitungsberichten Glauben schenken will, die das Haus »Modern Palace Beautiful« tauften. Es war eine große Wohngemeinschaft: Sechzehn Menschen lebten hier – neben Victoria, Ten-

Zulu Maud Woodhull, ca. 1872

nessee und James Blood sowie Victorias Kindern, dem inzwischen 17-jährigen Byron und der zehnjährigen Zulu Maud, auch die Eltern Buck und Annie, Schwester Utica, Schwester Margaret Ann mit drei Kindern sowie Schwester Polly mit Tochter Rosa und ihrem neuen Mann, einem magnetischen Heiler namens Benjamin Sparr. Und zu allem Überfluss stand dann eines Abends auch noch Canning Woodhull vor der Tür, völlig abgemagert und betrunken: Er hatte von dem plötzlichen Wohlstand seiner Ex-Frau in der Zeitung gelesen und wollte auch etwas davon abhaben. Und auch er durfte bleiben.

Bald zeigte sich aber, dass die vielen Zeitungsberichte über Tennessee und Victoria nicht nur von Vorteil waren, denn schließlich hatten die Claflins in verschiedenen Teilen des Landes noch einige

Rechnungen offen. So wie bei einem Chicagoer Gemischtwarenhändler, dessen Anwalt nun an die Tür klopfte und von Tennie eine unbezahlte Rechnung von 125,70 Dollar eintreiben wollte. Zwar leugnete Tennessee, dieselbe Tennie C. Claflin zu sein, die in Chicago als Wunderheilerin gearbeitet hatte, trotzdem wurde sie dazu verurteilt, die Rechnung zu bezahlen. Die Claflins hatten nicht gelernt, mit so viel Geld umzugehen, und sie verprassten es in vollen Zügen. Victoria sagte einem Reporter, es koste sie 25 000 Dollar im Monat, die gesamte Familie durchzubringen. Und die blieb weiterhin chaotisch. Annie und Utica verbrachten die Nachmittage, indem sie sich mit den neuen, kostbaren Kleidern aus Victorias und Tennessees Schrank verkleideten und sich betranken, vor allem Utica, die eine starke Alkoholikerin geworden war. Wenn ihr das Bargeld ausging, brachte Annie den Schmuck ihrer Töchter ins Pfandhaus, was immer wieder heftige Streitereien zur Folge hatte. Buck kaufte sich elegante Anzüge im Stil eines Wall Street-Brokers und trieb sich in den Büros von *Woodhull, Claflin & Co.* herum, wo er ungebetene Ratschläge erteilte und sich regelmäßig Geld, das von Geschäftsboten gebracht wurde, in die eigene Tasche steckte.

Für Victoria aber war der neu gewonnene Reichtum kein Selbstzweck. Wieder einmal war es Demosthenes, der sie daran erinnerte, dass sie zu Höherem berufen war: »Deine Arbeit soll nun beginnen«, verkündete er ihr in einer Vision. Sie sei dazu bestimmt, eine Revolution auszulösen, die Ungerechtigkeiten gegenüber Frauen zu beenden, eine politische Führerin zu werden. James Blood und Tennessee unterstützten Victoria in ihren Ambitionen. Schließlich hatte sie nun Geld, war populär und stand in den Zeitungen – daraus musste sich doch etwas machen lassen. Allerdings spürte Victoria, dass sich in die mediale Aufmerksamkeit ihr gegenüber auch ein Stück Herablassung mischte. Für die Presse waren die Claflin-Schwestern »News« – amüsant, kurzzeitig sensationell, aber auch vergänglich. Die Intellektuellen und Journalisten, die zu den Empfängen bei *Woodhull, Claflin &Co.* kamen, würdigten die Schwestern zwar für ihre Unkonventionalität und ihren Mut. Und sie erkannten auch an, dass diese beiden Geschöpfe aus dem Dunstkreis des alten Exzentrikers Vanderbilt durchaus etwas auf die Beine stellten. Aber als politische Gesprächspartnerinnen nahmen sie sie wohl doch nicht wirklich ernst. Zu offensichtlich gehörten Victoria Woodhull und Tennessee Claflin einer anderen Klasse an. Und wenn man in Amerika auch bereit war anzuerkennen, dass jemand aus der Unterschicht Geschäftssinn bewies und so zu Wohlstand kommen konnte, so hieß das noch lange nicht, dass so jemand dann auch zum Bildungsbürgertum gehörte. Tennessee war das egal. Sie genoss das neue schöne Leben und wollte niemandem etwas beweisen. Aber Victoria fühlte sich unter Druck gesetzt. Sie litt unter dieser unsichtbaren Grenze, die ihr den Zugang zu den wirklich wichtigen New Yorker Kreisen versperrte, und sie suchte nach Möglichkeiten, nicht nur als amüsante Gesellschafterin, sondern auch mit ihren politischen Ansichten ernst genommen zu werden.

Aber ein Rezept dafür hatte sie nicht. Deshalb begegnete sie auch den Frauenrechtlerinnen, die ebenfalls auf die erfolgreichen Schwestern aufmerksam geworden waren, mit Skepsis und vielleicht auch mit Unsicherheit. Kurz nach der Eröffnung von *Woodhull, Claflin & Co.* machte Susan Anthony für ihre Frauenzeitung *The Revolution* ein Interview mit den neuen Brokerinnen. Es war Tennessee, die sie empfing und mit ihr sprach, Victoria kam erst zum Schluss dazu. Das kann natürlich ein Zufall gewesen sein, vielleicht aber auch nicht: Tennessee war von diesen Mittelstandsdamen viel weniger beeindruckt als Victoria, und sie trat ihnen unbekümmert gegenüber, eben weil sie keinerlei Ambitionen hatte, mit ihnen auf politischem Feld in Konkurrenz zu treten. Susan Anthony schrieb ein sehr wohlwollendes Porträt über die beiden Schwestern. Besonders begeistert war sie davon, dass während des Gesprächs ein Bediensteter ins Zimmer kam und den Damen einen Lunch servierte. »Ich fand zwei helle, lebhafte Geschöpfe«, schrieb sie, »voller Energie, Beharrlichkeit, Intellekt und Mut, und ich sagte mir: Hier sind die Elemente des Erfolgs.« Doch auf Anthonys Frage, ob Woodhull und Claflin sich nun auch dem Kampf für das Frauenwahlrecht anschließen wollten, bekam sie eine zurückhaltende Antwort: »Warten Sie nur, bis wir uns in unserem Geschäft richtig etabliert haben, und wir werden Ihnen schon zeigen, was wir für die Rechte unseres Geschlechtes tun.«

Victoria Woodhull wollte sich nicht einfach vor den Karren der Frauenrechtlerinnen spannen lassen, denn sie war bei wichtigen Punkten anderer Meinung: Sie lehnte deren tugendhaftes Gehabe und ihre moralische Argumentation ab, und sie war nicht überzeugt, dass das Wahlrecht die einzig entscheidende Frage war, ja, dass es hier überhaupt um Rechte ging: »Das ganze Gerede über Frauenrechte ist dummes Geschwätz«, sagte sie einem Reporter. »Frauen haben jedes Recht. Alles was sie tun müssen ist, es auszuüben. Genau das tun wir. Indem wir faktisch das Recht ausüben, unseren eigenen Geschäften nachzugehen, tun wir jeden Tag mehr für die Rechte der Frauen, als papierne Tiraden und Bühnenreden in zehn Jahren.« Statt sich den Frauenrechtlerinnen anzuschließen, wollte Woodhull sich als unabhängige politische Denkerin profilieren. Dass so etwas möglich war, hatte ja Anna Dickinson bewiesen – wenn auch mit Unterstützung des einflussreichen Journalisten Whitelaw Reid. Aber Reid weigerte sich trotz aller Überredungsversuche, Victoria Woodhull auf ähnliche Weise zu unterstützen. Sie war klug genug, die Schuld dafür nicht einfach nur bei Reid zu suchen. Sie musste zugeben, dass sie in vielerlei Hinsicht nicht mit Anna Dickinson konkurrieren konnte. Dickinson hatte eine gute Schulbildung, sie konnte brillant argumentieren, intellektuell anspruchsvolle Texte schreiben, eloquent formulieren. Victoria Woodhull dagegen war nur drei Jahre lang sporadisch zur Schule gegangen, hatte kaum philosophische oder politische Texte gelesen, geschweige denn welche geschrieben. Sie besaß zwar Intuition, Lebenserfahrung und dezidierte Ansichten, war redegewandt und hatte eine große Ausstrahlung. Doch sie konnte nicht Dichter und Philosophen zitieren, ihre Ansichten nicht mit Anspielungen auf die abendländische Geistesgeschichte oder die aktuelle politische Lage untermauern, sich nicht in ideengeschichtliche Traditionen und Schulen einordnen oder von ihnen abgrenzen. Victoria Woodhull sprach einfach eine andere Sprache, und oft fehlten ihr die Worte, um sich verständlich zu machen.

Woodhulls politische Ansichten blieben zu dieser Zeit noch auf der Ebene von Beispielen, sie waren nicht im eigentlichen Sinn eine Theorie. Ihre große Leistung besteht darin, dass sie das merkte, ihre eigenen Defizite schonungslos analysierte und die Entscheidung traf, etwas dagegen zu unternehmen. Sie beschloss, an sich selbst zu arbeiten und nach Wegen zu suchen, ihre Ansichten, die aus ihrer Lebenserfahrung erwachsen waren, in der politischen Welt ihrer Zeit vorzutragen und zu vermitteln. Diese Entscheidung ist der Grund, warum das vorliegende Buch Victoria Woodhull und nicht Tennessee Claflin gewidmet ist. Denn Tennessee war in vielerlei Hinsicht radikaler als Victoria, eine echte Rebellin, noch unkonventioneller und noch origineller. Aber sie hat weit weniger versucht, ihre Ansichten im politischen Geschehen ihrer Zeit zu vermitteln. Alle ihre Aktionen zielten auf den Skandal und den Spaß, den sie dabei hatte.

Es war ihr vollkommen egal, was andere von ihr dachten: »Wenn ich mich darum scheren würde, was die so genannte Gesellschaft sagt, dann könnte ich meine Wohnung nur in merkwürdigen Kleidern oder Kostümen verlassen. Aber ich pfeife darauf, was schwächliche Mädchen oder gepuderte Dandys über mich sagen.« An heißen Sommertagen lief Tennessee in Unterhose und Unterhemd herum, und sie sah überhaupt keine Veranlassung, sich etwas anderes anzuziehen, wenn Besuch kam. Sie wollte keine Politikerin sein, oder höchstens mal zum Spaß. Es genügte ihr, selbst zu wissen, was richtig war. Sie wollte sich nicht mit Leuten abgeben, die ihrer Meinung nach in falschen Kategorien dachten und langweilige Dinge taten wie Kongresse abhalten und Petitionen schreiben. Sie wollte vor allem gut leben, und sie erwartete dabei nichts von politischen Gremien und Strukturen oder von angeblich wichtigen Leuten. Tennessee Claflin war eine interessante und bewundernswerte Frau, zweifellos, aber sie war keine Vordenkerin der weiblichen politischen Ideengeschichte.

Victoria Woodhull aber litt daran, dass die politischen Verhältnisse so waren, wie sie waren. Sie wusste aus ihrer eigenen Lebenserfahrung, dass es so wie bisher nicht funktionieren konnte, dass sich vieles ändern müsste, wenn die Menschen besser leben wollten. Es genügte ihr nicht, für sich selbst den notwendigen Freiraum erkämpft zu haben. Sie litt an den falschen Argumentationen, der Doppelmoral der Politiker, von der sie in der Zeitung las. Sie litt an der Selbstgerechtigkeit der Frauenrechtlerinnen. Sie litt an ungerechten Gesetzen, Wirtschaftsstrukturen, Sitten. Sie litt an Armut, Verzweiflung und Ausbeutung. Sie litt an alldem, auch wenn sie nicht mehr persönlich betroffen war, seit sie für sich selbst einen Ausweg gefunden hatte. Sie wollte nicht nur ihr eigenes Leben verändern, sondern die Welt. Sie wollte sich Gehör verschaffen, denn sie war davon überzeugt, dass sie etwas zu sagen hatte. Und ihr war klar: Wenn sie gehört werden wollte, dann genügte es nicht, recht zu haben und von der eigenen Meinung überzeugt zu sein, sondern sie würde das auch vermitteln müssen. Sie musste die Sprache derjenigen lernen, die in der politischen Arena tonangebend waren.

Tennessee Claflin, ca. 1870

»Hiermit gebe ich bekannt, dass Frauen das Wahlrecht haben«

1870–1871
Victorias Zusammenarbeit mit Stephen Pearl Andrews, die Gründung der »Woodhull and Claflin's Weekly« und der Aufstieg in der Frauenrechtsbewegung

ANFANG 1870 lernte Victoria Woodhull Esther Andrews kennen, eine Spiritistin, Ärztin und Heilerin. Möglicherweise suchte Victoria ihren medizinischen Rat, denn sie behandelte eine Zeit lang James Bloods Arthritis, riet ihm zu mehr Bewegung und gesünderer Ernährung. Esther Andrews hatte als eine der ersten Frauen in Amerika Medizin studiert und viel auf dem Gebiet der Kräuterheilkunde geforscht. Als entschiedene Gegnerin aller Versuche, bestimmte Heilmethoden per Gesetz zu verbieten und andere zu bevorzugen, trat sie für eine freie und uneingeschränkte Forschung und Ausübung der Medizin ein. Sie gab Victoria Woodhull auch spiritistische Ratschläge, angeblich warnte sie sie unter anderem vor einem Verrat durch Mitglieder ihrer eigenen Familie.

Esther Andrews war mit einem bekannten Philosophen und Freidenker verheiratet, Stephen Pearl Andrews. Es stellte sich bald heraus, dass er genau die Kenntnisse und Kontakte hatte, die Victoria Woodhull fehlten: Andrews sprach angeblich 30 Sprachen, hatte Europa bereist, eine Zeit lang als Kongressreporter für die *New York Tribune* gearbeitet und mehrere Bücher veröffentlicht. Als Victoria ihn kennen lernte, war Pearl Andrews Ende fünfzig. 1851 hatte er zusammen mit dem Anarchisten Josiah Warren eine Kommune namens »Modern Times« gegründet. Sie sollte ein Modell sein für das, was er als seine Philosophie für ein neues Zeitalter propagierte: Freie Liebe, Gemeinschaftlichkeit, persönliche Freiheit und Selbstbestim-

Stephen Pearl Andrews

mung. In der Praxis scheint das allerdings nicht so gut funktioniert zu haben, denn Josiah Warren gestand später ein, ihre Ansichten über freie Liebe seien »beschwerlicher als eine Dornenkrone« gewesen. Die Kommune zog eine Menge Spinner an und scheiterte, doch Andrews blieb seinen Ideen treu. Er ging nach New York, wo er eine *Liga für freie Liebe* gründete. Außerdem sammelte er einige Anhänger und Anhängerinnen um sich und bildete mit ihnen eine philosophische Gruppe namens *Pantarchy*, »gemeinsames Regieren«, die es sich zur Aufgabe machte, den Entwurf für eine Weltregierung zu erarbeiten. Und schließlich hatte Andrews Kontakt zur organisierten Arbeiterbewegung. Ende 1869 gründeten er und Esther eine sozialistische Gruppe namens *New Democracy*.

Pearl Andrews war ein halbwegs anerkannter Wissenschaftler – sein Handbuch über die chinesische Sprache galt als akademisches Standardwerk, und er war der erste, der in Amerika die Stenografie bekannt gemacht hatte. Er war auch ein gern gesehenes Mitglied in verschiedenen Clubs der Stadt. Aber seine politischen Überzeugungen waren so dubios und auf eine merkwürdige Weise radikal, dass er als Sonderling galt. Für seine meist umfangreichen, aber über weite Strecken unverständlichen Bücher fand er nur wenige Abnehmer, und er konnte sie nur publizieren, weil eine treue Anhängerin, Elizabeth Thompson, sie sponserte. Andrews war extrem belesen und hatte ein enormes Detailwissen, aber er konnte seine Gedanken nicht vermitteln. »Möglicherweise«, kommentierte ein immerhin wohlmeinender Rezensent, »versteht wenigstens Herr Andrews, was er meint.« Andrews Hauptanliegen war das, was er »Universologie« nannte. Er glaubte eine Philosophie gefunden zu haben, die alle gesellschaftlichen Gegensätze in einer »höheren komplexen Einheit« aufhebt – Geist und Materie, Armut und Reichtum, Chaos und Ordnung, Freiheit und Sklaverei, das Gerechte und das Ungerechte, Gut und Böse. Überall sah er Analogien und er entwickelte eine spezielle Form der Dialektik, die er in drei Schritte gliederte, »Unismus, Duismus und Trinismus«, wobei aber eben niemand so richtig verstand, was diese Stufen bedeuten sollten. Jedenfalls gab es Spötter, die Andrews' Gedankengebäude übersetzten als »das Surde, das Absurde und das Absurdo-Surde«. Erst mit Hilfe von Victoria Woodhull sollte es Pearl Andrews gelingen, aus diesem Gedankenwust zumindest einige Versatzstücke in aktuelle politische Formeln zu übersetzen. Soweit sich aus Andrews' Veröffentlichungen konkrete Forderungen herauslesen lassen, ging es ihm vor allem in der Tradition der europäischen Frühsozialisten um eine Neuordnung der Geschlechterverhältnisse. Die Beziehungen zwischen Männern und Frauen sollten seiner Ansicht nach nicht gesetzlich geregelt sein, sondern ausschließlich auf »spiritueller Anziehung« beruhen. »Freie Liebe« war für ihn das Gegenmodell zur herkömmlichen Ehe, die er für eine »versklavte Liebe« hielt. Seine Ansichten dazu hatte er bereits unter dem Titel »Liebe, Ehe, Scheidung und die Souveränität des Individuums« als Buch veröffentlicht. Außerdem forderte er eine Neuordnung der Eigentumsverhältnisse. Als Victoria Woodhull ihn kennen lernte, war er gerade dabei, eine universelle Sprache namens Alwato zu erfinden, und er arbeitete an einem neuen Buch mit dem Titel »Primary Synopsis of Universology«.

Pearl Andrews war sofort daran interessiert, Victoria Woodhulls politische Ambitionen zu unterstützen. Für ihn war das eine großartige Chance, seine Ideen zu verbreiten. Er selbst produzierte nämlich nicht nur viel zu komplexe Ideen und es fiel ihm schwer, irgendetwas einmal auf den Punkt zu bringen, er hatte auch überhaupt kein charismatisches Auftreten. Andrews war ein etwas unbeholfen und schrullig wirkender Mann mit einer großen Nase und einem dichten Vollbart. Er konnte nicht gut Reden halten und kein Publikum mitreißen. Was aber, wenn eine junge, energische und hübsche Frau seine Ideen unters Volk brächte? Aber auch für Victoria Woodhull war die Bekanntschaft mit Andrews eine enorme Chance, neue Welten zu erschließen. Denn dies bot ihr nicht nur die Möglichkeit, ihre Ansichten und Erfahrungen in soziale Theorien umzusetzen, sie fand hier auch Anschluss an politische Aktionen, und sie lernte Menschen kennen, die sie bei ihrem Vorhaben, eine größere öffentliche Rolle zu spielen, unterstützen konnten. Vor allem traf sie hier zum ersten Mal auch andere Frauen, die ähnliche Interessen und Ansichten hatten, mit denen sie diskutieren und streiten konnte, die sie ernst nahmen, anstatt sie gleich mit kleinbürgerlichen Moralvorstellungen zu konfrontieren. Schon bald waren Esther und Stephen Pearl Andrews und die anderen Frauen und Männer aus der *Pantarchy*-Gruppe regelmäßige Gäste bei den abendlichen Treffen, die Woodhull und Claflin in ihren Büros oder in ihrem Wohnhaus abhielten. Wenn Esther Andrews auf Reisen war, quartierte sich Pearl Andrews sogar gleich ganz dort ein. »Viele Jahre lang«, schrieb er, »war meine Wohnung, wo immer ich auch lebte, eine Art Zentrum für radikale, fortschrittliche Geister gewesen, die für Wissenschaft und Fortschritt eintraten. Als ich bei Frau Woodhull einzog, brachte ich diesen Einfluss mit, den ich auf solche Personen hatte, und ich fand, dass Frau Woodhull ebenfalls einen sehr großen Bekanntenkreis hatte mit führenden Männern und Frauen, und dass sie eine große Fähigkeit hatte, Menschen anzuziehen und zu interessieren. Mit unseren vereinten Kräften machten wir nun diesen Haushalt zu einem Zentrum der Agitation für radikale Reformen.«

In diesem »Zentrum der Agitation« war noch ein weiterer Mann häufig zu Gast, der in Victorias Leben bald ebenfalls eine wichtige Rolle spielte: der linke Politiker Benjamin Butler. Butler war republikanischer Kongressabgeordneter aus Massachusetts, Kriegsveteran – er hatte als General die Truppen der Nordstaatler geführt, die New Orleans belagerten – und als äußerst exzentrischer Politiker mit ebenso radikalen wie unkonventionellen Ideen und berüchtigtem Dickkopf in Washington auch als das »Beast Butler« bekannt. Er unterstützte den Achtstundentag und das Frauenwahlrecht, und man sagte ihm damals eine Affäre mit Anna Dickinson nach.

In diesem neuen Bekanntenkreis gelang es Victoria Woodhull offensichtlich, eine eigene Linie, eine feministische Position zu finden. Sie fand gewissermaßen einen »theoretischen Überbau«, mit dem sie ihr Unbehagen an dem offiziellen Kurs der Frauenrechtsbewegung erklären konnte und mit dem es möglich war, ihre eigenen Erfahrungen als Frau aus der Unterschicht in Worte zu fassen. Kurz gesagt könnte man den Unterschied vielleicht so beschreiben: Während die Frauenrechtlerinnen von dem ausgingen, was Frauen fehlte – Rechte, Bildung, Fähigkeiten –, ging Victoria Woodhull von dem aus, was Frauen haben: Energie, Durchsetzungsfähigkeit und vor allem den starken Wunsch, etwas zu erreichen, etwas zu verändern. So war es jedenfalls in ihrem Leben bisher immer gewesen. Victoria Woodhull hat sich nie die Frage gestellt: Was darf ich, was ist mir erlaubt? Sondern: Was will ich und wie kann ich das, was ich will, erreichen? Von Pearl Andrews lernte sie nun, dass es philosophische Theorien über den Staat und die Gesellschaft gab, die sehr gut zu dieser Haltung passten – nämlich seine eigenen: Die Grundlage jeder Gesellschaft, erklärte Andrews, ist die Kooperation freier Individuen. Der Staat hat nur die Aufgabe, ihre Freiheit zu schützen, er hat ihnen keine weiteren Vorschriften zu machen. Deshalb kommt es weniger auf die Gesetze an als darauf, was die Menschen tun. Alle Menschen haben das Recht, sich an der politischen Gestaltung des Gemeinwesens aktiv zu beteiligen und Verantwortung zu übernehmen – oder eben nicht. Wenn sie freiwillig auf ihre politische Mitbestimmung verzichten, müssen sie sich aber an die Gesetze und Regeln halten, die die anderen ausarbeiten.

Benjamin Butler

Diese Theorie wandte Victoria Woodhull nun auf das Thema an, das die Frauenbewegung ihrer Zeit so sehr beschäftigte, das Wahlrecht. Das eigentlich Interessante an dieser Debatte, so meinte sie, sei nicht die Frage, ob das Gesetz den Frauen das Wahlrecht zugesteht oder nicht, sondern die Tatsache, dass die Frauen dieses Recht jetzt ausüben wollen. Denn politische Teilhabe bedeutet nach der Lehre von Andrews nicht in erster Linie den passiven Besitz von Rechten, sondern vor allem die aktive Übernahme von Verantwortung. Es geht also nicht darum, ob Frauen wählen *dürfen* oder nicht, sondern darum, ob sie wählen *wollen* oder nicht. Victoria Woodhull forderte die Frauen auf, ihr Recht auf politische Mitbestimmung in Anspruch zu nehmen und darauf zu bestehen, sich in die Politik einzumischen. Sie richtete sich mit ihrem Appell also nicht, wie die anderen Frauenrechtlerinnen, an die Männer (die den Frauen das Wahlrecht zugestehen sollen), sondern an die Frauen (die politische Verantwortung übernehmen sollen).

Victoria Woodhull wollte aber nicht einfach nur wählen dürfen, sie wollte die Gesellschaft grundsätzlich verändern. Deshalb entstand im Kreis ihrer neuen Freundinnen und Freunde ein Projekt, mit dem sie ein Exempel statuieren wollten. Im April 1870 ließ Victoria Woodhull im *Herald* folgende Annonce drucken: »Während andere meines Geschlechts einen Kreuzzug gegen Gesetze führen, die die Frauen des Landes einschränken, habe ich meine persönliche Unabhängigkeit behauptet. Während andere für bessere Zeiten beteten, tat ich etwas dafür. Während andere für die Gleichheit von Frauen mit den Männern argumentierten, habe ich sie unter Beweis gestellt, indem ich eine erfolgreiche Geschäftsfrau wurde. Während andere zu zeigen versuchen, dass es keinen vernünftigen Grund gibt, warum Frauen in sozialer und politischer Hinsicht als dem Mann untergeordnet behandelt werden sollten, habe ich unerschrocken die Arena der Politik und der Wirtschaft betreten und die Rechte ausgeübt, die ich bereits besaß. Deshalb beanspruche ich für mich das Recht, für die vom Wahlrecht ausgeschlossenen Frauen des Landes zu sprechen und, im festen Glauben, dass die landläufigen Vorurteile gegen Frauen im öffentlichen Leben bald verschwinden werden, kündige ich hiermit meine Kandidatur für die Präsidentschaft an« – unterschrieben: Victoria Woodhull.

Woodhulls Ansicht, es sei wichtiger, dafür zu kämpfen, dass Frauen wählen *wollen* als dafür, dass sie wählen *dürfen*, war keineswegs an den Haaren herbeigezogen. Denn viele Frauen waren damals vehement dagegen, dass ihre Geschlechtsgenossinnen auf dem Feld der offiziellen Politik aktiv wurden. Zum Beispiel schrieb die bekannte Ratgeber-Autorin Catharine Beecher: »Viele intelligente und gut meinende Menschen glauben, es sei das große Heilmittel der schweren Unbilden, die unser Geschlecht unterdrücken, Frauen politische Macht und Ämter zu geben, aus ihnen eine Partei zu machen im Gerangel und im Kampf um politische Ämter, und so in dieses gefährliche Handgemenge die klare, verführerische Stärke ihres Geschlechtes zu bringen. Wer kann ohne Schrecken auf diese neue Gefahr schauen?« Catharine Beecher hielt den Versuch der Frauen, in die Ämter und Privilegien des männlichen Teils der Gesellschaft vorzudringen, für gefährlich. Sie fürchtete, dabei könnten die weiblichen Werte und Tugenden, die sie im Interesse der Allgemeinheit für unverzichtbar hielt, verloren gehen. Ähnlich sah das ihre Schwester Harriet Beecher Stowe, eine bekannte Schriftstellerin, die mit ihrem Anti-Sklaverei-Bestseller »Onkel Tom's Hütte« berühmt geworden war. Sie kritisierte Woodhulls Präsidentschaftskandidatur mit noch drastischeren Worten: »Wer immer auch Präsident der Vereinigten Staaten werden will, muss sich darauf einstellen, dass sein Charakter in Stücke gerissen wird, dass er verletzt, geschlagen und mit Schmutz überzogen wird von jedem unflätigen Blättchen im ganzen Land. Keine Frau, die nicht wie ein alter Putzlumpen durch jede Gosse und jedes dreckige Wasserloch gezogen werden will, würde jemals einer Kandidatur zustimmen. Es ist eine Qual, die einen Mann umbringen kann. Was für ein unverschämtes Luder von einer Frau muss das sein, die so etwas aushält, ohne dass es sie umbringt?« – Das ist nicht einfach nur konservativ, es ist auch eine deutliche Kritik an der politischen Kultur. Harriet Beecher Stowe setzte sich durchaus dafür ein, dass Frauen mehr Möglichkeiten haben sollten, etwa auf dem Gebiet der Erwerbsarbeit. Sie wollte aber nicht, dass sie im herkömmlichen Sinne Politikerinnen werden.

Sicher dachte damals eine Mehrheit der Amerikanerinnen so. Sie fürchteten, wenn Frauen sich auf das Gebiet der Politik begeben, dann setzten sie die weiblichen Qualitäten und Tugenden aufs Spiel, passten sich dem schlechten Stil der Männer an und würden selber korrupt. Victoria Woodhull sah die Sache anders. Sie glaubte diese politische Kultur der Männer verändern zu können, indem sie in ihre Sphären vordrang. Sie war der Meinung, dass es keine feststehenden Qualitäten gibt, die man als ›männlich‹ oder ›weiblich‹ einordnen kann, sondern dass jeder Mensch, ob Frau oder Mann, selbst entscheiden muss, auf welchem Gebiet und in welcher Weise er oder sie politisch handeln will – oder auch nicht. Deshalb fordert sie auch nicht das Wahlrecht für Frauen generell, sondern wählte Formulierungen wie »für mich und andere meines Geschlechts, die es wünschen«. In dieser Hinsicht übernimmt sie die Ansichten von Stephen Pearl Andrews: Rechte stehen nicht unverrückbar fest, ihre Grundlage ist nicht in einem absoluten Maßstab zu suchen wie etwa dem abstrakten Menschenrecht, der Gerechtigkeit oder dem Willen Gottes, sondern Gesetze werden von den Individuen in einer Gesellschaft frei miteinander ausgehandelt. Also, folgerte Victoria Woodhull, kommt es genau darauf an: Selbst aktiv zu werden. Zu sagen und zu tun, was man will und in erster Person dafür einzutreten.

Wenn erst einmal genügend Frauen ihren Wunsch nach dem Wahlrecht laut werden lassen, dann würde die politische Gleichstellung irgendwann zwangsläufig kommen, so glaubte sie.

Deshalb fand Victoria Woodhull auch die meisten Argumente überflüssig, die von den Frauenrechtlerinnen gängigerweise vorgebracht wurden, zum Beispiel dasjenige, Frauen müssten bei den Wahlen ihre Interessen vertreten können. Um als Frau die eigenen Interessen zu vertreten, gab es wahrhaft bessere Mittel als das Wahlrecht, wie Victoria Woodhull aus eigener Lebenserfahrung wusste: »Dass Frauen Geld verdienen können, ist ein besserer Schutz gegen die Tyrannei und Brutalität von Männern, als dass sie wählen können«, schrieb sie zum Beispiel. Wichtiger als die rechtliche Gleichstellung war ihr, dass sich das Zusammenleben von Frauen und Männern im Alltag ändert: »Es ist infam, zu sagen, gesellschaftliche Bedingungen, die von Frauen verlangen, sexuelle Beziehungen zu Männern einzugehen und zu unterhalten, seien eine legitime Methode, um Leben zu schützen. Frauen müssen aus ihrer Position als Dienerinnen der Leidenschaften der Männer zu deren Gleichen aufsteigen. Ihr ganzes Erziehungssystem muss geändert werden. Sie müssen trainiert werden, wie die Männer beständige und unabhängige Individuen zu werden. Sie müssen Kameradinnen der Männer aus freier Entscheidung, niemals aus Notwendigkeit sein.«

Das Projekt »Victoria for President« war sicher eine Gemeinschaftsaktion: Das Parteiprogramm, das Victoria Woodhull bald bekannt gab, deckt sich doch ziemlich mit den politischen Ansichten von Benjamin Butler und den philosophischen Ideen von Stephen Pearl Andrews. Vieles darin war außerordentlich weitsichtig: Der Achtstundentag, die Abschaffung der Todesstrafe, die Einrichtung eines sozialen Wohlfahrtssystems für die Armen, eine öffentliche Erziehung der Kinder, die Einrichtung eines internationalen Gerichtshofes zur Schlichtung von Konflikten zwischen verschiedenen Ländern mit einer internationalen Armee. Die staatlichen Strukturen, so heißt es da, müssten reformiert werden; vor allem dürfe die Regierung keine Gesetze mehr erlassen, »die dem Recht erwachsener Individuen entgegenstehen, das Glück so zu suchen, wie sie es wählen.« Der Staat dürfe sich auf keine Weise einmischen in »Verträge zwischen Individuen und deren Folgen, welcher Art auch immer. Die Beziehung zwischen Personen soll nur ihrer individuellen Ehre verpflichtet sein« – im Klartext bedeutete das die Abschaffung der Ehegesetze.

Der *Herald* unterstützte Woodhulls Kampagne: »Frau Woodhull, die Brokerin von Broad Street, proklamiert sich unabhängig von allen Wahlrechts-Teeparties und Biedermann-Vereinigungen als Kandidatin. Es kann sicherlich keine Einwände gegen eine solche Herausforderung geben, sie besitzt die Verdienste der Neuheit, Unternehmertum, Mut und Entschlossenheit. Also: Victory für Victoria 1872!« Der *Herald* gab Victoria Woodhull auch eine wöchentliche Kolumne, in der sie ihr politisches Programm ausführlicher vorstellte. Die Artikelserie erschien in 17 Teilen zwischen Juli und November 1870 unter dem Titel »Thesen über Arbeit und Kapitalismus«. Victoria Woodhull trat also als Präsidentschaftskandidatin an, die sich um die sozialen und wirtschaftlichen Fragen ihrer Zeit kümmert, nicht in erster Linie um die Belange der Frauen oder gar nur um das Frauenwahlrecht. Immer wieder appelliert sie an das starke Wählerpotenzial der Arbeiter: »Es steht in der Macht der Arbeiterklasse, nur diejenigen in den Kongress zu entsenden, die ihre Interessen vollständig repräsentieren, aber sie tut es nicht, die meisten von ihnen unterstützen aktiv diejenigen, die das Kapital aussucht.« Und: »der Arbeiter macht die Regierung, und deshalb hat er es in seinen Händen, sie abzuschaffen. Wenn die Regierung nicht ist, was sie sein sollte, dann deshalb, weil der Arbeiter ihr erlaubt, zu existieren, ohne dass sie ihre Pflicht erfüllt« – solche und ähnliche Appelle finden sich an vielen Stellen. Dabei sieht Woodhull, an diesem Punkt eine typische Amerikanerin, keine Notwendigkeit, das politische System der USA zu ändern, denn »alles was die arbeitenden Klassen benötigen, ist von der jetzigen Verfassung garantiert.« Sie müssten ja nur der Regierung ihre Zustimmung entziehen. Schon jetzt schlägt sie auch vor, eine neue Partei zu gründen, weil sich sowohl die Demokraten als auch die Republikaner überlebt hätten – die Demokraten, weil sie im Bürgerkrieg auf Seiten der Sklavenhalter standen, die Republikaner, weil sie ihre Stärke aus der Opposition gegen die Sklaverei bezogen und nach deren Abschaffung zum Sammelbecken für alle möglichen Überzeugungen geworden sind, ohne zu einer einheitlichen Linie finden zu können. Eine neue, dritte Partei müsse die politische Macht erobern und durch entsprechende Gesetze die Verwirklichung einer besseren Gesellschaft einleiten.

Dass Victoria Woodhull sich hier quasi als Arbeiterführerin vorstellt, ist ein deutlicher Seitenhieb gegen die Frauenrechtlerinnen. Denn die waren mit den Gewerkschaften damals heftig zerstritten:

Ein Jahr zuvor hatte Susan Anthony versucht, Arbeiterinnen, und zwar Druckerinnen und Setzerinnen, für den Wahlrechtskampf zu gewinnen. Die Zeit war günstig, denn die Frauen in der Druckindustrie wurden von den männlichen Gewerkschaften der *National Labor Union* nicht anerkannt: Nur weiße Männer durften dort Mitglied sein. Dabei gab es inzwischen zahlreiche Frauen in diesem Beruf, denn während eines langen Streiks der männlichen Drucker und Setzer gegen die Zeitung *New York World* waren dort über hundert Frauen als Setzerinnen und Druckerinnen eingestellt und ausgebildet worden, um die streikenden Männer zu ersetzen. Aber als sich die Zeitungseigner und die Gewerkschaft schließlich doch einigten, wurden die Arbeiterinnen sämtlich entlassen oder auf schlechter bezahlte Arbeitsplätze umgesetzt. Daraufhin schlossen sie sich zu einer Art Gegengewerkschaft zusammen. Susan Anthony und Elizabeth Cady-Stanton sahen darin eine Chance, die Arbeiterinnen für ihren Wahlrechtskampf zu gewinnen: Der Hauptgrund für die schwache Position der Arbeiterinnen, meinte Cady-Stanton, sei der, dass sie kein Wahlrecht hätten. Schon bald zeigte sich aber, dass die Interessen der Arbeiterinnen und der Frauenrechtlerinnen zu verschieden waren. Als es nämlich erneut zum Streik kam, solidarisierten sich die Druckerinnen mit den männlichen Arbeitern und verhinderten, dass Frauen als Streikbrecherinnen eingesetzt wurden. Dafür nahm die Männergewerkschaft sie als gleichberechtigte Mitglieder auf. Susan Anthony war wütend. Sie ging auf Gegenkurs und forderte arbeitslose Frauen auf, den Streik zu nutzen und sich als Setzerinnen und Druckerinnen ausbilden zu lassen. Seither war sie auf die Arbeiterbewegung nicht besonders gut zu sprechen, und sie wurde darin von Elizabeth Cady-Stanton bestärkt, die ohnehin der Meinung gewesen war, dass »der schlimmste Feind des Frauenwahlrechts immer die arbeitenden Massen der Männer sein werden.« Für Victoria Woodhull hatte dieser Streit ganz ähnliche Züge wie der um das Wahlrecht für afroamerikanische Männer. Wieder gab es hier einen Widerspruch zwischen zwei berechtigten Anliegen: Eine Verbesserung der Lebensumstände für eine Gruppe – Wahlrecht für die Schwarzen, höhere Löhne für die Arbeiter – stand der konsequenten Durchsetzung der Interessen von Frauen entgegen.

Woodhull hielt aber die Argumentation sowohl der Frauenrechtlerinnen als auch der Gewerkschafter für falsch. Und nun konnte sie das auch theoretisch begründen – nämlich mit Pearl Andrews' Philosophie, wonach es möglich war, alle Widersprüche aufzuheben, wenn man sie aus einer neuen Perspektive betrachtete. Nur ging es bei Woodhull nicht mehr um abstrakte Dinge wie Gut und Böse, Chaos und Ordnung, sondern um Konkreteres: Männer und Frauen, Schwarze und Weiße, Arbeiter und Kapitalisten. Das Falsche an der Argumentation der Frauenrechtlerinnen sowohl in ihrer Haltung zum Wahlrecht für schwarze Männer als auch in ihrer Haltung gegenüber den Anliegen der Gewerkschaften (und übrigens auch das Falsche an der Argumentation der jeweiligen Gegenseite) war nach Woodhulls Ansicht, dass sie Politik als Interessenspolitik verstanden, als Lobbyarbeit für eine bestimmte Gruppe. Denn dadurch wurden die Gegensätze und Widersprüche natürlich nicht aufgehoben, sondern noch vergrößert. Woodhull verstand Politik aber als Handeln im Sinne der Allgemeinheit. Ausdrücklich betonte sie: »Keine Partei, die auf eine spezifische Idee gründet, die nur in eine Richtung schaut, kann jemals auch nur das Versprechen von Dauerhaftigkeit anstreben.« Victoria Woodhull bestritt, dass es einen grundlegenden Interessengegensatz zwischen verschiedenen Gruppen der Gesellschaft gibt. Denn alle Menschen haben ein gemeinsames Interesse, und zwar das, in einer besseren Gesellschaft zu leben. Deshalb lehnte sie auch die Klassenkampf-Rhetorik ab, die damals in sozialistischen Kreisen sehr verbreitet war. Es sei »eine falsche Meinung, dass die Interessen von Arbeit und Kapital sich antagonistisch gegenüberstehen«, schrieb sie. Schließlich sei es nicht die Schuld der Kapitalisten oder der Reichen, wenn sie alle Möglichkeiten ausnutzen, um ihren persönlichen Wohlstand zu vermehren; das ist ja nur menschlich. Der richtige Weg sei es, die Gesetze abzuschaffen, die ihnen dies auf legalem Wege erlauben. Scharf kritisierte sie auch die Korruption in Washington, die Gewohnheit vieler Politiker, im Amt die Interessen einer bestimmten Gruppe oder gar ihre persönlichen zu verfolgen.

Eine eigene Wochenzeitung: die »Weekly«

Um ihre Präsidentschaftskandidatur voranzutreiben, verließ sich Victoria Woodhull nicht nur auf die Kolumne im *Herald*. Sie hatte viel mehr zu sagen, als der Platz dort hergab, und schnell wurde klar: Sie brauchte eine eigene Zeitung. Geld hatte sie schließlich genug. Und so erschien am 14. Mai 1870 die erste Ausgabe von

Woodhull and Claflin's Weekly, einer Wochenzeitung mit Victoria und Tennessee als Herausgeberinnen und Eigentümerinnen und James Blood als geschäftsführendem Redakteur. Das Motto – laut Untertitel – war »Aufwärts und vorwärts«, und im Editorial der ersten Ausgabe hieß es: »Diese Zeitung wird in erster Linie den Interessen des Volkes dienen und alle Angelegenheiten frei und ohne Vorurteile behandeln. Sie will mit aller Kraft die Präsidentschaftskandidatur von Victoria C. Woodhull unterstützen. Davon abgesehen wird sie aber von parteipolitischen oder persönlichen Erwägungen frei sein, ebenso von jedem Einfluss politischer oder sozialer Glaubensrichtungen, und wird das Wahlrecht ohne Unterscheidung des Geschlechts verteidigen.«

Im Hinblick auf die beiden zerstrittenen Fraktionen der Frauenrechtsbewegung bemühte sich die *Weekly* um Unabhängigkeit: Vorkämpferinnen beider Fraktionen wurden für ihr Engagement gewürdigt, wenn es dazu einen aktuellen Anlass gab. Aber die Themenpalette ging weit über die Wahlrechtsfrage hinaus. Die erste Ausgabe enthielt eine Erzählung der französischen Schriftstellerin George Sand, Artikel über Frauenmode, Frauen im Gefängnis oder auch »Erziehung und Straßenreinigung«. Die *Weekly* kritisierte die polizeiliche Verfolgung der Prostitution und die Reglementierung von Bordellen sowie die ungleiche Entlohnung von Männern und Frauen. Sie berichtete über Frauencolleges, über die Zulassung von Frauen als Ärztinnen, über Frauengewerkschaften, über gesundheitsschädliche Haarfärbemittel und natürlich über die Vorträge berühmter Rednerinnen. Regelmäßig gab es auch eine Rubrik von Kurzmeldungen unter der Überschrift »Frauenangelegenheiten«, und was darunter verstanden wurde, ist ziemlich weit gefasst: Da fand sich etwa die Notiz, dass eine arme Afroamerikanerin aus New Haven fast 3 000 Dollar stiftete, die sie mit Wasch- und Putzarbeiten mühsam verdient hatte, um einem mittellosen schwarzen Studenten das Theologiestudium an der Yale Divinity Schule zu ermöglichen – und wenn sich kein schwarzer Student fände, dann eben einem weißen. Oder die eher komische Meldung, dass junge Frauen aus einem Ort namens Selma einen Verein gegründet hätten mit dem erklärten Ziel, junge Männer davon abzubringen, Schnurrbärte zu tragen: die kitzelten so. Tatkräftige Frauen wurden gewürdigt, wie etwa eine Mrs. Moore aus Nashville, deren Sohn in ein tiefes Loch gefallen war: »Sie schrie und

Tennessee Claflin mit einer Ausgabe der »Weekly«, ca. 1870

klagte nicht, sondern sprang gleich hinterher, holte ihren Sohn heraus und anschließend, ganz nach Frauenart, schimpfte sie den Jungen kräftig aus, weil er überhaupt hineingefallen war.«

Beißende Ironie war eines der beliebtesten Stilmittel der *Weekly*: »Reverend T. de Witt Talmage sagt, dass Frauen das Recht haben, alles das zu tun, was sie gut können. Sicher; aber wenn man den Männern nur erlauben würde, das zu tun, was sie gut können, was für eine Menge armer Kerle würde dann arbeitslos werden!« Oder: »In Bristol bestrafte ein Mann seine Tochter, ein 18-jähriges Mädchen, weil sie mit einem jungen Verehrer ausging, den er nicht mochte. Natürlich wehrte sich das Mädchen gegen eine solche Einmischung in ihre Angelegenheiten, woraufhin der liebende Vater seiner Tochter zwei Zähne ausschlug. Das örtliche Gericht ließ den Brutalo mit einer Strafe von 5 Dollar davonkommen. Gerechtigkeit ist manchmal eine lustige Sache, in Connecticut genauso wie anderswo.« Ein ganz wichtiges Thema war die Kritik am Alkoholismus der Männer – ein Alltagsproblem, mit dem viele Frauen, vor allem aus ärmeren Familien, zu kämpfen hatten. Die *Weekly* brachte Reportagen über neue Behandlungsformen für Alkoholismus und Ratgebertipps für Frauen, die mit einem Trinker verheiratet sind. Und sie berichtete über phantasievolle Aktionen, das Problem anzugehen. Mary Ann Cleveland aus Maquoketa/Iowa verklagte zum Beispiel zehn Saloon-Besitzer auf 5 000 Dollar Schadensersatz mit der Begründung, sie hätten ihrem Ehemann Alkohol verkauft und seien deshalb schuld, dass der die Wohnungseinrichtung demoliert hatte. Oder die Aktion von Frauen in einem kleinen Ort in Ohio: Sie versammelten sich jeden Abend in den Kneipen ihrer Stadt, setzten sich an die Tische und begannen zu stricken. Natürlich traute sich dann kaum einer ihrer Brüder und Ehemänner, dort zu saufen.

Die *Weekly* verstand sich zwar als Frauenzeitung, aber nicht in dem Sinne, dass hier nur »Frauenthemen« behandelt wurden. Die Themenpalette war so breit wie die Interessen der Herausgeberinnen – und die waren beachtlich. Natürlich durften Beiträge über Spiritismus, Trance-Zustände und magnetisches Heilen nicht fehlen, was einen Zeitgenossen zu dem Kommentar veranlasste, die Zeitung sei »in der einen Welt geschrieben und in einer anderen veröffentlicht«. Genauso wichtig waren aber auch die politischen Berichte und Kommentare, zum Beispiel über unsaubere Machenschaften bei Geschäften mit Versicherungen oder Eisenbahnaktien. Victoria schrieb

WOODHULL & CLAFLIN'S WEEKLY.

PROGRESS! FREE THOUGHT! UNTRAMMELED LIVES!

BREAKING THE WAY FOR FUTURE GENERATIONS.

VOL. 2—No. 23.—WHOLE No. 49. NEW YORK, APRIL 22, 1871. PRICE TEN CENTS.

VICTORIA C. WOODHULL & TENNIE C. CLAFLIN
EDITORS AND PROPRIETORS.

THE FIRST WOMAN BALLOT.

The Fourteenth Amendment has Begun its Work.

WHO WILL STOP IT?

THE

Cosmo-Political Party.

NOMINATION FOR PRESIDENT OF THE U. S.,
IN 1872.

VICTORIA C. WOODHULL

SUBJECT TO

RATIFICATION BY THE NATIONAL CONVENTION.

WEDDING PRESENTS OF THE PRINCESS LOUISE.

EMERALDS AND DIAMONDS IN PROFUSION.

Titelblatt der »Weekly« vom 22. April 1871

später: »Wir deckten in unserer *Weekly* eine ruchlose Machenschaft nach der anderen auf, als uns klar wurde, dass es Gesellschaften gab, die angeblich Minen ausbeuteten, die es gar nicht gab, oder in denen, wenn es sie gab, nichts zu finden war, und die Eisenbahnlinien bauten zu irgendwelchen Orten, die niemanden interessierten, und dass Banken und Versicherungsgesellschaften boomten, indem sie das Kapital ihrer Anleger verprassten.« Es gab Wirtschaftsberichte über »Betrügereien bei Mexikanischen Obligationen«, »Geschichte und Praktiken der Pennsylvania Railroad Company« oder die Korruption in der Verwaltung von Präsident Ulysses Grant. Immer wieder fanden sich in der *Weekly* Kommentare gegen die Todesstrafe, und schließlich gab es Platz für sozialistische Statements und Annoncen aus der Arbeiterbewegung: Zum Beispiel war die *Weekly* die erste englischsprachige Zeitung in den USA, die das kommunistische Manifest von Marx und Engels abdruckte. Jenny Marx schrieb einmal einen Bericht über die Verhältnisse in Frankreich, und ihr Vater Karl dankte den Herausgeberinnen »für die hochinteressanten Zeitungen, die Sie mir freundlicherweise zuschickten«.

Aber Victoria Woodhull und Tennessee Claflin wollten nicht nur aufklären und zur politischen Meinungsbildung beitragen, sie wollten ihre Leserinnen auch unterhalten. Also brachte das Blatt Skandalgeschichten und »Buntes«, etwa über die Eheprobleme von Schauspielerinnen, über Trennungen und Liebesgeschichten von Prominenten – immer freilich kommentiert mit den Vorstellungen von Victoria Woodhull zu diesem Thema. Da war zum Beispiel die Geschichte von David Walker, einem Sklaven, der 32 Jahre zuvor verkauft und so von seiner Lebensgefährtin Mary Gibbs getrennt worden war. Nun hatte er sie wieder gefunden und die beiden konnten endlich heiraten: »Er ist nun 83 und sie ist 74, aber sie freuen sich noch auf viele glückliche Ehejahre«, gratulierte die *Weekly*. Jede Ausgabe brachte auch Gedichte und Kulturnachrichten, es gab Meldungen aus der Welt des Sports und sogar eine Witze-Ecke: »Sagt ein aufgeblasener Ehemann, dessen Frau ihm von hinten unverhofft einen Kuss gegeben hat: ›Madam, ich betrachte ein solches Verhalten als unangemessen.‹ Sagt die Frau: ›Entschuldigung, ich wusste nicht, dass du es warst.‹« Die Zeitung war auf gutem Papier gedruckt, übersichtlich gestaltet und hatte 16 Seiten. Ein Exemplar kostete zehn Cents, ein Jahresabonnement vier Dollar, alle größeren Tageszeitungen und einflussreichen Leute bekamen Freiabonnements. Während Victoria Woodhull, James Blood und Stephen Pearl Andrews die Inhalte vorgaben, unternahm Tennessee Claflin Verkaufsreisen nach Philadelphia, Washington und Baltimore, wo sie für die Zeitung warb und mit großem Geschick Werbekunden akquirierte – bald fanden sich Anzeigen von Tiffany-Uhren, Steinway-Klavieren und ähnlich bekannten Produkten im Blatt. Im Herbst 1870 hatte die *Weekly* nach eigenen Angaben bereits die ansehnliche Auflage von 20 000 Exemplaren erreicht.

Bildung aus Geisterhand?

Diese ganze Entwicklung wirft natürlich einige Fragen auf. Zum Beispiel die, wie es Victoria Woodhull im Verlauf von nur einem Jahr geschafft hat, von einer Wahrsagerin mit doch sehr rudimentärer

Schulbildung zu einer Zeitungsherausgeberin und politischen Denkerin zu werden, die elegant formuliert und wohl durchdachte Theorien und Kommentare zu Papier bringt. Es ist schwer vorstellbar, dass sie quasi von einem Tag auf den anderen in der Lage war, eine solche Menge an Texten und Zeitungsartikeln zu verfassen. Welchen Anteil hatte also Victoria Woodhull selbst an alldem, und was davon stammt eigentlich von James Blood, Benjamin Butler und vor allem von Stephen Pearl Andrews? Victoria Woodhull war sich selbst darüber im Klaren, dass ihr plötzliches schriftstellerisches Talent erklärungsbedürftig war. Und sie beanspruchte das »Copyright« auch gar nicht für sich selbst. Ihrer Aussage nach waren ihre Texte nämlich folgendermaßen entstanden: An zwei bis drei Abenden in der Woche versetzte sie sich in einen Trancezustand, im Winter in ihrem Wohnzimmer, im Sommer auf dem Dach ihres Hauses. Alles, was Victoria in Trance sprach, schrieb James Blood zuverlässig mit. Einige Stunden später, wenn sie wieder in den Normalzustand zurückgekehrt war, las Blood ihr diese Notizen vor, und daraus entstanden dann ihre Artikel – angeblich, ohne dass Victoria noch etwas an dem veränderte, was sie in Trance gesprochen hatte. Dass ihre Texte zu eloquent, zu geschliffen, zu poetisch waren für eine Frau wie sie, führte sie sogar als Beweis für ihre spiritistische Kraft an: Es sei doch klar, dass sie das nicht selbst geschrieben haben könne, das müssten ja Geister gewesen sein. Sie kokettierte geradezu damit, wie groß ihre »Abneigung gegen die Feder« sei und dass sie »sie kaum einmal in die Tinte taucht, es sei denn, um irgendwelche Unternehmensdokumente zu unterschreiben.«

Es werden aber wohl nicht nur die Geister gewesen sein, die Victorias Texte diktierten. Vielmehr ist anzunehmen, dass auch James Blood, Pearl Andrews oder Benjamin Butler häufig zur Feder griffen und ihre Artikel dann unter Woodhulls Namen erschienen. Schon das ist aber ein interessantes Phänomen, wenn man bedenkt, dass es ansonsten im 19. Jahrhundert in der Regel anders herum war: Viele Frauen benutzten ein männliches Pseudonym, damit ihre Texte überhaupt ernst genommen wurden. Bei Victoria Woodhull waren die Verhältnisse auf den Kopf gestellt. Männern gefiel es, Woodhulls Namen unter ihre Texte zu setzen. Haben aber Pearl Andrews, James Blood oder Benjamin Butler ihre eigenen Texte nur einfach medienwirksam mit Victoria Woodhulls Unterschrift in die Zeitungen gebracht? Oder waren es doch Woodhulls Ideen, die sie mit Hilfe schreibgewandter Männer in Worte fasste? Wahrscheinlich handelte es sich um eine Mischung aus beidem. Eines ist aber sicher: Victoria Woodhull war gewiss nicht der Typ Frau, die ihren Namen unter einen Text setzen ließ, wenn sie mit dessen Inhalt nicht hundertprozentig einverstanden war. Schließlich hatte sie sich auch deshalb diesen Männern angeschlossen, weil sie in ihren Theorien ausgedrückt fand, was sie selbst intuitiv bereits dachte und auch in ihrem Leben schon praktiziert hatte. Die Texte sind voller Schilderungen und Beispiele, die mit Sicherheit aus dem Erfahrungsschatz von Victoria Woodhull selbst stammen. Vielleicht sollte man sich einfach ihrer eigenen Auffassung anschließen und sagen: »Es ist doch egal, von wem die Wahrheit gesagt wird, Hauptsache sie wird gesagt.«

Victoria Woodhull war es auch, die für die Texte in der Öffentlichkeit einstand, Interviews gab, Vorträge hielt, sie verteidigte. Sie plapperte nicht nach, was Männer ihr einflüsterten, wie Susan Anthony es ihr später einmal vorwarf. Aber sie verstand sich auch nicht als eine von vielen politischen Rednerinnen und Rednern, die der Masse der kursierenden Ideen noch eine weitere hinzufügte. Sie vertrat keine Meinung, sie kannte die Wahrheit! Sie sprach im Auftrag eines Jenseits, war nur die Botschafterin, nicht die Schöpferin ihrer sozialen Theorien. Sie war überzeugt, dass sie der Welt etwas Neues, etwas Revolutionäres zu geben hatte. Die Unterstützung von Andrews und Butler und der Zuspruch der Geister gaben ihr das Handwerkszeug und den Mut, den sie brauchte, um sich trotz ihrer fehlenden bürgerlichen Bildung zu Wort zu melden. Sie wollte den verfahrenen und sich gegenseitig blockierenden amerikanischen Reformbewegungen wieder frischen Wind einblasen. Oder, wie sie es ohne jede Bescheidenheit auch ausdrückte: »Ich bin das Evangelium.«

Da traf es sich gut, dass jemand anderes in dieser Zeit verzweifelt auf der Suche nach einem Evangelium war: Die Frauenrechtlerin Elizabeth Cady-Stanton. In ihrem Schlusswort beim Spaltungskongress der Frauenbewegung Anfang 1869 hatte sie gesagt: »Die Erfordernis der Stunde sind nicht Fragen von Land, Goldminen, Eisenbahnen oder Metallgeld, sondern ein neues Evangelium der Weiblichkeit, um Macht, Tugend, Moral und wahre Religion hervorzubringen, damit sich die Menschheit in höhere Regionen der Liebe, der Reinheit und des Denkens erhebt.« Victoria Woodhull hatte damals gut zugehört und das Jahr danach genutzt, ihre frohe Botschaft zu formulieren und in die Welt zu tragen. Für Elizabeth Cady-Stanton dagegen war diese Zeit nicht so gut verlaufen. Die Popularität der alten Vorkämpferin der Frauenbewegung sank ständig. Kaum jemand wollte ihr und Susan Anthony in ihrer kompromisslosen Ablehnung des Wahlrechts für afroamerikanische Männer folgen. Während die Konkurrentin Lucy Stone eine Reihe wichtiger Persönlichkeiten für ihre *Amerikanische Frauenwahlrechts-Vereinigung* gewann, darunter die prominenten Abolitionisten Wendell Phillips und William Lloyd Garrison sowie eine Reihe bekannter Feministinnen, gehörten zu Cady-Stantons Gefolgschaft in der *Nationalen Frauenwahlrechts-Vereinigung* überwiegend junge, unerfahrene und unbekannte Frauen. Von ihren früheren Verbündeten wurden Cady-Stanton und Anthony inzwischen weitgehend gemieden.

Neue Entwicklungen hatten die Gräben nur noch tiefer gemacht. Ende 1869 erregte ein Mordfall die Gemüter, der das Thema der Ehegesetze in die Schlagzeilen brachte: Im November wurde der bekannte Journalist Albert Richardson in den Redaktionsräumen der Zeitung *Tribune* von hinten angeschossen. Der Täter war ein gewisser Daniel McFarland, und der Grund lautete Eifersucht. Denn Richardson wollte McFarlands Exfrau Abby Sage heiraten, die sich hatte scheiden lassen, weil McFarland sie regelmäßig schlug und vergewaltigte und auch den gemeinsamen Sohn Percy misshandelte. Abby hatte Albert Richardson noch während ihrer Ehe in der Redaktion der *Tribune* kennen gelernt, wo sie sich mit kleineren Theaterkritiken etwas Geld verdiente. Die beiden verliebten sich ineinander. Eines Tages kam Abby mit von den Misshandlungen ihres Mannes geschwollenem Gesicht in die Redaktion, und ab da mietete Richardson ein Zimmer neben dem der McFarlands, um Abby beschützen zu können. Damals hatte McFarland schon einmal einen Mordanschlag auf Richardson verübt, doch der konnte seinem Angreifer die Pistole aus der Hand schlagen und die Polizei rufen. In Gegenwart von Zeugen willigte McFarland nun in eine Trennung ein. Abby zog nach Indiana – einem Staat mit liberalen Ehegesetzen – und lebte dort ein Jahr getrennt von McFarland, bis sie sich scheiden lassen konnte. Im November 1869 kehrte sie nach New York zurück, um Richardson zu heiraten. Doch ihr Ex-Mann hatte sich die Sache wieder anders überlegt. Er verübte erneut einen Mordanschlag auf Richardson, und diesmal war der Schuss tödlich. Aber Richardson starb nicht sofort. Auf dem Sterbebett äußerte er den Wunsch, noch mit Abby Sage getraut zu werden. Der beliebte Prediger Henry Ward Beecher aus Brooklyn, der für seine liberalen Ansichten bekannt war, willigte ein, die beiden zu verheiraten, und vollzog die Zeremonie am Krankenbett. Trauzeuge war Horace Greeley, der mächtige Herausgeber der *Tribune*. Richardson starb am folgenden Morgen.

Bald schon machte das Gerücht die Runde, dass Abby Sage formal gesehen noch verheiratet gewesen sei, weil eine Scheidung in Indiana in New York nicht anerkannt werde. Henry Ward Beecher wurde von konservativer Seite heftig angegriffen, weil er die Hochzeit vollzogen hatte. Im Frühjahr 1870 kam es zur Gerichtsverhandlung gegen Daniel McFarland wegen des Mordes an Richardson. Die Jury erkannte auf »nicht schuldig« – wegen Unzurechnungsfähigkeit. Trotzdem erhielt nicht etwa Abby Sage, sondern der »unzurechnungsfähige« McFarland das alleinige Sorgerecht für Sohn Percy. Hocherhobenen Hauptes marschierte er aus dem Gerichtssaal, den weinenden Jungen an der Hand hinter sich herschleifend. Dieser Fall löste in Amerika eine öffentliche Kontroverse über die Ehe- und Scheidungsgesetze aus, die die beiden verfeindeten Lager der Frauenrechtsbewegung noch mehr gegeneinander aufbrachte. Anna Dickinson verteidigte Richardson und Beecher in einem Vortrag in der überfüllten Steinway Hall, und auch Elizabeth Cady-Stanton forderte eine Änderung der Ehe- und Scheidungsgesetze: »Die Ehe wird heutzutage keineswegs als gleichberechtigte Partnerschaft gesehen, die für beide Teile Vorteile und Glück bringen soll. Fast jeder Mann sieht seine Frau als sein Eigentum, deren erste Pflicht es ist, unter allen Umständen seinen Leidenschaften zu dienen, ohne die leiseste Rücksicht auf ihre eigene Gesundheit und ihr eigenes Glück oder auf das Wohlergehen ihrer Kinder«, sagte sie. Lucy Stone dagegen profilierte die von ihr angeführte Richtung der Frauenrechtsbewegung nun als eine moralisch konservative Organisation, die jede Lockerung der Ehegesetze ablehnte und die Gegenseite als sexuell freizügig und unmoralisch verurteilte.

Diese Entwicklung machte es für Victoria Woodhull natürlich leichter, sich für eine der beiden Seiten zu entscheiden – selbstverständlich stand sie in diesem Streit ganz auf Seiten derer, die Abby Sage, Albert Richardson und Henry Ward Beecher verteidigten. Sie war nun nicht mehr nur eine kuriose Wall-Street-Brokerin, sondern eine Frau, die mit einer eigenen Zeitung und vielen politischen Kommentaren an Profil gewonnen hatte. Deshalb versuchte Victoria

Woodhull nun, Kontakt mit Elizabeth Cady-Stanton und Susan Anthony aufzunehmen. Aber die beiden zögerten, sich öffentlich mit ihr zu verbünden. Sie empörten sich zwar über die offensichtlichen Ungerechtigkeiten, die Frauen wie Abby Sage widerfuhren, doch das war etwas ganz anderes, als freie Liebe, Anerkennung der Prostitution und Aufhebung aller Ehegesetze zu fordern, wie Woodhull es tat. Eine wirkliche Kooperation mit dieser dubiosen Unternehmerin, Spiritistin und selbsternannten Präsidentschaftskandidatin konnten sie sich nicht vorstellen – was Susan Anthony Victoria offenbar auch in einem persönlichen Gespräch mitteilte.

Stattdessen bemühten sich Cady-Stanton und Anthony zunächst, doch wieder eine Annäherung an die gemäßigte Mehrheit der Frauenbewegung zustande zu bringen. Selbstironisch schildert Cady-Stanton, wie sie sich bei ihren öffentlichen Auftritten alle Mühe gab, möglichst wenig radikal zu erscheinen: »Ich tat mein Bestes und erschien in einem schwarzen Samtkleid mit echter Spitze und der zurückhaltendsten Rede, derer ich fähig war. Alle Passagen, die die Konservativen schockieren könnten, wurden gestrichen und durch pathetische und ästhetische Passagen ersetzt. Den Kommentaren meiner Freundinnen nach zu urteilen, ist es mir wohl gelungen, allen zu gefallen, bis auf mir selbst und Susan, die sagte, es sei die schwächste Rede gewesen, die ich jemals gehalten hätte. Ich erklärte ihr, dass genau das meine Absicht war.« Schadensbegrenzung war angesagt, und trotz einer gewissen Bewunderung für den Mut und das unkonventionelle Vorgehen der Claflin-Schwestern erschien es selbst den radikaleren Frauenrechtlerinnen damals nicht opportun, eine Allianz mit Victoria Woodhull einzugehen. Es sollte deshalb noch eine Weile dauern, bis es zu einer Zusammenarbeit kam – und zwar zu Victorias Bedingungen.

Im Januar 1871 bereitete Susan Anthony den nächsten Kongress der *Nationalen Frauenwahlrechts-Vereinigung* vor, der in Washington stattfinden sollte. Er hatte nur ein Thema, nämlich »dem Kongress deutlich zu machen, dass eine 16. Wahlrechtsänderung notwendig ist« – also eine erneute Gesetzesänderung, damit nach den afroamerikanischen Männern, die seit der 14. und 15. Wahlrechtsänderung wählen konnten, nun auch die Frauen das Wahlrecht bekämen. Die Organisation des Kongresses hatte Anthony gemeinsam mit Isabella Beecher Hooker übernommen. Sie bemühte sich, möglichst jede Provokation zu vermeiden und die Veranstaltung so »respektabel« wie möglich auszurichten. Sie lud prominente und unverdächtige Gäste und Redner ein wie den einflussreichen Journalisten Theodore Tilton und seine Frau Elizabeth. »Wir müssen unbedingt Tilton halten, und seine Frau auch«, schrieb sie an Susan Anthony, »unser Salon braucht ihre spröde, mütterliche, engelhafte Süße so sehr, wie unser Rednerpult ihn braucht. Diese kleinen, ruhigen, häuslichen Frauen sind heutzutage Trumpfkarten. Ich wünschte, wir hätten einen ganzen Packen davon.« Gegenüber Elizabeth Cady-Stanton ließ Hooker durchblicken, sie solle sich aufgrund ihres gesunkenen Ansehens besser zurückhalten, was diese resigniert zur Kenntnis nahm. Cady-Stanton beschloss, in diesem Winter den Westen der Vereinigten Staaten zu bereisen und an dem Kongress gar nicht erst teilzunehmen. An Susan Anthony schrieb sie: »Lassen wir Frau Hooker das machen, die glaubt, sie könnte die Angelegenheit diskreter und vornehmer handhaben als wir. Ich bin bereit, still zu bleiben und die Erlösung des Herren mit anzusehen.«

Ein erstaunlicher Auftritt vor dem Kongress

Aber die Frauenrechtlerinnen hatten die Rechnung ohne Victoria Woodhull gemacht. Denn die hatte sich vorgenommen, bei alldem ein Wörtchen mitzureden. Einen Tag bevor der Frauenkongress in Washington eröffnet werden sollte, erfuhren die Organisatorinnen aus der Zeitung, dass eine gewisse Frau Woodhull am nächsten Tag vor dem Rechtsausschuss des Kongresses sprechen und ein »Memorial« zu Fragen des Frauenstimmrechts verlesen werde. Natürlich war die Verwunderung groß: Wer war diese Frau Woodhull? Und wie kam sie dazu, zu ihrem Thema, dem Frauenwahlrecht, zu sprechen, und dann auch noch als erste Frau vor einem so wichtigen Ausschuss? Isabella Hooker lebte nicht in New York und hatte deshalb von Victoria Woodhull noch nie etwas gehört. Susan Anthony konnte sie aber aufklären. Und ihr war natürlich sofort klar, dass Woodhull Schlagzeilen machen würde – die *Washington Press* hatte bereits angekündigt, über diesen ersten Auftritt einer Frau vor einem Kongressausschuss groß zu berichten. Susan Anthony drängte die Frauen deshalb, Kontakt mit Victoria Woodhull aufzunehmen. Aber Isabella Beecher Hooker und die anderen zögerten noch. Was wusste man schließlich über ihre Herkunft? Ihre Absichten? Wer waren ihre Vorfahren? War sie ehrbar und anständig? Es war schließlich ein Mann, der die zögerlichen Damen umstimmte. Senator Samuel Pomeroy aus Kansas, bei dem Hooker in Washington wohnte, machte sich über die Vorbehalte der Frauenrechtlerinnen lustig: »Sie steht doch auf eurer Seite, oder? Männer könnten niemals politische Parteien gründen, wenn sie von jedem Mitglied sämtliche Vorfahren und Bekannten erforschen wollten. Wenn ihr in einen Kampf ziehen wollt, müsst ihr jede Hilfe annehmen, die sich euch bietet.« Letztlich willigten die anderen in Anthonys Vorschlag ein. Sie verschoben die Eröffnung ihres Kongresses und wohnten stattdessen der Sitzung des Rechtsausschusses bei, um so vor dem Kongress und der Presse ihre Solidarität mit Victoria Woodhull zum Ausdruck zu bringen – und einen Teil der zu erwartenden Medienresonanz auf sich selbst umzuleiten.

Natürlich war es ihr Politikerfreund Benjamin Butler gewesen, der Victorias erstaunlichen Auftritt in die Wege geleitet hatte. Butler war nicht nur republikanischer Abgeordneter und Jurist, sondern auch Mitglied des Rechtsausschusses. Die beiden hatten in den vergangenen Monaten gemeinsam an einer Strategie gefeilt, wie sich Victoria Woodhull als Protagonistin der Frauenrechtsbewegung profilieren konnte. Butler hatte ihr klargemacht, dass ein Antrag auf eine 16. Wahlrechtsänderung, wie ihn die Frauenrechtlerinnen planten, im Rechtsausschuss keine Chance hätte, sondern sang- und klanglos in den Schubladen verschwinden würde. Woodhull erinnerte sich noch gut an die Rede von Virginia Minor beim Frauenrechtskongress zwei Jahre vorher: Die hatte doch argumentiert, dass das Wahlgesetz die Frauen gar nicht wirklich ausschließe, weil vom Geschlecht darin gar nicht die Rede sei? Dummerweise war inzwischen mit der 14. Wahlrechtsänderung zugunsten der afroamerikanischen Männer aber doch das Wort »männlich« in das Wahlgesetz eingefügt worden: Alle männlichen Bürger ungeachtet der Hautfarbe dürften wählen, hieß es nun dort. Aber Butler als ausgebuffter Jurist tüftelte eine Idee aus, wie das Argument doch noch vorgebracht werden könnte: 1868 war das neue US-Territorium Wyoming gegründet worden, und in seiner Verfassung gab es das Frauenwahlrecht. Im November 1870 hatten die Bürgerinnen von Wyoming bei einer Kommunalwahl tatsächlich erstmals ihre Stimme abgegeben. Nun stand aber in der amerikanischen Verfassung: »Die Bürger jedes Staates sollen zu allen Privilegien und Steuerfreiheiten berechtigt sein, die Bürger in einzelnen Staaten haben.« Und da in Wyoming die Frauen bereits gewählt hatten, folgerte Woodhull: »Solange in dieser Angelegenheit kein anderslautender Beschluss gefasst wird, hat die Frau jetzt das Wahlrecht in jedem Staat und auf jedem Gebiet dieser Union.« Diese Argumentation hatte zwar gewisse Schwächen, denn Wyoming war damals noch gar kein Bundesstaat, sondern wurde es erst 1890. Trotzdem druckte Woodhull frohgemut in der *Weekly* die Schlagzeile: »Ich gebe hiermit bekannt, dass die Frauen der Vereinigten Staaten von Amerika ab sofort das Wahlrecht haben.«

Im Großen und Ganzen sind die Argumente, die Woodhull und Butler sich da ausdachten, durchaus plausibel. Schließlich war in der Verfassung der Vereinigten Staaten tatsächlich an keiner Stelle von »Männern« und »Frauen« die Rede, sondern immer von »Personen« – und niemand bezweifelte, dass Menschen beiderlei Geschlechts Personen waren, auch im 19. Jahrhundert nicht. Auch in den Wahlgesetzen war bis ins Jahr 1868 vom Geschlecht der betreffenden »Personen« nie die Rede gewesen. Solange das Wort »männlich« nicht im Gesetz stand, hatten die amerikanischen Frauen bereits das Wahlrecht gehabt und nur – freiwillig – nicht ausgeübt. Dass sie durch die 14. Wahlrechtsänderung dann explizit ausgeschlossen wurden, ist ein ungültiger, weil dem Geist der Verfassung widersprechender Akt. Und der muss nun, da Frauen wählen wollen und in Wyoming bereits gewählt haben, einfach für ungültig erklärt werden. In der *Weekly* folgte bald ein gelehrter Text, der alle legalen und verfassungsmäßigen Aspekte dieses Themas aufrollte – Kundige erkannten darin zahlreiche Formulierungen wieder, die ihnen bereits aus Butlers Reden vertraut waren. Schließlich fassten Woodhull und Butler diese Argumente in einem Papier zusammen, das sie unter dem Titel »Das Memorial der Victoria C. Woodhull« veröffentlichten.

Interessant ist die Schilderung, die Victoria selbst gegenüber ihrem Biografen von der Entstehung dieses Memorials gab, denn sie deutete an, dass die Idee, das Frauenwahlrecht zum Thema zu machen, durchaus umstritten war: »Eines Nachts, im Dezember 1869, während sie in tiefem Schlaf lag, kam ihr griechischer Wächter zu ihr und schrieb auf eine Schriftrolle (so dass sie die Worte nicht nur sehen, sondern sie auch gleich ihrem wachsamen Mitschreiber diktieren konnte) das bemerkenswerte Dokument, das heute als das ›Memorial von Victoria C. Woodhull‹ bekannt ist. Bis dahin waren weder sie noch ihr Ehemann besonders an der Frage des Frauen-

Am 11. Januar 1871 trug Victoria Woodhull dem Rechtsausschuss des Kongresses ihr Memorial zum Frauenstimmrecht vor.

stimmrechts interessiert gewesen. Sobald er dieses Manifest nach ihrem Diktat geschrieben hatte, weckte er sie aus der Trance auf und protestierte gegen den Text: Das sei Unsinn und nur ein Trick irgendwelcher bösen Geister. Am nächsten Morgen zeigten sie das Dokument einigen Freunden, darunter auch ein einflussreicher Richter, der sich über die Logik und die Schlussfolgerungen darin lustig machte. Aber die Dame selbst, aus deren schlafendem und jetzt sehr wachem Verstand das merkwürdige Dokument entsprungen war wie Minerva aus dem Kopf des Jupiter, antwortete nur, ihr antiker Ratgeber habe sie noch nie fehlgeleitet und führe sie auch jetzt den rechten Weg.«

Im Dezember 1870 reiste Victoria Woodhull nach Washington, ihr Memorial im Gepäck. Sie reichte beim Kongress eine Petition ein und forderte die Abgeordneten auf, das Wahlrecht der Frauen zu bestätigen. Gleichzeitig überreichte sie dem Senat eine Kopie ihres Memorials. Sie verbrachte Weihnachten in Washington im Haus von Benjamin Butler und erhielt tatsächlich eine Einladung, ihr Memorial am 11. Januar persönlich dem Rechtsausschuss der beiden Häuser vorzustellen. Natürlich erregte dieser erste Auftritt einer Frau vor einem Kongressausschuss Aufsehen. Eine vollkommen unvorstellbare Sensation war das Ganze aber auch wieder nicht. Schon seit einigen

Jahren hatte die Zahl der Frauen, die in den politischen Kreisen Washingtons zugegen waren, stetig zugenommen. Es gab sogar schon eigene, hübsch ausgestattete Empfangsräume für weibliche Lobbyisten im Senat und im Kongress. Die besonderen Fähigkeiten der Frauen zur Überredung, ihre Art der Argumentation und vielleicht auch die Konventionen des Geschlechterverhältnisses (schließlich musste ein »Gentleman« einer Frau gegenüber höflich sein und durfte ihr eine Bitte nur mit gutem Grund abschlagen) hatten längst verschiedene Interessensverbände dazu gebracht, Frauen als Lobbyistinnen ins Rennen zu schicken. So kurz nach der Winterpause war der Ausschuss auch nicht gerade überfüllt. Als Victoria Woodhull um zehn Uhr morgens, begleitet von Benjamin Butler und Tennessee, den Raum betrat, in dem der Rechtsausschuss tagte, waren nur acht Abgeordnete da. Sie zeigten sich größtenteils jovial und amüsiert, wie etwa ein gewisser Herr Eldridge aus Wisconsin, der »das Ganze als einen guten Witz zu betrachten schien und die ganze Zeit lächelte, als wollte er die Frauen in ihrer Arbeit ermutigen«, wie ein Reporter notierte. Die Herren Ausschussmitglieder saßen um einen rechteckigen Tisch, die Frauenrechtlerinnen, darunter Isabella Beecher Hooker und Susan Anthony, dahinter in der zweiten Reihe, und ganz hinten, stehend, hatten einige Journalisten Platz gefunden, die eifrig mitschrieben.

Zuerst sichtlich nervös, dann mit zunehmender Sicherheit trug Victoria Woodhull ihr Memorial vor. Sie zitierte das Gesetz zur 14. Wahlrechtsänderung, in dem es heißt: »Alle Personen, die in den Vereinigten Staaten geboren oder hier eingebürgert sind, sind Bürger der Vereinigten Staaten und des Staates, in dem sie ihren Wohnsitz haben.« Zwar gebe die Verfassung den einzelnen Staaten das Recht, das Wahlrecht zu regeln, aber nicht das Recht oder die Macht, es zu verbieten. »Die Verfassung macht keine Unterschiede zwischen den Geschlechtern. Die Verfassung definiert eine Frau, die in den Vereinigten Staaten geboren oder hier eingebürgert ist, als Bürger. Sie bestätigt das Recht der Bürger zu wählen. Also haben alle Menschen beider Geschlechter das Wahlrecht, sofern sie nicht durch bestimmte Einzelregelungen davon ausgeschlossen sind. Einen solchen Ausschluss von Frauen gibt es in der Verfassung nicht.« Im Anschluss an ihre Rede ging Susan Anthony demonstrativ auf Victoria Woodhull zu und gratulierte ihr – eine symbolische Geste, die besiegelte, dass Woodhull von der Frauenrechtsbewegung akzeptiert war. Anschließend trafen Victoria und Tennessee sich mit den Frauenrechtlerinnen in einem Nebenzimmer. Isabella Beecher Hooker, die bis zum Morgen noch die größte Skeptikerin im Bezug auf eine Zusammenarbeit mit Woodhull gewesen war, war nun vollkommen von ihr fasziniert, sowohl von ihrem Auftritt als auch von der Reaktion der Männer und von Tennessees offenbarer Bewunderung für die ältere Schwester. Hooker war jetzt, wie sie selbst später notierte, »überzeugt, dass der Himmel diese Frau geschickt hatte«.

Noch am selben Nachmittag stellte Victoria Woodhull ihr Memorial auch dem Frauenrechtskongress vor. Sie war dabei, wie Reporter berichteten, vielleicht noch nervöser als vormittags vor den Politikern. Möglicherweise hatte sie selbst nicht damit gerechnet, so schnell und enthusiastisch von diesen Damen aufgenommen zu werden. Aber nun lobten alt gediente Kämpferinnen der Frauenrechtsbewegung wie Paulina Wright Davis und Susan Anthony öffentlich Woodhulls Mut und Weitsicht. Viele Washingtoner Bürger und Bürgerinnen waren zu dem Treffen gekommen, um Victoria Woodhull zu sehen und reden zu hören. »Die ganze Stadt kam zusammen«, erzählte sie später, »wie die Athener auf dem Marktplatz, wenn Demosthenes in seiner Heimatstadt sprach.« Die Frauenrechtlerinnen bekräftigten, dass durch Woodhulls Vorstoß neuer Wind in die ganze Angelegenheit gekommen sei. Nie in ihrem zwanzigjährigen Kampf habe sie sich »so voller Leben und Hoffnung gefühlt«, jubelte Anthony. Und Isabella Hooker war zuversichtlich, dass die Frauen im Lauf eines Jahres als wahlberechtigte Bürgerinnen anerkannt wären. Von Woodhulls zweifelhafter Herkunft war nun keine Rede mehr. Die ganze Strategie wurde umgestellt. Die Vorträge, die Susan Anthony in diesem Frühjahr hielt, trugen den Titel: »Die neue Situation«. Auch Elizabeth Cady-Stanton, die von den Ereignissen nur durch die Presse und durch Briefe erfuhr, war spontan begeistert: »Die ganze Art unserer Agitation wird radikal geändert«, schrieb sie an Woodhull, »Sie haben die stärksten von uns mit neuer Hoffnung und Enthusiasmus erfüllt.« Keine Frage, das hier war die neue Generation, die Zukunft der Bewegung. Die Frauen hatten auch noch einen anderen Grund, enthusiastisch zu sein: Victoria spendete ihnen nämlich die damals enorme Summe von 10 000 Dollar.

Offenbar hatten Woodhulls Argumente aber auch einige Männer beeindruckt. Isabella Hooker berichtet von einem Gespräch mit Senator Charles Sumner, der zugegeben habe, erst durch Woodhulls

Rede sei ihm klar geworden, »dass die Verweigerung des Wahlrechtes für Sie dasselbe bedeutet, wie es für mich bedeuten würde.« Der Kongressabgeordnete Albert Gallatin Riddle sorgte dafür, dass das Memorial gedruckt wurde. Tausend Kopien wurden auf Kosten des Kongresses verschickt, dazu weitere fünftausend Briefe mit der Bitte um Unterstützung für eine entsprechende Petition. In der zweiten Februarwoche wurde Victoria Woodhull sogar zu einer Audienz bei Präsident Grant im Weißen Haus eingeladen. Er habe sie herzlich begrüßt, erzählte sie später, und mit den Worten auf den Präsidentenstuhl gezeigt: »Eines Tages wird das Ihr Stuhl sein.« Victoria war überzeugt, die Geister hätten den Präsidenten beauftragt, ihr diese Botschaft zu übermitteln. Vermutlich war es aber eher seine Frau Julia gewesen, denn sie war von Woodhulls Memorial sehr beeindruckt und hatte umgehend ihre Unterstützung zugesichert.

Gemeinsam mit einigen Frauenrechtlerinnen verbrachten Victoria Woodhull und Tennessee Claflin die nächsten Wochen in Washington, um die Entscheidung über die Petition abzuwarten. Während Victoria nun viel Zeit mit ihren neuen Bewunderinnen verbrachte, war Tennessee diesen Damen aus der Mittelschicht gegenüber offenbar eher skeptisch. Sie nahm an den nächsten Tagen nicht mehr an den Sitzungen des Frauenkongresses teil, sondern nutzte die Zeit lieber, um persönliche Beziehungen zu Kongressabgeordneten und Senatoren zu knüpfen. Victoria aber genoss die Aufmerksamkeit der angesehenen Damen. Vor allem Isabella Beecher Hooker war vollkommen von Victoria begeistert. Sie glaubte ihr alles – ihre Visionen, ihre Überzeugung, die nächste Präsidentin der Vereinigten Staaten zu sein, und dass sie in göttlichem Auftrag unterwegs war. Sie nannte sie »my Darling Queen«. Hooker bemühte sich auch, Victoria Manieren beizubringen, die sie im Umgang mit höheren Kreisen brauchen würde. Briefe schrieb man doch nicht auf einfachem weißen Papier: »Verbrennen Sie das sofort!«, befahl Hooker, »ich möchte, dass Sie von nun an hübsches Briefpapier benutzen und Ihre Briefe in Umschlägen versenden. Nun, da Sie unsere allgemein anerkannte Wortführerin sind, müssen Sie in jeder Hinsicht perfekt sein, nett, elegant und anständig.« Wenn sie nicht grade gutes Benehmen übte, versuchte Victoria Woodhull die eingefahrenen Geschlechtergrenzen im Kongress und im Senat aufzuweichen. Sie beantragte – vergeblich – als Herausgeberin der *Weekly* einen Platz auf den Pressebänken. Sie weigerte sich, auf dem für Frauen reservierten

Teil der Zuschauerbühne Platz zu nehmen. »Aus irgendeinem vagen und dunklen Grund«, schrieb ein verständnisloser Reporter, »wollte sie unbedingt zwischen den Männern sitzen.« Sie versuchte auch, eine öffentliche Versammlung zu ihrem Memorial im Repräsentantenhaus abzuhalten, was der Kongress aber ebenfalls ablehnte. Stattdessen organisierten die Frauenrechtlerinnen dann noch einmal eine Großveranstaltung in Lincoln Hall mit Victoria Woodhull als Hauptrednerin.

Die Petition des Woodhull-Memorials wurde schließlich im Rechtsausschuss mehrheitlich abgelehnt. Wenn das Recht der Frauen, an Wahlen teilzunehmen, tatsächlich bestehe, so die offizielle Begründung, dann müsse das gerichtlich festgestellt werden, und es sei nicht Sache des Rechtsausschusses, sich damit zu befassen. Immerhin gab es ein ausführliches Minderheitsvotum von Benjamin Butler und William Loughridge. Victoria war vor allem enttäuscht, dass Präsident Grant sich nicht weiter um die Angelegenheit kümmerte. In einem Interview mit der *New York Sun* sagte sie: »Präsident Grant hat so viele schwache Männer in seinem Kabinett, die ihn kontrollieren, dass er Angst hat, das zu tun, wovon er weiß, dass es richtig ist. Wir wären glücklich, die Unterstützung des Präsidenten zu haben, weil er der Präsident ist. Aber er weiß sehr gut, dass wir uns um ihn nicht kümmern und ihn absetzen wollen.«

Ein Buch über den Staat und eines über Gleichheit

Ihr Memorial war für Victoria Woodhull eine Art Türöffner zur organisierten Frauenbewegung gewesen. Aber die Unterschiede zwischen ihrer Auffassung von Politik und der der Frauenrechtlerinnen waren damit natürlich nicht vom Tisch. Obwohl Woodhull nun eine führende Figur des Wahlrechtskampfes geworden war, ging es ihr nach wie vor nicht nur darum, für die Rechte der Frauen einzutreten, sondern ihr Ideal war eine Gesellschaft, in der die Individuen – Männer und Frauen, Arbeiter und Kapitalisten, Weiße und Schwarze – erkennen, dass sie letztlich gemeinsame Interessen haben. In Washington hieß Politik aber vor allem Lobbyarbeit: Vertreter und zunehmend auch Vertreterinnen verschiedener Interessensgruppen bemühten sich durch Geld und gute Worte, die Politiker für ihre jeweiligen Anliegen zu gewinnen. Und die Feministinnen waren einfach die Lobbyistinnen der Interessensgruppe »Frauen«. Victoria empfand ein solches Verständnis von Politik als zu kleinkariert. Sie hatte größere Visionen – Visionen von einer besseren Welt, von einer Gesellschaft, die allen Menschen gerecht wird, in der alle glücklich und frei sind. Außerdem hatte sie an sich selbst erfahren, dass die Kategorie »Frau« keineswegs für eine gemeinsame Interessensgruppe steht. Zumindest keine, in die sie selber gehörte, denn ihre Ambitionen und Überzeugungen wurden schließlich von den meisten Frauen ihrer Zeit abgelehnt.

Die zweite Jahreshälfte 1870 hatten Victoria Woodhull und Pearl Andrews nicht nur genutzt, um zusammen mit Ben Butler eine Strategie für die Präsentation des Wahlrechts-Memorials auszuarbeiten, sondern sie hatten auch ein Buch geschrieben, das Victoria Woodhull 1871 im Eigenverlag und unter ihrem Namen herausbrachte: »Die Ursprünge, Tendenzen und Prinzipien des Staates«. In diesem Buch entwirft sie noch einmal ausführlich die philosophischen Grundlagen ihrer politischen Forderungen: Das gemeinsame Interesse aller Menschen sei das, in einer bestmöglichen Welt zu leben. Und diese bestmögliche Welt müsse die Politik anstreben, nicht einen schalen Kompromiss auf dem kleinsten gemeinsamen Nenner. Wie diese freie, gute, bestmögliche Gesellschaft konkret beschaffen ist, das sollten nach Woodhulls Ansicht nicht die Politiker bestimmen dürfen, die ja nur einen schnellen Wahlerfolg oder die Interessen bestimmter Wählergruppen im Auge haben, sondern unabhängige Wissenschaftler, ›Philosophen‹. Wenn die Technik, die Natur- und Sozialwissenschaften immer weiter entwickelt werden, dann wäre es doch sicher bald möglich, herauszufinden, was das Allgemeinwohl der Gesellschaft ist – und zwar das objektiv beste, nicht das, was diese oder jene Meinung oder Interessensgruppe für das beste hält.

Natürlich stellt sich da die Frage: Wo bleibt die Demokratie? Wo der Grundsatz, dass alle Menschen über politische Belange mitentscheiden dürfen? Für Victoria Woodhull ist das kein Einwand, und zwar deshalb nicht, weil in ihrem Modell der Staat kaum etwas bestimmen darf. Die Regierung, die Woodhull sich vorstellt, hat nicht die Aufgabe, Gesetze zu machen, also Regeln aufzustellen, die alle befolgen müssen, sondern sie ist nur dazu da, die grundsätzliche Freiheit der Menschen, nach ihrem eigenen Geschmack zu leben, zu schützen. Deshalb würde die persönliche Freiheit der Menschen durch ihr Staatsmodell auch nicht eingeschränkt, glaubt sie. Zusätzlich zu diesen grundsätzlichen, staatlich festgelegten Rahmenbedingungen zum Schutz der Freiheit steht es den Menschen natürlich frei, untereinander weitere Regeln aufzustellen, Verträge abzuschließen oder Gruppen zu bilden, die sich in freier Übereinkunft bestimmte Strukturen geben. Aber solche Regeln und Verträge sind eben ihre Privatsache, und es darf niemand dazu gezwungen werden, sich ihnen zu unterwerfen. Unterworfen sind die Einzelnen nur den staatlichen Gesetzen, die aber lediglich verhindern sollen, dass einige Menschen ihre Freiheit auf Kosten anderer missbrauchen. Alles, was diesem Zweck nicht unmittelbar dient, wäre nach Woodhulls Ansicht Despotismus, ein Eingriff in die Freiheitsrechte.

Zum Beispiel darf es nach Woodhulls Modell keine staatlichen Gesetze geben, die das private Zusammenleben der Menschen regeln – insbesondere keine Ehegesetze. Woodhull lehnt aber auch jede Gesetzgebung ab, die das wirtschaftliche Handeln der Bürgerinnen und Bürger regulieren soll. Steuervorteile für bestimmte Produktionszweige, Importzölle und überhaupt alle Gesetze, die den freien internationalen Wettbewerb einschränken, um nationale Wirtschaftsinteressen zu schützen, will sie abschaffen. Jeder Mensch darf die eigenen, egoistischen Interessen zwar frei mit allen anderen verhandeln, es darf aber keine Unterstützung von Seiten des Staates für die eine oder andere Seite geben, weil das den Wettbewerb verzerren würde. Ein solches Modell kann natürlich nur funktionieren, wenn den einzelnen Menschen auch bewusst ist, dass sie keine gegensätzlichen, sondern ein gemeinsames Interesse haben – nämlich das, in einer bestmöglichen Welt zu leben – und dass sie dieses Ziel nur gemeinsam erreichen werden: »Ein perfektes System der Freiheit ist eine der ersten Grundlagen, und dieses muss durch eine exakte Gerechtigkeit reguliert werden, so wie in einer Gemeinschaft von Brüdern und Schwestern. Kein Teil der Gemeinschaft, weder männlich noch weiblich, kann ignoriert werden. Die Organisation muss jedes Mitglied der Gesellschaft anerkennen und diese müssen im Gegenzug auch die Organisation anerkennen, was zur Grundlage der Regierung wird«, schreibt Woodhull. »All das wird darauf hinauslaufen, dass alle Menschen aus eigenem Antrieb für das öffentliche Wohl handeln, wenn die Regierung in ihrer gegenwärtigen Bedeutung und mit ihren gegenwärtigen Zwecken abgeschafft worden ist.«

Obwohl die Veränderungen, die Woodhull hier vorschlägt, radikal sind, weil sie ein gänzlich verändertes Politikverständnis voraussetzen, glaubt sie, dass dieser Prozess gewaltfrei vonstatten gehen kann. Anzeichen dafür sieht sie in der modernen Technik und den neuen Kommunikationswegen: Telegrafen und bessere Eisenbahnnetze machen die Entfernungen kleiner, eine schnelle und breite Information durch die Presse ermöglicht den freien Austausch der Menschen untereinander. Angemessene Übergangszeiten würden es allen ermöglichen, sich auf die neuen Regeln einzustellen. Im Bezug auf die Arbeitsbedingungen zum Beispiel müssten alle Gesetze abgeschafft werden, die die Unternehmer bevorzugen und ihnen helfen, die Arbeiter auszubeuten. Dann könnten die Arbeiter frei verhandeln und sie würden den ihnen zustehenden Anteil an den Gewinnen bekommen. Dies würde über kurz oder lang dazu führen, dass sie selbst in der Lage sind, einen Betrieb oder eine Genossenschaft zu gründen – und so gebe es langfristig keine Großkapitalisten mehr. Zur Umverteilung des Reichtums, den sich wenige zu Unrecht aneignen konnten, empfiehlt Woodhull die Abschaffung des Erbrechts: So müsste niemandem etwas weggenommen werden, aber die nächste Generation von Kindern würde mit gleichen Startchancen aufwachsen, statt dass die einen vom Reichtum ihrer Eltern profitieren und die anderen unter der Armut ihrer Eltern leiden. Victoria Woodhull will nicht die Reichen bekämpfen, sondern ihnen verdeutlichen, dass materieller Besitz nicht das Ziel und der Sinn menschlichen Lebens ist. Wenn aber ein neues Bewusstsein der Menschen entsteht, das den größten Wert nicht in angehäuftem materiellen Besitz sieht, sondern in der Zufriedenheit, die dadurch entsteht, dass alle Bedürfnisse ausreichend befriedigt sind, dann gibt es für die Reichen auch keinen Grund mehr, sich gegen eine gerechtere Güterverteilung zu sträuben. »Könnten Gesellschaftsveränderungen wie Veränderungen in anderen Bereichen vorangetrieben und vollzogen werden«, schreibt Woodhull, »dann gäbe es keine Gefahr. Neue Eisenbahnbrücken werden gebaut, bevor die alten abgerissen werden, und während des Veränderungsprozesses fahren die Züge weiterhin auf ihren alten Gleisen. So wird es mit der Gesellschaft auch sein.« Falls diese gesellschaftliche Neuorientierung aber nicht gelingt, bestehe die Gefahr – und die Notwendigkeit – einer gewaltsamen Revolution.

In der gleichen Zeit erschien unter Tennessee Claflins Namen ein Buch mit dem Titel: »Gleichheit vor der Verfassung, ein Recht der Frauen«, ebenfalls im Eigenverlag. Auch dieses Buch war wohl ein

Gemeinschaftswerk von Tennessee und Victoria mit Pearl Andrews und James Blood, und es kann mehrere Gründe geben, warum das Buch unter Tennies Namen veröffentlicht wurde: Vielleicht wollte sie einfach auch einmal als Autorin in Erscheinung treten, vielleicht konnte sie sich ein solches Buch aber auch eher erlauben als Victoria, die ja in der Frauenrechtsbewegung noch Karriere machen wollte. Denn in Tennessee Claflins Werk wird das Selbstverständnis der Frauenbewegung radikal in Frage gestellt. Die Gleichheit der Geschlechter, heißt es zum Beispiel, sei nicht etwa eine politische Forderung, sondern eine »Tatsache, die beginnt, deutlich vor den Augen dieses Landes zu stehen.« Dass Frauen gleiche politische Rechte haben, wird früher oder später so kommen, das steht außer Zweifel, denn es ist sozusagen eine historische Gesetzmäßigkeit. Die Grundlagen der Gleichheit von Frau und Mann, schreibt Claflin, seien nicht gleiche Fähigkeiten, gleiche abstrakte Rechte oder ein humanitäres Streben nach Gerechtigkeit, nicht einmal die Tatsache, dass Frauen ebenso wie Männer zur Gattung Mensch gehören. Nicht Gemeinsamkeiten seien der Grund, warum Frauen wie Männer politisch mitbestimmen sollten, sondern gerade das, was die Unterschiedlichkeit der Menschen ausmacht, nämlich ihre Individualität. Weil Frauen wie Männer Individuen sind mit jeweils eigenen, persönlichen Wünschen, Vorlieben und Überzeugungen, muss auch jede und jeder einzelne von ihnen das Recht haben, über das eigene Leben selbst zu bestimmen, denn niemand kann sie oder ihn dabei repräsentieren oder vertreten.

Es ist, meint Claflin, nicht von Bedeutung (und deshalb auch keine Aufgabe der Frauenbewegung) zu beweisen, dass Frauen die gleichen Fähigkeiten haben wie Männer. Es nützt nichts, abstrakte Rechte einzufordern oder an das Gerechtigkeitsgefühl der anderen zu appellieren. Alles was Frauen tun müssen ist, als Individuen auftreten, ihre Meinung sagen und versuchen, ihre Wünsche durchsetzen – nicht abstrakt, sondern konkret, in der jeweiligen Situation, in der die Probleme auftauchen. Diese Verantwortung der Frauen, sich als Individuen in die gesellschaftlichen Diskussionen einzumischen, ist für Woodhull und Claflin ebenfalls bereits eine Tatsache, denn es gibt Frauen, die genau das tun (sie selbst zum Beispiel). Natürlich existieren noch Gesetze, Sitten und ungeschriebene Regeln, die dieser Verantwortung zuwiderlaufen, zum Beispiel indem sie Frauen daran hindern, ihr Wahlrecht auszuüben oder auf andere Weise so politisch aktiv zu sein, wie sie das wünschen. Aber mit solchen patriarchalen Gesetze und Sitten müssten Frauen sich gar nicht inhaltlich auseinander setzen, denn es gibt keine ernst zu nehmenden Gründe und Argumentationen für einen solchen Ausschluss der Frauen. Die einzigen Motive, sie aufrecht zu erhalten, sind Tyrannei, Selbstsucht und Privilegienschutz von Seiten der Männer. Natürlich muss man sich faktisch mit diesem Umstand auseinander setzen und dagegen kämpfen, aber man braucht keine Energie dafür aufzuwenden, sie inhaltlich zu widerlegen. Die Frauenrechtsbewegung darf auch nicht als eine Gruppe Lobbyistinnen, als Interessensvertreterin der Frauen auftreten, denn der eigentliche Sinn feministischer Forderungen ist es nicht, Diskriminierungen abzuschaffen oder männliche Privilegien auch auf Frauen zu übertragen, sondern für eine humane Gesellschaft zu arbeiten. Deshalb, und nicht um die Interessen ihres Geschlechts zu wahren, muss es eine Frauenbewegung geben, müssen sich Frauen politisch einmischen. Denn eine humane Gesellschaft ist nur möglich, wenn die Frauen an ihrer Gestaltung beteiligt sind, und zwar *als Frauen*, das heißt, ohne dass sie sich den Regeln und kulturellen Umgangsformen der Männer anpassen müssen.

Wenn politische Gleichheit also nicht ein abstraktes Recht oder eine Frage der Fähigkeiten oder der Gerechtigkeit ist, sondern »auf der Gleichheit der Interessen, auf den Resultaten, die durch die Ausübung politischer Rechte erzielt werden können« gründet, dann ist die so genannte Frauenfrage in Wahrheit eine »Menschheitsfrage«. Viel schlimmer als der formale Ausschluss der Frauen aus der Politik ist, dass die Sitten und die Erziehung der Mädchen mit der Zeit dazu geführt haben, dass viele Frauen selbst glauben, sie seien für die Politik und die Gesellschaft nicht zuständig und könnten das getrost den Männern überlassen. Diese – und zwar vor allem die selbst gewählte – Nichtteilnahme der Frauen an der Politik sei eine wichtige Ursache für viele Probleme der Gesellschaft: »Es gibt nur ein Heilmittel, und das ist, in den politischen Körper ein neues und reinigendes Element einzuführen – einen Sauerteig, der das Ganze durchsetzt. Frauen als Politiker! Und warum nicht, wenn so die Politik gesund und rein gemacht werden kann?« Das heißt aber nicht, dass Frauen die besseren Menschen wären. An keiner Stelle führt Claflin eine vermeintliche natürliche Überlegenheit von Frauen gegenüber Männern oder ihre größere moralische Integrität ins Feld – vor allem letzteres war ein in der damaligen Frauenrechtsbewegung häufig vorgebrachtes Argument. Auch viele Frauen waren im 19. Jahrhundert der Meinung, dass die Männer ihnen zwar körperlich und intellektuell überlegen sind, ihnen selber aber mehr Tugendhaftigkeit eigne. Claflin und Woodhull hielten von solchen Aufteilungen und Zuordnungen nichts. Sie fordern nur, dass alle gesellschaftlichen Bereiche durch die natürliche Zweigeschlechtlichkeit der Menschheit repräsentiert sein müssen – und vor allem eben die Gesetzgebung, die sie in guter amerikanischer Tradition als den Hebel jeder gesellschaftlichen Veränderung schlechthin interpretieren. Mehr politisches Engagement von Frauen könnte eine Art »Nahrung für das Denken« sein, verkrustete Strukturen in Frage stellen und eine Neuorientierung zum Wohle aller ermöglichen. Das Wahlrecht ist zwar eine Verbesserung, aber letzten Endes keine grundlegende: »Wird das Recht der Frauen zu wählen das gewünschte Resultat nach sich ziehen? Wohl kaum, auch wenn das unzweifelhaft ein Schritt in die richtige Richtung wäre. Wenn deine Sicht durch einen hässlichen, giftigen Baum verschandelt wäre, würdest du ja auch nicht versuchen, ihn dadurch zu zerstören, dass du ein paar seiner längsten Äste absägst, sondern du würdest die Axt direkt an den Wurzeln ansetzen und ihn mit einem gewaltigen Schlag für immer vernichten.«

In einem Papier von Januar 1871 entwickelte Victoria Woodhull auch eine Art Parteiprogramm für eine »kosmopolitische Partei«, in dem sie ebenfalls noch einmal klar stellt, dass es ihr nicht nur um das formale Recht zu wählen geht. Das Frauenwahlrecht werde früher oder später sowieso kommen, das sei nur eine Frage der Zeit. Wichtiger ist ihr die Frage, was Frauen dann in der Politik machen sollen: »Frauen können weder Demokraten noch Republikaner sein. Sie müssen mehr sein als Demokraten oder Republikaner. Sie müssen humanitär sein. Sie müssen ein positives Element in den Regierungsangelegenheiten werden. Sie haben bisher wenig gedacht, sie müssen dazu gebracht werden, mehr zu denken.« Victoria Woodhull hat sehr genaue Vorstellungen davon, was sich im politischen System ändern muss, welche konkreten Schritte eine neue Partei unternehmen müsste, um die Gesellschaft in ihrem Sinne zu verändern. Unter anderem will sie, dass Minderheiten in der Regierung stärker vertreten sind. Sie will die öffentlichen Behörden reformieren, um den Amtsträgern bewusst zu machen, dass sie im Interesse des Volkes handeln sollen und nicht in ihrem eigenen oder dem ihrer Unterstützer und Sponsoren. Sie will eine striktere Trennung von Legislative und Exekutive. Sie will allgemeine Volksabstimmungen über jede größere Gesetzesänderung. Sie will die Arbeitszeiten reduzieren, damit alle Menschen ihren Tag in drei Teile aufteilen können: ein Drittel Arbeit, ein Drittel Freizeit, ein Drittel Schlaf. Davon verspricht sie sich, dass die Menschen gesünder werden, mehr Zeit haben, um sich zu bilden und damit auch besser Verantwortung übernehmen können. Sie will Vollbeschäftigung anstreben, um die Position der Arbeiter und Arbeiterinnen zu stärken. Sie will eine allgemeine Schulbildung einführen. Sie will das Recht der Politik, Steuern zu erlassen, einschränken. Ganz wichtig ist ihr auch eine Reform des Strafrechts und vor allem die Abschaffung der Todesstrafe. Ein Teil der Gewinne, die die Gefängnisse durch die Arbeit von Gefangenen machen, soll an deren Familien abgeführt werden. Die Gefängnisse sollen sich mehr um die Wiedereingliederung und Besserung der Gefangenen bemühen. Es soll mehr Projekte geben, die es den Armen ermöglichen, zu nützlichen Mitgliedern der Gesellschaft zu werden anstatt eine kriminelle Laufbahn einzuschlagen. Die amerikanische Außenpolitik wiederum soll diese Werte und diese Regierungsform auch anderen Ländern gegenüber vertreten. Es soll ein internationaler Gerichtshof gegründet werden, der Konflikte zwischen Nationen beilegt, um Kriege zu vermeiden. Die nationalen Armeen sollen zugunsten einer internationalen Armee aufgelöst werden, die die Aufgabe hat, die Entscheidungen dieses Gerichtshofes durchzusetzen.

Immer wieder aber betont Woodhull dabei, dass die Gesetzgebung nur allgemeine Gesetze und Rahmenbedingungen festlegen darf, dass sich die Politik nicht in die persönliche Lebensführung der Bürgerinnen und Bürger einzumischen hat: »Ich trete ein für die größtmögliche Gleichheit, die die Menschheit erreichen kann, die umfassendste individuelle Freiheit, die mit dem öffentlichen Gut vereinbar ist, und die höchste Gerechtigkeit, die bei der Aufstellung und Umsetzung von Gesetzen keine Unterscheidung zwischen Bürgern kennt, aus welchem Grund auch immer. Ich arbeite treu für die Sache des menschlichen Fortschritts, und vor allem arbeite ich Seite an Seite mit allen, die für eine Verbesserung der Lebensbedingungen der Armen und Ausgestoßenen eintreten; um der großen Masse der arbeitenden Menschen den gerechten Ertrag ihrer Mühe zu gewähren.« Und: »Die Stärke und der Wille einer Frau wird, mit Gottes Hilfe, für diese Menschen und dieses Land einen neuen Weg der Größe öffnen im Wettlauf der Nationen, der nur möglich ist durch furchtloses Weitergehen auf dem Pfad der Wahrheit, von dem die Nationen der Erde, unter despotischen männlichen Regierungen, so weit abgewichen sind.« Dabei ist sie davon überzeugt, dass auch weitreichende gesellschaftliche Veränderungen in kurzer Frist möglich sind – eine in den USA damals weit verbreitete Einstellung.

Es stellte sich bald heraus, dass Victoria Woodhull als Rednerin beim Publikum gut ankam. In diesem Frühjahr hielt sie mehrere Vorträge in New York, in Philadelphia, in Brooklyn und in Boston. War sie bei ihren ersten öffentlichen Auftritten vor dem Rechtsausschuss und beim Frauenkongress in Washington noch nervös gewesen, so wurden ihre Reden immer professioneller. Benjamin Butler hatte ihr dazu einige mehr oder weniger nützliche Tipps gegeben: Niemals während des Vortrags trinken, denn das sieht so aus, als ob man selbst nicht ganz hundertprozentig bei der Sache ist. Nicht an Eigenwerbung sparen und Manuskripte der Rede immer vorab an die Presse verteilen, denn das verringert die Wahrscheinlichkeit, falsch verstanden oder zitiert zu werden. Aber die stärkste Wirkung hatte Victorias persönliche Präsenz. Immer wieder beschrieben Reporter ihre Schönheit, ihre ausdrucksstarken Augen, ihre angenehme Stimme – das Wort des 19. Jahrhunderts für ihre Erscheinung war: »magnetisch«.

Victoria Woodhull, ca. 1871

»Ja, ich bin eine Anhängerin der freien Liebe«

1871
Der Streit um Victorias »Respektabilität«, die Auseinandersetzung mit der Familie Beecher, Victorias Liebesbeziehung zu Theodore Tilton, ihre Kontakte zur Arbeiterbewegung und die berühmte Rede über freie Liebe

TROTZ ALLER EUPHORIE über den frischen Wind, den Victoria Woodhull in die Frauenbewegung gebracht hatte, meldeten sich aber auch Gegnerinnen ihres Memorials zu Wort. Eintausend Frauen, darunter viele Ehefrauen von Senatoren und Kongressabgeordneten, reichten als Reaktion auf ihre Rede im Kongress eine Gegen-Petition ein. Sie begründeten ihre Ablehnung des Frauenwahlrechts damit, dass »die Heilige Schrift für Frauen eine höhere Sphäre vorsieht, die von der des öffentlichen Lebens getrennt ist« und dass sie ohnehin »als Frauen eine große Fülle von Pflichten, Aufgaben und Verantwortlichkeiten vorfinden und nicht bereit sind, zusätzliche Lasten auf sich zu nehmen, die für ihre physische Konstitution unpassend sind.« Diese Argumente sind nicht so leicht von der Hand zu weisen, wenn man, wie Woodhull, nicht mit abstrakter Gleichheit und Gerechtigkeit argumentiert, sondern die persönliche Verantwortung der Einzelnen in den Mittelpunkt stellt. Statt eine solche Auffassung von weiblichen Sphären zu widerlegen und für die Gleichheit von Frauen und Männern zu argumentieren, verweist Woodhull diese Frauenpetition denn auch auf das, was sie ist: die persönliche Meinung einiger Frauen und keineswegs eine allgemein gültige Aussage über das Wesen der Frau als solches. Denn sie, Victoria Woodhull, will etwas anderes, und sie ist ja auch eine Frau. In der *Weekly* schreibt sie: »Sollen doch diese Soldatinnen eines Krieges gegen die Frauenrechte unter der Knechtschaft der Männer bleiben, lasst sie dort bleiben und den Schmutz von den Füßen ihrer Unterdrücker lecken, aber lasst nicht zu, dass sie die große und erhabene Mehrheit von Frauen behindern, die die Freiheit und die vollen Rechte der amerikanischen Staatsbürgerschaft vorziehen.«

Doch selbst unter den Frauenrechtlerinnen, die für das Wahlrecht kämpften, fanden Woodhulls Memorial und vor allem die darauf folgende Neuorientierung der radikaleren Frauenrechtsbewegung keine ungeteilte Zustimmung. Für die Gegnerinnen von Elizabeth Cady-Stanton und Susan Anthony war deren Allianz mit Woodhull ein weiterer Angriffspunkt. Denn Victoria Woodhull war nicht »respektabel«, wie es damals hieß. Mary Livermore, eine der führenden Persönlichkeiten der gegnerischen *Amerikanischen Frauenwahlrechts-Vereinigung*, hatte in Chicago Gerüchte über das frühere Leben des Claflin-Clans gehört. Die Zeitung *Women's Journal* kritisierte die Zusammenarbeit mit einer so dubiosen Person wie Victoria Woodhull und zitierte Mary Livermore mit den Worten »Ihre Hände sind schmutzig«. Aber auch andere Zeitungen interessierten sich jetzt, nachdem Victoria Woodhull im Rampenlicht der Politik stand, für die Vorgeschichte der Claflins. Und anders als bei der Eröffnung ihrer Brokerfirma waren die Berichte nun eher negativ. Die Presse stand Woodhulls politischem Engagement sehr viel kritischer gegenüber als ihren unternehmerischen Aktivitäten. Gerüchte kamen in Umlauf über Bordelle, Scharlatanerie, dubiose Geschäftspraktiken und eine zwielichtige Vergangenheit. Der soziale Aufstieg der Schwestern aus der Unterschicht, ein Jahr zuvor noch eine amüsante Episode an der Wall Street, wandelte sich nun zu einer Diskussion über weibliche »Respektabilität«: Wie tugendhaft muss eine Frau sein, die sich politisch zu Wort meldet? Als Firmengründerin und Unternehmerin war es Victoria Woodhull erlaubt, exzentrische und ungewöhnliche Ansichten zu vertreten. Als Politikerin aber, als Frau, die eine führende Rolle in den amerikanischen Reformbewegungen beanspruchte, geriet sie auf den Prüfstand: War sie tragbar? War sie sauber? Man muss sich diese Diskussionen so ähnlich vorstellen wie 1998 die Aufregung über den amerikanischen Präsidenten Bill Clinton und seine Affäre mit einer Praktikantin. Wie bei Clinton gab es auch bei der Kontroverse um Victoria Woodhull solche, denen es tatsächlich um moralische Integrität ging, aber eben auch andere, die diese Vorwürfe für ihre eigenen Karrieren und politischen Absichten benutzten. Und es gab ja einige Punkte in Victorias Vergangenheit, aber auch in ihren politischen Ansichten, die sie angreifbar machten. Die radikalen, sozialistischen und anarchistischen Artikel der *Weekly* zum Beispiel, die bis dahin als exotische und unbedeutende Randnotizen geduldet worden waren, wurden nun zum Gegenstand der Polemik in großen Zeitungen und konnten herangezogen werden, um die Kritik an Woodhulls Person zu untermauern. Dass sie die klassischen Rollenmuster durchbrach, dass sie sich über angesehene Leute aus dem intellektuellen Amerika lustig machte, das konnte für eine exzentrische Unternehmerin noch angehen. Wenn sie daraus aber ein politisches Programm machen wollte, dann musste man sie in die Schranken weisen. Immer häufiger wurde Victoria Woodhull nun auch Ehrgeiz vorgeworfen, was für eine anständige Frau damals eine schreckliche Eigenschaft war. Männer kritisierten Woodhull, weil sie die männlichen Privilegien in Frage stellte, Frauen, weil sie sich weigerte, das zu verkörpern, was die Mehrheit der Frauen als »Weiblichkeit« definierte und von ihresgleichen einforderte.

Die Kontroverse um Woodhulls »Respektabilität« war also zwar einerseits von Böswilligkeit und Unterstellungen, andererseits aber auch von ihrer tatsächlich zweifelhaften Vergangenheit und Reputation und den Vorurteilen der Mittelschicht gegenüber der Unterschicht ausgelöst worden. Und anders als ein Bill Clinton, der alles zu leugnen, abzuwiegeln versuchte und als das nicht mehr ging, sich zerknirscht und schuldbewusst gab, machte Victoria Woodhull aus dem Ganzen eine politische Kontroverse: Sie bemühte sich nicht, durch Wohlverhalten ihren Kritikern und Kritikerinnen den Wind aus den Segeln zu nehmen. Sie versuchte zum Beispiel nicht, die Folgen der Gleichberechtigung von Frauen herunterzuspielen, um konservativen Einwänden schon im Vorfeld zu begegnen, wie andere das taten. Im Gegenteil, sie hob gerade die skandalträchtigen Punkte hervor, legte es sogar darauf an, zu provozieren. Sie nannte die Dinge beim Namen. Unbekümmert beschrieb Victoria Woodhull neue und zweckmäßige Kleidung für Frauen, erklärte Methoden der Empfängnisverhütung und Abtreibung, verglich ehelichen Geschlechtsverkehr, wenn er nicht freiwillig ist, mit Vergewaltigung, verteidigte das Recht der Frauen, mehrere Liebespartner zu haben und schilderte ausführlich ihre Ansichten über die sexuelle Bedürfnisbefriedigung von Frauen. Kein Wunder, dass sie damit viele Leute ihrer Zeit vor den Kopf stieß. Victoria Woodhull war sich völlig darüber im

Klaren, was sie hier tat. Sie erklärte den Skandal zur politischen Strategie, er war für sie eine »Methode der Kriegsführung«.

Aber es ging ihr dabei keineswegs nur um Provokation, sondern dieses Vorgehen entspricht genau Woodhulls Vorstellung von Politik: Schließlich war sie ja überzeugt, dass es nicht darum geht, neue Argumente und Bündnisse zu finden, die gesellschaftliche Reformen vorantreiben, sondern darum, auszusprechen und sichtbar zu machen, was jetzt schon wahr ist: Dass die Freiheit der Frauen eine Tatsache ist, die außerdem durch die amerikanische Verfassung, würde man sie denn ernst nehmen, geschützt ist. Für Victoria Woodhull und fast mehr noch für Tennessee Claflin ging es bei ihren politischen Aktionen nicht darum, diese oder jene konkrete Veränderung in der Gesetzgebung anzustreben. Deshalb mussten sie auch keine Rücksicht auf mögliche Verbündete nehmen, keine halbherzigen Koalitionen eingehen, sondern konnten der Öffentlichkeit die Tatsache der weiblichen Freiheit ungeschminkt und provokativ vor Augen führen. Damit wollten sie gerade die liberalen und fortschrittlichen Kräfte, Frauen wie Männer, dazu bringen, ihre Überzeugungen konsequent zu leben und zu vertreten und sie nicht länger aus Rücksicht auf Gesetze und Sittenkodizes oder gar nur zur heuchlerischen Wahrung ihrer »Respektabilität« zu verheimlichen.

Durch die öffentliche Kontroverse über Victoria Woodhull gerieten aber die Frauenrechtlerinnen der *Nationalen* unter Druck. Elizabeth Cady-Stanton erhielt von vielen besorgten Mitstreiterinnen Briefe, in denen sie versuchten, sie von einer Zusammenarbeit mit Victoria Woodhull abzubringen. Sie befürchteten, eine solche Bündnispartnerin werde der Frauenbewegung mehr schaden als nutzen. Cady-Stanton war wütend und gab die Schuld vor allem den Frauenrechtlerinnen der konkurrierenden *Amerikanischen*: »Diesem Boston-Ring«, schrieb sie, »ist es offenbar lieber, die Frauen würden noch ein weiteres Jahrhundert ohne Wahlrecht bleiben, als dass sie sich von so genannten schmutzigen Händen helfen lassen.« Nicht dass Cady-Stanton auf »Respektabilität« weniger Wert legte als andere Frauen ihrer Klasse und Generation. Und es war auch keineswegs so, dass sie Woodhulls politische Ansichten teilte. Im Gegenteil – in vielen wichtigen Punkten waren die beiden unterschiedlicher Meinung: Für Cady-Stanton war die Wahlrechtsfrage das einzig wichtige Thema, für Woodhull war es nur eines unter vielen. Cady-Stanton verstand ihr Engagement als Lobbyarbeit für Fraueninteressen, Woodhull sah ihre Aufgabe gerade darin, gegen ein solches Politikverständnis anzugehen. Cady-Stanton wollte nicht mehr mit anderen Reformbewegungen, Arbeitern oder Schwarzen, zusammenarbeiten, Woodhull hatte aber genau das vor und trat deswegen als Sozialistin auf. Aber diese Unterschiede wurden nicht ausdiskutiert, vermutlich deshalb nicht, weil Elizabeth Cady-Stanton Victoria Woodhull gar nicht wirklich als politische Denkerin ernst nahm. Sie hatte sie bislang ja noch nicht einmal persönlich kennen gelernt, und es ist mehr als fraglich, ob sie Woodhulls Bücher und Zeitungsartikel las. Wozu auch? Sie selbst, Elizabeth Cady-Stanton, war schließlich die theoretische Vordenkerin der Bewegung; was sie suchte, das waren nicht neue Ideen und Meinungen, sondern Publicity.

Doch genau dafür brauchte sie Victoria Woodhull ganz dringend. Die anderen bekannten Frauen, die im Rampenlicht der Öffentlichkeit standen – Rednerinnen wie Anna Dickinson zum Beispiel – weigerten sich nämlich, auf den Kongressen der Frauenrechtlerinnen zu sprechen und sich mit ihnen zu solidarisieren. Die Frauenrechtsbewegung brauchte dringend ein attraktives Zugpferd, und dieses Zugpferd sollte Victoria Woodhull sein: »Sie ist eine der fähigsten Rednerinnen und Autorinnen des Jahrhunderts: zuverlässig und radikal in politischen, religiösen und sozialen Fragen gleichermaßen. Ihr Antlitz, ihr Aussehen, ihr Benehmen und ihre Unterhaltung bezeugen sämtlich den Triumph der Moral, des Intellekts und des Geistes über das Sinnliche in ihrer Natur«, schrieb Cady-Stanton. Und eine solche Frau sollte nun diskreditiert werden, weil sie den hehren Maßstäben der Respektabilität nicht genügte? »Wenn die Männer, die für uns in Washington die Gesetze machen, vor ganz Israel und der Sonne aufstehen können und sich frei und unbefleckt von allen Sünden der zehn Gebote erklären, dann werden auch wir von jeder Frau, die sich auf unserer Bühne zur Verfassung äußert, verlangen, dass sie so keusch wie Diana sein soll. Selbst wenn alles, was sie ihr vorwerfen, wahr wäre, ist Frau Woodhull immer noch besser als neun Zehntel unserer Väter, Ehemänner und Söhne.« Für Cady-Stanton war das eine Frage der weiblichen Solidarität: »Frauen haben die Mary Wollstonecrafts, Fanny Wrights, George Sands und Fanny Kembles aller Jahrhunderte gesteinigt. Lasst uns diesen unwürdigen Rekord beenden und als Frauen zusammenstehen. Wenn Victoria Woodhull gekreuzigt werden muss, lasst es die Männer sein, die die Nägel einschlagen und ihr die Dornenkrone aufsetzen.«

Henry Ward Beecher und Harriet Beecher Stowe (links); Catharine Beecher (oben)

»Die Guten, die Schlechten und die Beechers«

Besonders aktiv in dem Bemühen, die Frauenrechtlerinnen von einer Zusammenarbeit mit Victoria Woodhull abzubringen, waren die älteren Geschwister von Isabella Beecher Hooker, Harriet, Catharine und Henry. Die Beechers waren damals eine der einflussreichsten Familien in Amerika, gewissermaßen die Tugendwächter der Nation. Eine allgemein verbreitete Redensart lautete, es gebe drei Klassen von Menschen, »the good, the bad, and the Beechers« – die Guten, die Schlechten und die Beechers. Die Beechers standen über jedem Urteil, sie verkörperten die Moral schlechthin. Und das nicht etwa deshalb, weil sie besonders konservativ gewesen wären, im Gegenteil. Die Beechers waren allesamt reformorientiert, liberal, fortschrittlich. Die Bekannteste von ihnen war Harriet Beecher Stowe, die den Anti-Sklaverei-Bestseller »Onkel Toms Hütte« geschrieben hatte. Aber auch Catharine, die älteste Beecher-Schwester, hatte sich als Schulleiterin und als Autorin von weit verbreiteten Haushalts-Ratgebern einen Namen ge-

Isabella Beecher Hocker war die einzige aus dem Beecher-Clan, die Victoria Woodhull unterstützte.

macht. Und Henry Ward Beecher zog als Prediger an der Plymouth Church in Brooklyn tausende in seine Gottesdienste – sonntags morgens fuhren eigens Fähren von Manhattan nach Brooklyn, die so genannten Beecher-Ferries, um die Menschenmassen zu seiner Kirche zu bringen. Die Beechers standen für das fortschrittliche, liberale Amerika. Vor allem Henry und Harriet schafften es dabei meisterhaft, »immer etwas links vom Zentrum zu stehen, alle neuen Ideen aufzugreifen, ohne dabei aber jemals wirklich gefährlich radikal zu werden«, wie eine amerikanische Historikerin schreibt.

Ihr Vater, der presbyterianische Prediger Lyman Beecher, war einer der Vordenker der zweiten christlichen Erweckungsbewegung gewesen, die Annie Claflin so in ihren Bann gezogen hatte. Bis in die dreißiger Jahre des 19. Jahrhunderts hinein war das calvinistische Christentum in Amerika stark von der Doktrin der Vorherbestimmung geprägt gewesen. In Zeiten der beginnenden Industrialisierung, der Eroberung des Westens und der Self-Made-Man-Ideologien war aber ein Glaube, der davon ausging, dass das Schicksal der Menschen von Kindheit an vorherbestimmt ist, nicht mehr zeitgemäß. Lyman Beecher und später noch mehr sein Sohn Henry verstanden es, das Christentum den neuen gesellschaftlichen Erfordernissen anzupassen: Sie predigten, dass die Menschen durch ihr Bekenntnis zum Glauben und einen entsprechenden Lebenswandel ihr Schicksal selbst bestimmen könnten. 1835 war Lyman Beecher deshalb von der Presbyterianischen Kirchensynode der Gotteslästerung angeklagt worden, wurde aber nach einer eloquenten Verteidigung freigesprochen. Dies war das Initial der neuen Erweckungsbewegung: Landauf, landab forderten nun Prediger die Menschen auf, sich zu bekehren, ihr Leben selbst in die Hand zu nehmen und dadurch der Hölle zu entkommen. Sicherlich hatte dieser »Neue Calvinismus« eine befreiende Seite, insofern er den Menschen die Möglichkeit zugestand, aus den Verhältnissen, in die sie hineingeboren waren, auszubrechen. Andererseits entstand nun natürlich ein enormer Bedarf an Anleitungen für ein tugendsames Leben. Die Wohlanständigkeit eines Menschen wurde wichtiger denn je, denn nicht nur das diesseitige Leben hing davon ab, sondern auch das jenseitige.

Wortführerin, was die weibliche Tugend betraf, wurde Lyman Beechers älteste Tochter Catharine. Zur Zeit von Victoria Woodhulls öffentlichem Auftreten war sie bereits über siebzig. 1841 hatte sie mit ihrem Standardwerk »Abhandlung über Hauswirtschaft« einen Bestseller veröffentlicht, der zur Standardausstattung amerikanischer Haushalte gehörte. Darin stellte sie heraus, welche wichtige gesellschaftliche Bedeutung die Haus- und Familienarbeit hat. Sie forderte die Frauen auf, sich bei der Hausarbeit wissenschaftliche und medizinische Erkenntnisse zu Nutzen zu machen, und gab viele nützliche Tipps und Ratschläge zur Behandlung von Krankheiten, Zubereitung gesunder Nahrung, Hygiene und Gartenarbeit. Viele Feministinnen sehen in Catharine Beecher heute eine konservative Frau, einen Ausbund an Häuslichkeit und eine Verfechterin des traditionellen Frauenbildes. Doch das ist zu kurz gegriffen. Ihr Leben lang beschäftigte sie sich mit der politischen Rolle und den gesellschaftlichen Einflussmöglichkeiten von Frauen. Wie ihr Vater lehnte Catharine Beecher die alte calvinistische Lehre von der Vorherbestimmung ab und setzte alles daran, Wege zu finden, wie Frauen sich in der Welt behaupten und die Welt gestalten können. Sie setzte sich dafür ein, dass Lehrerinnen nicht nur Mädchen, sondern auch Jungen unterrichten durften. In ihren Büchern und den Mädchenschulen, die sie gründete, versuchte sie, »weibliches« Wissen zu vermitteln und dessen Bedeutung für die Gesellschaft sichtbar zu machen. Insofern war sie durchaus politisch. Es stimmt aber, dass Catharine Beecher eine entschiedene Gegnerin aller Bemühungen von Frauen war, in gleiche Ämter und politische Rechte einzutreten wie die Männer. Stattdessen rief sie die Frauen dazu auf, sich eine »ehrenhafte Unabhängigkeit zu erringen in Beschäftigungen, die ihrem Geschlecht angemessen sind.«

Während Catharine Beecher Victoria Woodhull zunächst noch für »eine Frau mit besten Absichten« hielt, »die jedoch einer falschen sozialen Theorie anhängt, und die wir freundlich behandeln sollten, wenn wir sie für die Wahrheit gewinnen wollen«, war ihre elf Jahre jüngere Schwester Harriet Beecher Stowe von Anfang an eine von Woodhulls vehementesten Gegnerinnen. Catharine glaubte an das Gute im Menschen, schließlich war es auch ihr selbst gelungen, tugendsam und im Einklang mit ihren Prinzipien zu leben. Harriet dagegen war sich bewusst, wie schwer es den meisten Menschen fällt, ein wirklich tugendhaftes Leben zu führen. Catharine hielt Victorias freiheitliche Ansichten für falsch, Harriet hielt sie für gefährlich, weil sie genau wusste, wie attraktiv sie für viele Menschen sein würden. Vor allem aber wusste Harriet – anders als Catharine –, dass ihr jüngerer Bruder einer von diesen schwachen Menschen war. Der damals 58jährige Henry Ward Beecher war ein hübscher, sinnlicher Mann mit großem Charisma und hedonistischer Veranlagung, einer Vorliebe für schöne Kleidung, Blumen, Bequemlichkeit und Frauen. Es war allgemein bekannt, dass Beecher, obgleich verheiratet und Vater einer vielköpfigen Kinderschar, mit einigen seiner weiblichen Gemeindemitglieder sexuelle Beziehungen unterhielt. Gefördert wurde Beecher von Henry Bowen, dem mächtigen Eigentümer des *Independent*, einer sehr populären und einflussreichen religiös-politischen Zeitung. Bowen hatte Beecher 1847 das Amt des Predigers von Plymouth Church verschafft, und die riesigen Summen an Kirchenbeiträgen, die die Gläubigen der Gemeinde bezahlten, bezeugten, dass dies eine sehr gute Investition gewesen war. Beecher war Bowens wichtigste Einkommensquelle geworden, und deshalb hatte Beecher Macht.

Und diese Macht der Beechers bekam Victoria Woodhull nun zu spüren. Auf Harriets Bitte hin schrieb Henry im Frühjahr 1871 einen Brief an Isabella Beecher Hooker, in dem er sie aufforderte, ihre Verbindung zu dieser »Pseudobänkerin«, deren Meinungen »unnormal und gefährlich« seien, zu lösen. Catharine Beecher und eine weitere Schwester, Mary Perkins, schrieben ähnliche Briefe an Isabella. Schließlich schrieb auch Harriet einen langen Brief und informierte ihre jüngste Schwester über Gerüchte, die ihr über Tennessee Claflins Vergangenheit als Scharlatanin zu Ohren gekommen waren. Isabella ließ sich nicht vom Glauben an Victorias »Reinheit« abbringen. Sie war aber doch besorgt und schrieb an Susan Anthony: »Meine Schwestern haben mich mit ihren Briefen fast verrückt gemacht. Es ist mir noch nie in meinem Leben so schwer gefallen, zu einem Urteil zu kommen, und immer noch tendiere ich dazu, an ihre Unschuld und Reinheit zu glauben. Ich hoffe, Sie schicken dies an Frau Stanton, sie wird in der Lage sein, Erkundigungen über diese mysteriöse Familie einzuziehen. Von Tennie C. höre ich die schrecklichsten Geschichten – und doch hat sie das Gesicht eines süßen, unschuldigen Kindes.« Susan Anthony war aber wie Elizabeth Cady-Stanton der Meinung, dass es nicht darum gehe, ein moralisches Urteil über Victoria Woodhull zu fällen. Sie schrieb an Isabella: »Wenn wir anfangen, in der Vergangenheit von denen herumzuschnüffeln, die ihren Kopf und ihr Geld in unsere Arbeit für das Frauenwahlrecht einbringen, dann sollte es erst mal die der Männer sein, nicht die der Frauen. Wir werden nichts gegen Mrs. Woodhull unternehmen, bevor nicht jeder Klatsch, der über Beecher, Pomeroy, Butler oder Carpenter in Umlauf ist, bis ins Letzte untersucht wurde und jeder von ihnen zu ihrer und unserer Befriedigung bewiesen hat, dass er niemals mit irgendeiner Frau geflirtet oder herumgetändelt hat.«

Aber nicht nur Woodhulls zweifelhafte Moral, auch ihre Nähe zur Arbeiterbewegung trug zur Verunsicherung der Frauenrechtlerinnen bei. Denn der Sozialismus hatte damals eine äußerst schlechte Presse, war ein Schreckgespenst von Chaos, Umsturz, Revolution, vor allem seit es im März 1871 in Paris zu einem Aufstand und der Gründung einer sozialistischen Regierung gekommen war, der so genannten Pariser Kommune. Im deutsch-französischen Krieg hatten die Preußen den ganzen Winter über Paris belagert. Die bürgerliche Regierung floh aus der Stadt und siedelte nach Versailles über, während die Menschen in Paris hungerten und froren. Als sie dann im März auch noch kapitulierte, hielt das die Mehrheit der Pariser Bevölkerung für Verrat. Die Pariserinnen und Pariser weigerten sich, die Kanonen, die auf Montmartre stationiert waren, an die Preußen auszuliefern. Die Rolle, die die Frauen in der Pariser Kommune spielten, ist fast schon legendär: Sie waren die ersten, die gemerkt hatten, dass die Versailler die Waffen abtransportieren wollten, schlugen Alarm und blockierten dann den Zugang zu den Kanonen, bis die bewaffnete Pariser Nationalgarde eintraf. Nach diesem Aufstand am 18. März wurde in Paris ein Kommunerat gegründet, der teilweise aus Sozialisten bestand und eine Reihe von Gesetzen zugunsten der Arbeiter und Arbeiterinnen verabschiedete. Gut zwei Monate lang hielt sich die Kommune, bis die Versailler Truppen die Stadt wiedereroberten und ein grauenvolles Gemetzel anrichteten. Zehntausende Menschen, Männer wie Frauen, wurden in dieser »Blutwoche« ohne Verfahren und Urteil hingerichtet, meist auf offener Straße erschossen. Die bürgerlichen Zeitungen sahen in der Arbeiterbewegung die Drahtzieher dieser Ereignisse und witterten die Vorboten für eine sozialistische Revolution. Sie unterstützten deshalb die Gegner der Kommune und begrüßten auch das brutale Vorgehen der Versailler gegen die Aufrührer und Aufrührerinnen. Das war auch in Amerika nicht anders.

Lediglich die *Woodhull and Claflin's Weekly* vertrat eine andere Ansicht und unterstützte die Kommune. Victoria Woodhull finanzierte den Druck und die Verbreitung der englischen Übersetzung von Marx' Artikel »Der Bürgerkrieg in Frankreich«, in dem er die Pariser Kommune kommentiert. »Die Fähigkeit der Frauen, Waffen zu tragen, deren angebliches Fehlen ein Argument ist, das immer wieder gegen ihre Forderung nach politischen Bürgerrechten vorgebracht wird, ist unter der Regierung der Kommunisten in Paris endgültig unter Beweis gestellt worden«, freute sich die *Weekly*. In der Rubrik »Frauenangelegenheiten« wurde über die Frauen in der Kommune berichtet, etwa über eine Anklage gegen die 65-jährige Schwester des Kommunarden Delescluze als Brandstifterin und Kommunardin. Ausgerechnet auf dem Höhepunkt der bürgerlichen Kommune-Hysterie und nur wenige Tage vor den Jahreskongressen der beiden konkurrierenden Frauenrechts-Vereinigungen, nämlich am 8. Mai 1871, hielt Victoria Woodhull eine Rede vor der *Liga für Arbeitsreform* am Cooper Institute in New York. Hier machte sie nicht nur den männlichen Sozialisten und Gewerkschaftern klar, dass die Frage der politischen Rechte von Frauen wesentlich für jede Reformbewegung ist, sondern ihr Vortrag war auch ein deutliches Signal an die Frauenbewegung, Victoria Woodhull als Sozialistin zu sehen. Aus der Zeitung erfuhren die Frauenrechtlerinnen, dass ihre neue Anführerin Wirtschaftsmonopole abschaffen will, dass sie eine Neustrukturierung der korrupten öffentlichen Verwaltung fordert, die ausufernden Gewinne der Banken beschneiden und überhaupt der »ungerechten Verteilung der materiellen Güter« ein Ende bereiten will. Diese Verknüpfung von sozialistischen und feministischen Ideen hat vielen Frauenrechtlerinnen nicht gefallen.

Eine Scharlatanin mit dubioser Vergangenheit, Anhängerin der freien Liebe mit höchst unmoralischen Ansichten, eine Revolutionärin, die auch in Amerika einen gefährlichen und gewalttätigen Umsturz wie in Paris herbeiführen will – das war ungefähr der Ruf, den Victoria Woodhull hatte, als im Mai 1871 beide Frauenorganisationen ihre Jahreskongresse in New York veranstalteten: Die fortschrittlicheren *Nationalen* um Cady-Stanton und Anthony in Apollo Hall (in der Nähe des Madison Square), die konservativen *Amerikanischen* um Lucy Stone und Mary Livermore in Steinway Hall. Noch ein Jahr zuvor waren die *Nationalen* von den Medien fast völlig ignoriert worden. Diesmal, das war schon vorher klar, würde das ganz anders sein: Denn diesmal war Victoria Woodhull ihre Hauptrednerin, und Victoria Woodhull konnte man nicht so leicht ignorieren. Sie war zwar umstritten, aber sie stand im Mittelpunkt des öffentlichen Interesses, und genau deshalb wollten Cady-Stanton und Anthony sie ja zur Führungsfigur aufbauen. Aber dazu mussten die Gemüter beruhigt werden. Strategisch klug platzierte Elizabeth Cady-Stanton, die Victoria Woodhull erst jetzt persönlich kennen lernte, sie zwischen sich selbst und die altehrwürdige Lucretia Mott, »um ihr Respektabilität zu verleihen«, wie sie sagte. Trotzdem gab es auch unter den Frauenrechtlerinnen der *Nationalen* starke Vorbehalte gegen Woodhull. Einige Frauen weigerten sich sogar, in ihrer Nähe zu sitzen. Dennoch dominierte sie das Treffen; sie war es, für die sich die zahlreichen Journalisten und Reporter interessierten.

Und wieder einmal überzeugte Victoria Woodhull mit ihrer persönlichen Präsenz, ihrem Charisma und ihrem Enthusiasmus. Ihre Rede riss die Delegierten mit. Woodhull tat einfach so, als hätten die Frauen das Wahlrecht längst, und beschäftigte sich vor allem mit der Frage, wie sie dieses Werkzeug nun am besten nutzen sollten: »Ich hatte ausreichend Gelegenheit, den wahren Wert der gegenwärtigen politischen Parteien kennen zu lernen, und ohne Zögern erkläre ich es als meine feste Überzeugung, dass, wenn sie dieses Land in den nächsten zwanzig Jahren so schlecht regieren wie in den letzten zwanzig, unsere Freiheiten verloren gehen und die errungenen Rechte weggespült werden von Blutströmen, wie sie nicht einmal der letzte Krieg hervorgebracht hat.« Die Republikaner, so Woodhull, seien korrupt und bestechlich, die Demokraten hätten sich noch immer nicht von den Sklavenhaltern in den Südstaaten distanziert. »Deshalb ist es meine feste Überzeugung, dass es selbstmörderisch für Frauen ist, sich einer der beiden Parteien anzuschließen. Ich weiß genau, dass viele von Ihnen mir an diesem Punkt widersprechen würden. Aber es ist meine Pflicht, zu dem zu stehen, was meiner Meinung nach die wahren Interessen meines Geschlechts und, durch die Frauen, auch die der Menschheit sind.«

Diese Rede wurde später in den Zeitungen »die große Sezessions-Rede« genannt, und zwar deshalb, weil sich die Frauenrechtlerinnen hier erstmals offiziell von den bestehenden Parteien lossagten. Woodhulls klare und einfache Worte brachten das Publikum auf ihre Seite, auch die Skeptikerinnen. In der bis auf den letzten Platz besetzten Apollo Hall gab es stehende Ovationen, und Lucretia Mott drückte Victoria Woodhull anschließend demonstrativ an die Brust. Auch inhaltlich schlossen sich die Frauen Victorias Auffassungen weitgehend an. Sie verabschiedeten eine Resolution für die Abschaffung der Ehegesetze, in der auch von »freier Liebe« die Rede war – eingebracht wurde sie von Paulina Wright Davis, aber vermutlich stammte sie von Stephen Pearl Andrews, der selbst am Kongress nicht teilnahm, weil seine Frau Esther ein paar Tage vorher gestorben war. Darin heißt es: »Alle Gesetze sollen abgeschafft werden, die von der Regierung genutzt werden, um sich in das Recht erwachsener Individuen einzumischen, ihr Glück so zu verfolgen, wie sie es wünschen. Damit wird der Verkehr von Personen untereinander in die Verantwortung ihrer individuellen Ehre gestellt.« Natürlich löste das Ganze schwere Kritik von Seiten der *Amerikanischen* aus, die entgegenlautende Resolutionen verabschiedeten, was Susan Anthony in ihrem Tagebuch so kommentierte: »Das Treffen der Amerikanischen Frauenwahlrechts-Vereinigung verabschiedet Resolutionen, die besagen, dass sie keine Free Lovers sind. Warum nicht auch eine, die sagt, die Menschen seien keine Diebe und Mörder?«

Aber Victoria Woodhulls erfolgreicher Auftritt bei diesem Kongress brachte ihr lediglich einen Aufschub. »Jede Kette ist nur so stark wie ihr schwächstes Glied«, hat sie selbst einmal ihr Problem kommentiert, »und das schwächste Glied war diese Familie«. Denn auch wenn Victoria Woodhull nun duftendes Briefpapier benutzte, sich Tischmanieren zugelegt und eine gewähltere Ausdrucksweise angewöhnt hatte, so blieb ihre Familie doch das, was sie war. Die Claflins genossen zwar den neuen Wohlstand und den Luxus, den er ermöglichte, mit den politischen Ambitionen Victorias konnte jedoch außer Tennessee niemand in der Familie etwas anfangen. Mutter Annie hatte von Anfang an keinen Zweifel daran gelassen, dass sie James Blood nicht ausstehen konnte. Erst hatte er Victoria und Tennessee mit all den besser gestellten Herren und Damen bekannt gemacht, die nun im Leben ihrer Töchter wichtiger waren als die eigene Familie, dann hatte er ihnen lauter Flausen in den Kopf gesetzt, so dass sie nun nach Washington reisten, Vorträge hielten, Bücher schrieben – alles Dinge, die aus Sicht von Annie keinen unmittelbaren Nutzen brachten. Unterstützung fand sie bei ihren anderen Töchtern Utica und Polly, die auf die Erfolge und das Ansehen ihrer Schwestern neidisch waren. Dass James Blood wesentlich zum finanziellen Wohlstand der Claflins beitrug – schließlich bewältigte er einen Großteil der Alltagsarbeit bei *Woodhull, Claflin & Co.* –, schien nicht zu seinen Gunsten in die Waagschale zu fallen. Für Annie stand fest: James Blood hatte ihr die Töchter weggenommen.

Als diese Überzeugung bei ihr schließlich zur fixen Idee geworden war, setzte sie alles daran, ihn zu vergraulen. Natürlich war ihr klar, dass sie dann wieder andere Geldquellen finden müsste. Und sie tat das Dümmste, was ihr in dieser Situation einfallen konnte: Sie schrieb einen Erpresserbrief an Cornelius Vanderbilt. Als Tennessee dahinter kam, erklärte ihre Mutter ihr ganz naiv, sie wolle doch nur Geld zusammenbekommen, damit die Familie nach Ohio zurückkehren könne. Natürlich war das so ziemlich das Letzte, was Tennessee und Victoria wollten. Die Angelegenheit war heikel: Vanderbilt war schließlich nicht irgendwer. Es war höchst gefährlich, sich mit ihm anzulegen. Tennessee platzte der Kragen – sie setzte ihre Eltern, Polly und deren Gatten Benjamin Sparr kurzerhandvor die Tür. Sie

»Der Himmel ist mein Zeuge.«
Victorias Mutter, Annie Claflin, 1874

mietete ihnen zwar eine Wohnung, aber in ihrem eigenen Haus wolle sie sie nicht mehr sehen, erklärte sie kategorisch. Doch der Schaden war angerichtet: Vanderbilt, empört über Annies Brief und selbst ein Hitzkopf, brach nun jede Verbindung zu den Claflin-Schwestern ab.

Das Ganze hatte sich nur wenige Tage vor dem Frauenkongress in New York abgespielt – ein denkbar schlechter Zeitpunkt. Zudem war Annie Claflin nicht der Typ, der sich einem solch ungebührlichen Verhalten ihrer jüngsten Tochter beugte. Just am Eröffnungstag des Kongresses war in der *New York Times* zu lesen, dass Roxanna Claflin, die Mutter der umstrittenen Präsidentschaftskandidatin und Frauenrechtlerin Victoria Woodhull, eine Strafanzeige gegen Woodhulls Ehemann James H. Blood gestellt habe mit der Begründung, er habe »ihre Töchter Victoria und Tennessee bestochen« und sie »völlig ihrer liebenden und untröstlichen Mutter entfremdet«. Außerdem gab Annie Claflin zu Protokoll, sie habe »oft gehört, dass Blood Tennessee angestiftet habe, es darauf anzulegen, die Aufmerksamkeit verschiedener wohlhabender, verheirateter Herren auf sich zu lenken, mit dem Vorhaben, daraus Geld zu ziehen.« Diese Männer, »wenn sie erst einmal in die Falle gegangen sind, werden dann von Blood erpresst.« Schließlich sagte Annie aus, dass das Haus ihrer Töchter ständig überfüllt sei mit Frauenrechtlerinnen, Kommunisten und Anhängern der freien Liebe. Die Verhandlung war für den 15. Mai angesetzt. An diesem Tag war das Gerichtsgebäude mit Neugierigen überfüllt. Annie Claflin erklärte dem Richter – und die Reporter notierten fleißig mit: »Meine Töchter waren gute Töchter, bevor sie sich mit diesem Blood einließen. Er hat mehrmals mein Leben bedroht. Er sagte, er würde nicht zu Bett gehen, bevor er seine Hände nicht in meinem Blut gewaschen hat. Er ist einer von denen, deren Taschen keinen Boden haben. Du kannst alles Geld von New York hineinstopfen, aber sie werden niemals voll. Wenn meine Töchter nur diesen Mann wegschicken würden, wie ich es ihnen gesagt habe, wären sie Millionärinnen.« An dieser Stelle drückte Annie theatralisch die Bibel an die Brust und fuhr fort: »Ich sage hier, und der Himmel ist mein Zeuge, dass in diesem Haus die schlimmste Bande von Kommunisten und Free Lovers zusammenkommt, die es je gegeben hat, Stephen Pearl Andrews, Dr. Woodhull und der ganze Dreck.« Schwester Polly war die nächste im Zeugenstand und sagte aus, sie habe zwar nicht gesehen, dass Blood ihre Mutter körperlich bedroht habe, aber Tennie und Victoria hätten den Geist von Demosthenes angerufen, der ihrer Mutter gedroht habe, sie werde in eine Irrenanstalt geschickt, wenn sie so weitermache.

Die nächste Zeugin war Victoria selbst. Sie wurde vor allem nach ihrer Ehe mit Canning Woodhull befragt und danach, warum sie sowohl mit ihm als auch mit ihrem gegenwärtigen Ehemann James Blood unter einem Dach lebe. Sie antwortete ruhig und beherrscht, und es hatte den Anschein, mit ihrer Ausstrahlung und ihrer Persönlichkeit werde sie sogar diese schwierige Situation meistern. Auch James Blood machte im Zeugenstand eine gute Figur. Seine Aussage druckten die Zeitungen, die hier eine Sensation witterten, wörtlich nach: »War Frau Woodhull geschieden, als Sie sie heirateten?« – »Ich weiß es nicht.« – »Wurden Sie später von Frau Woodhull geschieden?« – »Ja, 1868 in Chicago.« – »Wie lang waren Sie getrennt?« – »Wir waren niemals getrennt, wir haben weiter zusammengelebt.« – »Wann haben Sie wieder geheiratet?« – »Ich bin mir nicht sicher.« – »Haben Sie Dr. Woodhull getroffen?« – »Ich sehe ihn jeden Tag, wir leben im selben Haus.« – »Bewohnen Sie und Frau Woodhull und Dr. Woodhull dieselben Zimmer?« – »Die Firma Woodhull, Claflin und Co. unterstützt sie alle. Frau Woodhulls Sohn ist krank, seit er klein ist. Er braucht die medizinische Behandlung und Unterstützung seines Vaters.« Bei diesem Dialog hätte man im Gerichtssaal eine Stecknadel fallen hören, aber sowohl Victoria als auch James Blood war es gelungen, die Situation halbwegs unter Kontrolle zu halten.

Wer den Skandal aber schließlich perfekt machte, das war Tennessee. In dem Versuch, sich selbst von jeder Schuld rein zu waschen, gab sie einen tiefen Einblick in die Lebensformen der Claflins. Zunächst versuchte sie, die Schuld auf Pollys Ehemann abzuschieben: »Meine Mutter und ich sind immer miteinander klargekommen, bis Sparr in unser Haus kam. Benjamin Sparr hat versucht, Leute zu erpressen, und dazu meine Mutter benutzt.« Der Richter wollte sie unterbrechen, doch Tennie holte einen Packen Briefe aus ihrer Handtasche und rief: »Man hat mich beschuldigt, Leute zu erpressen. Ich habe hier eine Menge Briefe, die angeblich meine Mutter geschrieben hat, um verschiedene Leute in dieser Stadt zu erpressen. Meine Mutter kann weder lesen noch schreiben. Sie wurden alle von diesem Mann, Sparr, geschrieben.« Weiter ins Kreuzverhör genommen, kam es bei Tennessee zu einem emotionalen Ausbruch: »Ich war immer die Märtyrerin dieser Familie. Ja, seit ich elf Jahre alt war, musste ich wahrsagen, und seit ich 14 war, habe ich 30 oder 35 Schnorrer ausgehalten. Ich bin eine Hellseherin, ich bin eine Spiritistin. Ich kenne meine Macht. Ja, ich habe eine Menge reicher Leute reingelegt, das gebe ich zu. Aber ich habe es getan, um Geld zu machen und um all diese Schnorrer aushalten zu können. Ich habe ein schreckliches Leben geführt, und weil ich nicht dahin zurück will und meine jetzige Position nicht aufgeben will, werde ich verfolgt.« Der Richter rief die Anwälte zu sich, und während sie redeten, sprang Tennie vom Zeugenstand herunter zu ihrer Mutter und umarmte sie. Polly versuchte die beiden zu trennen und Blood ging zu Tennie und tat sein Bestes sie zu beruhigen.

James Blood wurde zwar freigesprochen, aber natürlich war das alles ein gefundenes Fressen für die Zeitungen – und natürlich erst recht für Victorias Gegnerinnen in der Frauenrechtsbewegung. Die Hauptschlagzeile lautete: Bekannte Frauenrechtlerin gibt offen zu, dass sie mit zwei Ehemännern unter einem Dach lebt! Nun überschlugen sich die Meldungen und Enthüllungen aus Victoria Woodhulls mysteriöser Vergangenheit. Reporter verfolgten die Ereignisse zurück bis zu Buck Claflins angeblicher Brandstiftung und seiner Unterschlagung bei der Post in Homer. Auch die alte Anklage gegen Tennessee wegen Totschlags in Ottawa und des Betreibens eines Bordells in Chicago blieb ihnen nicht lange verborgen. Horace Greely, einer der wichtigsten Journalisten der Stadt, giftete in der *Tribune* über Woodhull, sie sei »eine, die zwei Ehemänner nacheinander hat, mit denen sie im selben Haus wohnt, wobei sie das Bett mit dem einen teilt, aber den Namen des anderen trägt (vielleicht, damit sich keiner zurückgesetzt fühlt).« Die Polemik von Horace Greeley war besonders delikat, denn er war der demokratische Präsidentschaftskandidat für die Wahlen 1872 – und anders als Victoria hatte Greeley echte Chancen, gewählt zu werden.

Für die Frauenrechtlerinnen um Elizabeth Cady-Stanton und Susan Anthony verschärfte sich die Lage durch diese Enthüllungen aus Woodhulls Privatleben. Gerade erst hatten sich die *Nationalen* bei ihrem Kongress noch einmal ganz dezidiert hinter Victoria Woodhull gestellt – und nun das! Eine Zeitung brachte das Problem auf den Punkt: »Eine unglückliche Tatsache ist, dass Frau Woodhull sich zu einer prominenten Figur der Frauenwahlrechtsbewegung gemacht hat, und nun, wo ihr schändliches Leben zu Tage gebracht wird, werden die Feinde des Frauenwahlrechts auf sie zeigen als eine

Repräsentantin der Bewegung.« Genau so war es. Nicht nur die konservativen Zeitungen, auch die liberalen kommentierten das Geschehen ähnlich wie der *Independent*: »Frau Stanton, Frau Anthony und Frau Hooker waren dumm, Frau Woodhull einen prominenten Platz einzuräumen.« Sicherlich machten sich Cady-Stanton und Anthony keine Illusionen darüber, dass vieles, was die Presse aus Woodhulls Vergangenheit enthüllte, durchaus der Wahrheit entsprach. Aber die Angriffe hatten ihren kämpferischen Geist geweckt, jetzt ging es ihnen mehr denn je ums Prinzip. Susan Anthony schrieb: »Ich würde jede Prostituierte, die ich finden kann, bei der Hand nehmen, wenn sie den Ungerechtigkeiten dieses Gesetzes entkommen will, das das ganze weibliche Geschlecht der Gnade der Männer ausliefert.« Und Elizabeth Cady-Stanton betonte: »Wir haben schon zu viele Frauen diesem sentimentalen, heuchlerischen Geschwätz über Reinheit geopfert. Es ist eines der wirkungsvollsten Werkzeuge der Männer, um uns zu spalten und zu unterjochen. Der Mann ist es, der die öffentliche Meinung prägt, der die Galgen baut, und uns dann zu Henkerinnen unseres eigenen Geschlechts macht.« Auch Isabella Beecher Hooker hielt, sehr zum Entsetzen ihrer Familie, weiter zu Victoria.

Elizabeth Cady-Stanton war so wütend auf die Frauen der *Americans*, die ihrer Ansicht nach nur billigen Profit aus den Angriffen gegen Woodhull zogen, dass sie vor Victoria persönliche Dinge ausplauderte, die sie von den ach so moralischen Herren und Damen der gegnerischen Seite wusste: Von dem schon seit Jahren andauernden Verhältnis, das Henry Blackwell, der Ehemann von Lucy Stone, mit einer gewissen Abby Patton hatte. Von dem Gerücht, Mary Livermore werde bald ihren Mann verlassen. Und natürlich auch von dem ehrenwerten Prediger Beecher und seinen außerehelichen Eskapaden, deren pikanteste sein Dauerverhältnis mit Lib Tilton war, der Ehefrau des ebenfalls sehr prominenten Journalisten Theodore Tilton.

Wenn Elizabeth Cady-Stanton und Susan Anthony in dieser Zeit versuchten, Victoria Woodhull gegen ihre Verfolger in Schutz zu nehmen, dann zeigt das aber letztlich nur, wie wenig sie von ihr verstanden hatten, wie wenig sie ihre politischen Überzeugungen ernst nahmen. Victoria Woodhull hatte nämlich keineswegs die Absicht, still und brav abzuwarten, bis sich die Wogen glätteten, und zu hoffen, eines Tages vielleicht wieder als »respektabel« zu gelten. Nein! War sie nicht im Recht? Und hatte sie nicht die Mittel an der Hand, um zurückzuschlagen? Als Cady-Stanton und Anthony ihr Details über die wenig moralische Lebensweise prominenter Reformerinnen und Reformer anvertrauten, taten sie das wohl in der Absicht, Woodhulls Selbstvertrauen zu stärken und ihr Mut zu machen, damit sie nicht aufgab. Als anständige Damen, die sie trotz aller Radikalität immer noch waren, konnten sie sich offenbar gar nicht vorstellen, wie gefährlich solche Informationen im Besitz einer Frau wie Victoria Woodhull waren – obwohl Tennessee doch gerade erst im Gerichtsaal in aller Öffentlichkeit vorgeführt hatte, was man in der Familie Claflin üblicherweise tut, wenn man sich in die Enge gedrängt fühlt: Man geht in die Offensive.

Es dauerte auch tatsächlich nicht lange, und im Editorial der *Weekly* war zu lesen: »Ohne behaupten zu wollen, über die Persönlichkeiten irgend eines Zweiges der Frauenbewegung alles zu wissen oder uns auch nur darum zu scheren, haben wir den Verdacht, dass die Frauen dieses so überaus pietätvollen und sensiblen Bostoner Flügels viel mehr zu verbergen haben als ihre offensiver vorgehenden Schwestern von Apollo Hall. Mrs. Livermore: Es ist eine sehr delikate Sache für die, ›die im Glashaus sitzen, mit Steinen zu werfen‹, und Sie wissen sehr gut, dass die meisten Menschen in solch zerbrechlichen Behausungen leben.« Einige Tage darauf druckten die *World* und die *Times* einen offenen Brief von Victoria Woodhull ab, in dem sie schreibt: »Weil ich eine Frau bin und weil ich in vollem Bewusstsein Meinungen vertrete, die sich von der selbsternannten Orthodoxie unterscheiden, deren Unterstützung Männer für sich vorteilhaft finden, fällt mich diese selbsternannte Orthodoxie an, schmäht mich und bemüht sich, mein Leben mit Lächerlichkeit und Unehre zu überziehen. Ich habe nicht vor, mich zum Sündenbock und zum Bauernopfer einer Gesellschaft machen zu lassen, und schon gar nicht von denen, die die Fäulnis ihres eigenen Lebens und ihre schmutzigen Gedanken mit einem heuchlerischen Mantel billiger Bekenntnisse bedecken, und die nur die öffentliche Aufmerksamkeit von sich selbst ablenken wollen, indem sie mit dem Finger auf mich zeigen. Ich glaube an den Spiritismus. Ich vertrete die freie Liebe in ihrer höchsten, reinsten Bedeutung als die einzige Heilung von der Unmoral, die die Menschen korrumpiert und die Gottes heiligste Institution, die Beziehung der Geschlechter, entstellt.« Und sie lässt auch keinen Zweifel daran, wen speziell sie dabei im Blick hat: »Meine Richter predigen öffentlich gegen freie Liebe, während sie sie im Ge-

So sah er sich am liebsten: Henry Ward Beecher predigt den Frauen, die bewundernd zu ihm aufschauen.

heimen selbst praktizieren. Zum Beispiel weiß ich von einem Mann in einer benachbarten Stadt, einer Person des öffentlichen Lebens von einiger Bedeutung, der in einem ehebrecherischen Verhältnis mit der Frau einer anderen Person des öffentlichen Lebens von fast ebensolcher Bedeutung lebt. Alle drei eifern um die Wette, wenn es darum geht, öffentlich jeden Bruch der Moral anzuprangern. ›Heuchelei ist der Tribut, den die Sünde der Tugend zahlt‹, sagt man. Das mag sein. Aber ich bin nicht willens, hier als abschreckendes Beispiel zu dienen. Ich werde es mir zur Aufgabe machen, einige dieser Leben zu analysieren, und ich werde meine Chance nutzen.«

Als Victoria Woodhull die vertraulichen Erzählungen von Elizabeth Cady-Stanton und Susan Anthony vernahm, war es nicht das erste Mal, dass sie etwas vom ausschweifenden Sexualleben Henry Ward Beechers hörte. Vor ihrer Rede in Washington, der sie mit großem Lampenfieber entgegensah, hatte Benjamin Butler ihr geraten, sich nicht von den Frauenrechtlerinnen, die sie wegen ihrer Ansich-

Sie galten als Traumpaar:
Theodore und Elizabeth »Lib« Tilton, 1863

ten zur freien Liebe kritisierten, provozieren zu lassen, vor allem nicht von Isabella Beecher Hooker. Ein Kongressabgeordneter, der das mithörte, soll damals gesagt haben: »Es würde diesen Frauen, vor allem einer Beecher, schlecht bekommen, Schmutz auf Frau Woodhull zu werfen, denn ich weiß aus verlässlichen Quellen, dass Henry Ward Beecher jeden Sonntag mindestens zwanzig Geliebten seine Predigten hält.« Nun erinnerte sich Victoria an diese Worte und an ihren Eindruck von damals, dass sie »eher eine dämpfende Wirkung hatten, als dass sie unter den Umstehenden Entrüstung auslösten.«

Dass Beecher Affären hatte, war in der Tat kein großes Geheimnis. Lucy Bowen, die Frau seines Förderers Henry Bowen, hatte ihrem Mann bereits 1862, kurz vor ihrem Tod, gestanden, dass sie ein Verhältnis mit Beecher gehabt hatte, und dass sie nicht die einzige gewesen sei. Bowen hatte dazu aus verschiedenen Gründen geschwiegen: Erstens wollte er in Brooklyn nicht als der Gehörnte dastehen. Außerdem war Beecher seine wichtigste Einkommensquelle – Bowen war einer der Haupteigentümer des Plymouth-Church-Unternehmens und der populäre Prediger Beecher dessen Zugpferd. Es ging dabei um sehr viel Geld. Plymouth Church finanzierte sich neben Spenden vor allem aus steuerfreien Aktien, und der Wohlstand der Kirche hing daher sehr vom Wohlwollen der Aktionäre ab. Statt Beecher öffentlich anzuprangern, beschloss Bowen deshalb, ihn zu erpressen und zwang ihn, in seinen Artikeln im *Independent* verschiedene Produkte anzupreisen, wofür Bowen von den betreffenden Unternehmen dann wiederum Geld kassierte.

Um die Wogen zu glätten, war Beecher damals zu einer Vortragsreise nach England aufgebrochen. Einer seiner Protegées, der junge Journalist Theodore Tilton, übernahm derweil den Posten als Chefredakteur des *Independent.* Tilton war zu der Zeit noch ein begeisterter Anhänger Beechers. Um Tiltons Loyalität für Beecher zu erschüttern, vertraute Bowen ihm das Bekenntnis seiner verstorbenen Frau an. »Manchmal«, sagte Bowen zu Tilton, »glaube ich, das Schweigen brechen zu müssen. Ein Wort von mir, und es gäbe eine Revolution in der gesamten Christenheit. Beecher würde innerhalb von zwölf Stunden von seiner Kanzel und aus Brooklyn verjagt werden.« Doch nichts geschah. Im Gegenteil: Zurück aus England begann Beecher ein Verhältnis mit Tiltons Ehefrau Elizabeth, genannt Lib. Obwohl Tilton selbst eine Geliebte hatte und mit seiner Frau so etwas wie eine offene Beziehung vereinbart war – insofern hatte Victoria Woodhull also durchaus Recht, hier inhaltliche Parallelen zu ihren sozialen Theorien zu sehen –, so war er doch jetzt eifersüchtig und mit dem Verhältnis zwischen Lib und Beecher nicht einverstanden. Aber auch Theodore Tilton konnte gegen den mächtigen Prediger nichts unternehmen, zumal sein eigenes Ansehen durch eine öffentliche Diskussion des Falles ebenfalls Schaden genommen hätte. Ihre Differenzen trugen Beecher und Tilton stattdessen auf inhaltlicher Ebene aus: Henry Ward Beecher unterstützte öffentlich die konservativeren Frauenrechtlerinnen der *Americans*, Theodore Tilton war Ehrenpräsident der *Nationals.* Und in dieser Auseinandersetzung schlug sich der mächtige Henry Bowen auf die Seite Beechers: Er setzte Tilton als Chefredakteur des *Independent* ab, weil seine Ansichten in zu großer Nähe zu unmoralischen Forderungen wie »freier Liebe« stünden. Theodore Tilton wurde dann Chefredakteur der Zeitung *Golden Age.*

Dies war der Stand der Dinge, als Woodhulls offener Brief in den New Yorker Zeitungen erschien. Schon einen Tag später tauchte Theodore Tilton an ihrer Haustür auf und schlug Victoria einen Handel vor: Natürlich könne er als Mann von Einfluss und als Chefredakteur einer wichtigen Zeitung ihr von Nutzen sein – vorausgesetzt, sie hielte sich mit weiteren Anschuldigungen zurück. Tilton lud Woodhull zu sich nach Hause ein, damit sie Lib kennen lernte. Sie sprachen über Frauenrechte, Spiritismus und freie Liebe. Woodhull erklärte den Tiltons, das Problem sei nicht Libs Affäre mit Beecher, sondern die »falschen sozialen Institutionen, unter denen wir leben.« Auch Frank Moulton, ein Freund Tiltons und führendes Mitglied von Plymouth Church, lernte Victoria kennen. Er war überrascht von ihrer »unerwarteten Bescheidenheit« und wollte, dass auch seine Frau Emma Victoria Woodhull kennen lernte. Dieser Bekanntenkreis als solcher trug schon einiges dazu bei, Woodhulls soziales Ansehen zu erhöhen, und sie verzichtete vorerst auf weitere Enthüllungen. Außerdem entwickelte sich zwischen ihr und dem hübschen 35-jährigen Tilton mehr als ein Handel: Die beiden verliebten sich ineinander. Tilton, so zeitgenössische Beschreibungen, war »der perfekte Adonis, in den sich jede Frau mit Gefühl und Bildung auf der Stelle verlieben würde«, »der unbestreitbar beliebteste junge Mann in Amerika«. Er war ein einflussreicher Journalist und Poet, bekannt für seine radikalen Artikel, ein Star der fortschrittlichen Intellektuellenkreise New Yorks und Brooklyns. Doch sein Ruhm stand auf wackligen Beinen: Zwar hatte es Tilton mit seiner Absetzung als Chefredakteur des *Independent* nicht so hart getroffen wie Victoria Woodhull, aber er konnte sich in ihre Lage versetzen: Beide wurden wegen ihrer fortschrittlichen Ansichten angegriffen. Sie war ihm sympathisch – und er ihr offenbar auch. »Eine Frau, die Theodore Tilton nicht lieben kann, muss wirklich unempfänglich sein für all die süßen Impulse unserer Natur. Ich konnte seiner inspirierenden Faszination nicht widerstehen«, erklärte Victoria später einem Reporter.

Theodore Tilton wurde in diesem Sommer 1871 einer der eifrigsten Verteidiger von Victoria Woodhull. In seiner Zeitung *Golden Age* schrieb er, Woodhull habe Anna Dickinson als gefragteste Rednerin in Amerika abgelöst. »Wenn die Frauenbewegung eine Jeanne d'Arc hat, dann ist es dieses freundliche, aber feurige Genie. Wenig verstanden von der Öffentlichkeit, wird sie auf abscheulichste Weise von Leuten verunglimpft, die ihren moralischen Wert nicht zu schätzen wissen.« Ebenfalls in Parallele zu Anna Dickinson, die wegen ihrer natürlichen Körperlichkeit gerühmt wurde, schrieb Tilton über Victoria: »Sie kann reiten wie ein Indianer, auf Bäume klettern wie ein Sportler, sie kann schwimmen, ein Boot rudern, Billard spielen und tanzen. Und schließlich, als Krone ihrer körperlichen Tugenden:

Sie kann den ganzen Tag lang gehen wie eine Engländerin.« Theodore Tilton lieh Victoria Woodhull die Eloquenz seiner Feder auch in anderer Hinsicht. Er schrieb das Woodhull-Memorial um, so dass es besser verständlich war, und er verfasste eine Biografie über sie, oder anders gesagt: Er formulierte ihre Autobiografie aus, wobei er sich auf Notizen stützte, die James Blood bereits angefertigt hatte. Der bewährte sich in jenen Monaten als ernsthafter Anhänger seiner Theorien: Offenbar hatte er keinerlei Einwände gegen die Affäre. Nächtelang erzählte Victoria ihrem neuen Liebhaber die Geschichte ihrer Kindheit und Jugend. Teile davon waren wahr, andere reine Erfindung, aber Tilton notierte alles. Die größten Schwierigkeiten bereiteten dem aufgeklärten, rationalen Intellektuellen dabei Victorias spiritistische Visionen, die Rolle, die die Geister bei ihrer Karriere spielten. Er sträubte und zierte sich, aber Victoria blieb hart: Ein Buch über sie zu schreiben und dabei den Spiritismus auszuklammern, das wäre »dasselbe, als wollte man Hamlet schreiben und den Geist des Vaters weglassen.«

Tilton schrieb also über Victorias Schutzengel, die sie ständig begleiteten, und über ihre jenseitigen Offenbarungen. Er schilderte ihre harte Jugend, ihre festen Überzeugungen, ihren guten Charakter und lobte sie in den höchsten Tönen. Er stellte keine eigenen Nachforschungen an, sondern setzte einfach seinen guten Namen unter Victorias Geschichten und gab ihnen so den Anschein von Objektivität. Doch indem Tilton Victoria Woodhulls Reputation aufbaute, zerstörte er seine eigene. »Dieses Buch ist ein Grab, von dem kein Autor jemals wieder aufersteht«, prophezeite Julia Ward Howe kurz nach Erscheinen der Biografie, und sie sollte recht behalten. Die Zeitung *Harper's Weekly* schrieb: »Wenn die Äpfel dieses Jahr wurmstichig sind und die Trauben schimmelig werden, wenn die Enteneier faulen und kümmerliches Korn eingefahren wird, dann ist das alles dem unheiligen Einfluss von Herrn Tiltons ›Leben der Victoria Woodhull‹ zuzuschreiben.« Ganz Unrecht hatten Tiltons Kritiker nicht. Seine Woodhull-Biografie ist bis zur Absurdität bestückt mit Lobhudeleien und völlig unrealistischen Einschätzungen: »Frau Woodhull, die jetzt eine Kandidatin für die Präsidentschaft der Vereinigten Staaten ist, wird ihren Wunsch, die englische Königin Victoria in Windsor zu besuchen, bis nach ihrer Wahl aufschieben, denn dann wird sie die hübsche Gelegenheit haben, ihre ältere Schwester in der Souveränität – die Mutter unseres Mutterlandes – einzuladen, um ihre schönste Tochter, die Republik des Westens, zu besuchen.« Solcher Unsinn zieht sich durch die Seiten. An anderen Stellen ist die Grenze zur Ironie überschritten, denn man mag kaum glauben, dass Tilton es ernst meint, wenn er schreibt: »Zwei Mal (wie sie unverrückbar glaubt) hat sie in einer Vision Jesus Christus gesehen – sie ist also doppelt so geehrt wie der Heilige Paulus, der seinen Meister nur einmal sah und schon davon überwältigt wurde.«

In diesen Monaten war Theodore Tilton vollkommen davon überzeugt, dass Victoria Woodhull mit ihren Ansichten über freie Liebe recht hatte, und er war entschlossen, sie bei ihrem Feldzug zu unterstützen. Es war nicht nur die Angst vor ihren Enthüllungen über sein Eheleben, die Tilton so handeln ließ. Eine Gefälligkeits-Biografie über Woodhull hätte man nämlich auch anders, zumindest weniger lächerlich und schwülstig, schreiben können. Es hat eher den Anschein, als ob Tilton von seiner Bewunderung für Victoria Woodhull vollkommen überwältigt war. Trotz der Kritik seiner Freunde und Kollegen bekräftigte er nach Erscheinen des Buches in Interviews seine Loyalität zu Woodhull und dass er zu jedem Satz stehe. Den ganzen Sommer über waren die beiden ein Liebespaar. Sie verbrachten die meisten Nächte auf dem kühlen Dach von Victorias Haus, gingen in Coney Island schwimmen und ruderten im Central Park.

Die internationale Arbeiterbewegung

Victoria Woodhull ging in diesem Sommer aber keineswegs nur in ihrer Liebesbeziehung zu Tilton und der Arbeit an ihrer Biografie auf. Nachdem ihr Verhältnis zu den Frauenrechtlerinnen schwierig geworden war, engagierte sie sich jetzt noch stärker in der Arbeiterbewegung. Sie glaubte, dass es dort wichtigere Kooperationspartner für die Zukunft ihrer politischen Ansichten gab. Der Sozialismus hatte ein umfassenderes Programm für soziale Reformen als die Frauenrechtlerinnen, die sich nur auf das Frauenwahlrecht beschränkten. In der Arbeiterbewegung ging es um soziale Fragen in einem weiteren Sinn, um das Problem der Armut, um Bildung, Gesundheitsfragen, politische Mitbestimmung, die Wirtschaft. Hier war auch Victorias einfache Herkunft keine Schande, im Gegenteil, so wies sie sich doch als authentische Vertreterin des Proletariats aus. Außerdem war die Arbeiterbewegung international vernetzt, hatte ihre Wurzeln in Europa, was nicht nur Victorias Vorstellungen von einer weltweiten Ausrichtung der Politik entgegen kam, sondern auch eine größere Unabhängigkeit von nationalen amerikanischen Befindlichkeiten gewährleistete. Victoria Woodhull schloss sich der *Ersten Internationalen Arbeiter-Assoziation* an, auch bekannter als die *Erste Internationale.* Das war ein 1864 in London gegründeter Dachverband der europäischen Arbeiterbewegung, der seinen Schwerpunkt vor allem in England, Frankreich und der Schweiz hatte; es schlossen sich aber auch Arbeitergruppen und Gewerkschaften aus Deutschland, Spanien, Italien und fast allen anderen europäischen Ländern an. Die berühmtesten Mitglieder der Internationale waren die deutschen Kommunisten Karl Marx und Friedrich Engels (die damals im Londoner Exil lebten), sowie der russische Anarchist Michael Bakunin (der in der Schweiz lebte). Die Internationale bestand aus einzelnen lokalen Sektionen, die meistens in Landesföderationen zusammenarbeiteten. Einmal im Jahr fand ein internationaler Kongress statt, zu dem alle Sektionen Delegierte entsenden konnten. Auf diesen Kongressen wurden die programmatischen Grundlagen der Internationale diskutiert und ausformuliert. Dazwischen führte ein Generalrat die laufenden Geschäfte, der seinen Sitz in London hatte und von Marx und Engels dominiert wurde.

In den USA war es der Internationale bis dahin kaum gelungen, Fuß zu fassen. Die amerikanischen Gewerkschaften brachten nur wenig Begeisterung für eine Zusammenarbeit mit den Arbeitern in Europa auf und schlossen sich der Internationale nicht an. Nur die europäischen Einwanderer hatten in einigen amerikanischen Großstädten kleine Internationale-Sektionen gegründet, meistens nach Nationalitäten organisiert, aber das waren kleine private Diskussionszirkel, ohne Kontakt zu den amerikanischen Arbeitern und Arbeiterinnen, und sie wurden von den Zeitungen kaum beachtet. Viele ihrer Mitglieder sprachen nicht einmal Englisch. Im Dezember 1870 gründeten die New Yorker Sektionen nach europäischem Vorbild zwar ein US-amerikanisches Zentralkomitee, das jedoch mit dem entscheidenden Nachteil behaftet war, keinerlei amerikanischen Mitglieder zu haben. Erst im Frühjahr 1871, im Zusammenhang mit der Pariser Kommune, rückte die Internationale auch in Amerika ins Rampenlicht, denn man war allgemein der Meinung, die Organisation sei der eigentliche Drahtzieher hinter diesem Aufstand in Frankreich.

Vielleicht wollten sie diese Aufmerksamkeit ausnutzen, jedenfalls gründeten Victoria Woodhull, Tennessee Claflin, Pearl Andrews und weitere Freundinnen und Freunde gleich zwei Sektionen der Internationale, die Sektionen 9 und 12. Es waren die ersten in den USA, die auch tatsächlich amerikanische Mitglieder hatten. Beide Sektionen entsandten auch umgehend Delegierte in das New Yorker Zentralkomitee. Natürlich berichtete *Woodhull and Claflin's Weekly* ausführlich darüber und griff in den folgenden Monaten immer wieder Themen aus dem Bereich der Internationale und der Arbeiterbewegung auf. Die *Weekly* war die erste englischsprachige Zeitung in den USA, die in nennenswertem Ausmaß über die Internationale schrieb, und zunächst waren die Sozialisten froh über diese unverhoffte Unterstützung. Friedrich Sorge, der Vorsitzende der deutschen Sektion, schrieb, dass die Sektion 12 »ziemlich geschickt« die Internationale in der New Yorker Öffentlichkeit bekannt machte und über die *Weekly* »in den diesem Blatt zugänglichen Kreisen eine günstige öffentliche Meinung wachzurufen« suchte. Auch die deutschen Behörden schienen das zu wissen – jedenfalls meldete Victoria stolz in der Ausgabe vom 8. Juli: »Der Verkauf der *Woodhull and Claflin's Weekly* ist im ganzen Deutschen Reich verboten. Kaiser Wilhelm ist offenbar entsetzt über das 3 000 Meilen entfernte Echo der Wahrheit und der Gedankenfreiheit.«

Es war aber keineswegs so, dass sich Victoria Woodhull der Internationale einfach nur anschloss; viel eher wollte sie, dass die Internationale sich *ihr* anschloss. Sie verstand die Arbeiterbewegung als eine weitere Plattform, um ihre politischen Überzeugungen zu verbreiten. Entsprechend sah auch das Programm der Sektion 12 aus. In einem Grundlagenmanifest, veröffentlicht im August 1871, heißt es: »Das Endziel der Internationale ist einfach, den männlichen und weiblichen Arbeiter durch Eroberung der politischen Macht zu emanzipieren. Es schließt ein: zuerst die politische Gleichheit und soziale Freiheit beider Geschlechter. Politische Gleichheit bedeutet die persönliche Teilnahme eines jeden an der Vorbereitung, Verwaltung und Ausführung der Gesetze. Soziale Freiheit bedeutet vollständige Sicherstellung vor aller und jeder ungehörigen Einmischung in alle Angelegenheiten rein persönlicher Natur, zum Beispiel religiöse Überzeugung, das Geschlechtsverhältnis, Kleidertracht usw.«

Dieses Programm entsprach aber keineswegs den Vorstellungen der anderen Internationale-Sektionen in New York. Besonders verärgert waren die Deutschen. Wütend schimpfte Friedrich Sorge in Briefen an den Londoner Generalrat über »die Fälschung der Bewegung, gegen die Verunglimpfung des guten Namens der Organisation durch das kleinbürgerliche Gelichter.« Er ärgerte sich, dass die Sektion 12 so tat, als stünde sie für die ganze Internationale – was ihr leicht fiel, da sie mit der *Woodhull and Claflin's Weekly* über eine eigene Zeitung verfügte, die anderen Sektionen aber nicht. Es kam schon bald zu einem offenen Streit zwischen der deutschen Sektion und der Gruppe um Woodhull, wobei sich die anderen Sektionen mehr oder weniger einer der beiden Gruppen zuordneten. In London bemühte man sich zunächst um eine pragmatische Lösung: Karl Marx korrespondierte mit den deutschen und jeweils ein anderes Generalratsmitglied mit den französischen und englischsprachigen Sektionen. Friedrich Engels schrieb: »Der Sorge ist ein busybody, der vergisst, dass der Generalrat außer dem amerikanischen Krakeel auch andre Sachen zu tun hat. Erst nehmen sie mit unbegreiflichem Leichtsinn eine Masse unbekanntes Gesindel auf, und nachher, wenn der Skandal da ist, sollen wir sie herausfressen.« Aber aus London gab es keine weiteren Einwände, und vorerst war die Internationale für Victoria Woodhull ein geeignetes Feld, um ihre Politik weiter voranzutreiben.

Auch ihren Kampf für das Frauenwahlrecht und die Präsidentschaftskandidatur verlor Woodhull nicht aus den Augen. Im November 1871 standen in New York Kommunalwahlen an, wofür sich alle Wahlberechtigten zunächst registrieren lassen mussten. Victoria und Tennessee beschlossen, ein Exempel zu statuieren und auf ihrem Wahlrecht zu bestehen. Tatsächlich wurden ihre Namen ohne weiteres in die Liste der registrierten Wahlberechtigten aufgenommen. Vier Tage später, am Tag der eigentlichen Wahlen, versammelte sich ein Dutzend Frauen bei den Schwestern zu Hause, um gemeinsam wählen zu gehen. Natürlich hatten sie auch die Presse über ihr Vorhaben informiert und verschiedene New Yorker Zeitungen berichteten darüber. Tennessee verlas vor der Gruppe die 14. und 15. Wahlrechtsänderung – zur Selbstvergewisserung, dass das Gesetz auf ihrer Seite sei –, und anschließend zog die kleine Gruppe zum Wahllokal. Zu ihrer Unterstützung hatten sie einen Richter namens Reymart dabei, der Woodhulls Auslegung des Gesetzes juristisch bestätigen sollte. Der Wahlleiter weigerte sich aber erwartungsgemäß, die Stimmzettel der Frauen anzunehmen, und es kam zu einem juristi-

Politische Demonstration im November 1871:
Victoria Woodhull geht wählen.

schen Disput zwischen ihm, den Schwestern und dem mitgebrachten Richter, der am nächsten Tag vollständig in den Zeitungen wiedergegeben wurde. Aus der Ablehnung ihres Stimmzettels machten Woodhull und Claflin dann eine Klage gegen den Staat New York, die Reymart vor Gericht einbrachte.

Unterdessen gingen die Angriffe der konservativeren Frauenrechtlerinnen gegen Victoria Woodhull weiter. Besonders eifrig dabei war Harriet Beecher Stowe. Als berühmte Schriftstellerin, deren Texte überall bereitwillig abgedruckt wurden, schrieb sie für die auflagenstarke Zeitung *The Christian Union* einen fiktiven, humoristischen Fortsetzungsroman mit dem Titel »Meine Ehefrau und ich«, in dem sie Victoria Woodhull in der Figur der skrupellosen Abenteuerin und Zeitungsbesitzerin Audacia Dangyereyes karikierte. Die geschilderten Begebenheiten hielten sich so nah an die Realität, dass kein Zweifel bestehen konnte, wer die Vorlage für diese Hauptfigur war und was Harriet Beecher Stowe von ihr hielt: Audacia rauchte, trank, verhielt sich sexuell freizügig und attackierte »Christentum, Ehe, Familie und alle menschlichen Gesetze und Ordnungen.« Und ihre Zeitung war eine Ansammlung »der wildesten Prinzipien des

Karikatur der Woodhull – die skrupellose Audacia Dangyereyes aus einem Roman von Harriet Beecher Stowe

modernen französischen Kommunismus« und »von derselben Art Schreibe, die den Pöbel Frankreichs indoktriniert hat.«

Beecher Stowes Schwester Catharine besuchte Victoria sogar einmal in New York. Anders als Harriet hielt Catharine ihren jüngeren Bruder für das unschuldige Opfer einer böswilligen Diffamierungskampagne. Während Harriet klar war, wie gefährlich Victoria Woodhull werden könnte, wollte Catharine die vierzig Jahre Jüngere belehren, ihr erklären, warum ihre politischen Inhalte falsch und nicht im Interesse der Frauen wären. Aber Victoria Woodhull zeigte sich wenig beeindruckt von der berühmten Haushaltsratgeber-Autorin Catharine Beecher. Sie verspürte keine Lust, im häuslichen Kreis zu wirken, auf die Gesellschaft nur indirekt über den weiblichen Einfluss auf Ehemänner und Kinder einzuwirken, sich mit dem harten weiblichen Schicksal abzufinden und das beste daraus zu machen, wie Beecher es den Frauen empfahl. Außerdem fühlte sie sich bevormundet und nicht ernst genommen: Ihre Unterhaltung, sagte sie später, sei weniger ein Gespräch als eine Predigtstunde gewesen. Um den

Belehrungen zu entgehen, konfrontierte sie Catharine Beecher mit dem ehebrecherischen Verhalten ihres Bruders: »Viele großartige Menschen haben meine Theorien von sozialer Freiheit bereits akzeptiert und leben entsprechend, auch wenn sie noch nicht bereit sind, sie wie ich offen zu vertreten. Sie sprechen mit Abscheu von freier Liebe, während Ihr eigener Bruder, Henry Ward Beecher, der mächtigste Prediger in Amerika, sie schon offen praktiziert. Ich verurteile ihn nicht, ich applaudiere ihm. Ich wünschte nur, er hätte den Mut, mir bei meiner Überzeugungsarbeit beizustehen.« Aber Catharine leugnete den Ehebruch ihres Bruders und glaubte, Woodhull sei »entweder verrückt oder das unglückliche Opfer böser Geister« – eine Bemerkung, die Victoria postwendend zurückgab: »Catharine Beecher dachte, die bösen Geister, die sie herbeirief, wären meine gewesen, und sah nicht, dass es ihre eigenen waren. Sie war trunken davon.« Nach diesem Treffen nutzte auch Catharine Beecher all ihren Einfluss, um gegen Woodhull Stimmung zu machen. Victoria und Tennessee waren für die jetzt nur noch »diese zwei Prostituierten«.

Von den dauernden Angriffen der Becher-Schwestern verärgert, beschloss Victoria Woodhull, mit Henry Ward Beecher direkt zu verhandeln: Sie wollte, dass er seine Schwestern dazu brachte, ihre Angriffe einzustellen, und sie wollte, dass er selbst etwas von dem Schaden, den sie angerichtet hatten, wieder gut machte. Denn dass sie nun die Unterstützung von Theodore Tilton hatte, war zwar schon etwas, ein Lob aus dem Mund von Henry Ward Beecher wäre aber natürlich noch viel besser gewesen. Der berühmte Prediger aber ließ sich trotz mehrerer Überredungsversuche von Seiten Tiltons und Moultons nicht dazu bringen, mit Victoria Woodhull zu sprechen oder sie gar öffentlich zu unterstützen. Doch Victoria ließ sich nicht hinhalten. Bald erschien erneut ein Artikel in *Woodhull and Claflin's Weekly,* in dem zu lesen war: »Gegenwärtig werden herkulische Anstrengungen unternommen, um den erschreckendsten Skandal zu vertuschen, der jemals eine Gemeinschaft in Staunen versetzt und erschüttert hat. Es geht dabei um abgelegte Ehemänner, Ehefrauen und Geliebte, uns sind die Daten, Umstände und Orte bekannt.«

Angesichts dieser unverblümten Drohung willigte Beecher schließlich ein, Victoria Woodhull im Haus der Tiltons zu treffen. Zwei weitere Treffen folgten. Beecher versuchte, seinen viel gerühmten Charme auch bei Victoria auszuspielen. Er gestand, dass es auch in Plymouth Church einen kleinen Raum mit einem Tisch für spiritistische Sitzungen gebe. Er kokettierte damit, dass er früher selbst einmal mit dem Mesmerismus experimentiert habe. Laut Woodhull räumte Beecher dabei auch ein, dass er im Bezug auf freie Liebe die gleichen Ansichten hegte wie sie. Das könne er aber nicht öffentlich zugeben, denn sonst müsse er vor leeren Sälen predigen. »Milch für Babies, Fleisch für starke Männer« – das war sein Vergleich. Er gehe eben gerade so weit, wie es den Menschen zumutbar sei. Doch Victoria Woodhull wollte Beecher für ihre Mission gewinnen, und er machte ihr wohl tatsächlich Hoffnungen, wenn auch nur, um Zeit zu gewinnen. Aber Victoria glaubte daran. Was sie trotz ihrer Menschenkenntnis nicht sah oder nicht wahrhaben wollte, war, dass Beecher, anders als Tilton, in erster Linie ein Opportunist war. So wie er ihr nach dem Mund redete, tat er es auch bei anderen. Niemals würde er als Verfechter der freien Liebe auftreten. Es brachte ihm aber Vorteile, Victoria genau das glauben zu machen.

Eine Weile ging das gut, aber im November 1871 kam es zur Eskalation. Victoria Woodhull hatte vor, eine Rede in Steinway Hall über »soziale Freiheit« zu halten, und sie wollte, dass Henry Ward Beecher dort ein paar einführende Worte für sie sprach. In einem Brief an Isabella Beecher Hooker äußerte sie sich optimistisch, entweder weil sie tatsächlich dachte, Beecher stehe nun auf ihrer Seite, oder weil sie glaubte, er würde aus Angst vor weiteren Enthüllungen nachgeben. Isabella aber wusste ganz genau, dass ihr Bruder so etwas niemals tun würde. Aber auch in ihrem nächsten Brief schrieb Woodhull, sie halte Henry inzwischen für einen wahren Freund. Soviel Zuversicht machte Isabella argwöhnisch: Wie konnte das sein? Was konnte Victoria Woodhull so sicher machen, dass Beecher sie unterstützen würde? Also schrieb Isabella an Theodore Tilton und fragte, was das alles zu bedeuten habe. Tilton antwortete ihr nicht – was hätte er auch antworten können: dass Woodhull Beecher erpresste? Genau so wird es nämlich gewesen sein. Als Victoria Woodhull sich darüber klar wurde, dass Beechers Freundschaftsbekundungen nur Lippenbekenntnisse waren und dass er nicht im Traum daran dachte, sich öffentlich als ein Anhänger der freien Liebe zu bekennen, setzte sie ihn unter Druck. Sie lancierte weitere Andeutungen über Beechers Lebenswandel in der *Weekly*. Freundinnen schickten diese Zeitungsausschnitte, aus denen klar hervorging, dass hier Erpressung im Spiel war, an Isabella Beecher Hooker, aber die verschloss die Augen – sowohl vor den Verfehlungen ihres Bruders als auch vor der Tatsache, dass ihre geliebte Victoria eine Erpresserin war. Sie erwiderte nur: »Ich weiß nicht, was Frau Woodhull mit dieser Drohung meint, und ich habe auch keine Zeit, sie zu fragen.« Für Hooker war Victoria eine Heilige, eine Gesandte des Himmels: »Ich habe niemals mit ihr über soziale Fragen diskutiert und ich werde das auch nicht tun. Sie ist für mich ein Geheimnis, aber das ist jeder radikale Vordenker für seine Zeitgenossen.«

Beechers andere Schwestern waren da realistischer. Sie verdoppelten nun ihre Anstrengungen, Woodhull unglaubwürdig zu machen. Catharine Beecher schrieb im Vorfeld einer Rede, die Victoria in Hartford halten wollte: »Kann irgend jemand eine Frau unterstützen, die der Meinung ist, wenn eine Ehefrau und Mutter jemand anderen liebt, dann sollte sie ihre Familie für diese Liebe verlassen, und die der Meinung ist, dass eine Frau, die ihre ehelichen Pflichten erfüllt, auch wenn die besondere Liebe verflogen ist, sich der Prostitution schuldig macht?« Die einzige, die Victoria Woodhull in Hinblick auf ihre Unanständigkeit noch übertreffe, sei deren Schwester Tennie Claflin. Doch für Victoria Woodhull waren solche Warnungen nur willkommene Publicity: Das Opernhaus in Hartford war am Abend ihres Vortrags bis auf den letzten Platz besetzt.

Ohne all die Anschuldigungen gegen ihre Person, ohne die Enthüllungen der Presse über ihr Privatleben, ohne die Auseinandersetzung mit den Beechers und das Liebesverhältnis mit Tilton wäre Victoria Woodhull vielleicht nie zu einer Symbolfigur der freien Liebe geworden. Bis zum Frühsommer 1871 hatte dieses Thema bei ihr gar keine herausragende Rolle gespielt. Es ging ihr um Politik, um die Grundlagen der Gesellschaft, um Wirtschaftsfragen und das Engagement der Frauen. »Freie Liebe« war nur ein Punkt unter vielen, weil eben zu ihren Forderungen auch die Abschaffung der Ehegesetze und bessere Arbeits- und Lebensbedingungen für Prostituierte gehörten. Aber nun, im Lauf des Sommers 1871, war er für Victoria beherrschend geworden. Es war der Dreh- und Angelpunkt, an dem sich ihre politische Karriere entscheiden würde.

Der Begriff »freie Liebe« war aber keineswegs neu, sondern eine gängige Bezeichnung für frühsozialistische Theorien. »Freie Liebe« stand vor allem für den Kampf gegen die Ungerechtigkeiten der geltenden Ehegesetze. Ehescheidung war damals in den meisten Staaten der USA zwar erlaubt, aber die damit verbundene soziale Ausgrenzung war noch außerordentlich groß, sodass nur wenige Frauen von dieser Möglichkeit Gebrauch machten. Außerdem sprachen die Gerichte die Kinder grundsätzlich den Vätern zu, sogar wenn diese Männer sich als in höchstem Maße gewalttätig erwiesen hatten. Schließlich waren die Möglichkeiten, Geld zu verdienen, vor allem für Frauen aus der Mittelschicht rar – für sie bedeutete Lohnarbeit einen sozialen Abstieg, während es in der Unterschicht gang und gäbe war, dass Frauen arbeiteten. Daher kamen Scheidungen und Trennungen zwar in Familien wie den Claflins recht häufig vor, mit oder ohne Segen der Behörden lebte man hier zusammen oder trennte sich auch wieder. Aber in der Mittelschicht waren Ehescheidungen sehr selten, und wenn, dann gingen sie fast immer von den Männern aus. Das Hauptargument der »Free Lovers« war nun, dass Männer ja die freie Liebe längst praktizierten, und zwar ohne große soziale Ächtung: Sie trennten sich von ihrer Frau, wann immer sie wollten, gingen zu Prostituierten oder hielten sich Geliebte oder Mätressen. Dieselben Möglichkeiten müssten alle bekommen, wurde also gefordert, auch die Frauen. Die Liebe zwischen Männern und Frauen sollte nur auf gegenseitiger Anziehung und Zuneigung beruhen und nicht mehr gesetzlich geregelt sein. Die Gegnerinnen und Gegner der »Free Lovers« waren aber der Meinung, das führe zu einer Auflösung der Familie und sei eine Gefahr für den Zusammenhalt der Gesellschaft. Die Frauenrechtlerinnen forderten deshalb, dass vielmehr die Männer sich von ihrer unmoralischen Praxis verabschieden sollten.

Victoria Woodhull entschloss sich, die Doppelmoral der Gesellschaft nun auf allen Gebieten zu bekämpfen. Im September griff sie das äußerst heikle Thema Abtreibung auf. Hintergrund waren Versuche, eine bekannte »Praxis für Frauenkrankheiten« zu schließen, die Ann Lohman seit 1867 unter dem Namen Madame Restell an der Ecke Fifth Avenue und 51. Straße betrieb – eine Abtreibungsklinik, wie jeder wusste. Aus irgendeinem Grund war Madame Restell in die Schlagzeilen geraten, und die Medien überschlugen sich mit moralinsauren Reportagen über die Sünde, die hier vor sich ging. »Als ob die Abtreibung nicht eine der feststehenden Institutionen des Jahrhunderts wäre«, kommentierte Victoria Woodhull spöttisch in der *Weekly*, »eine der markantesten Charakteristiken unseres Zeitalters, eines der eindrücklichsten Symptome für die Verkommenheit der gegenwärtigen Gesellschaft.« Tausende von so genannten Gentleman, schrieb Woodhull, seien höchst interessiert daran, dass es solche Praxen gebe, in denen ihren Geliebten, ihren Töchter und Schwestern geholfen wird, wenn sie »in Schwierigkeiten« geraten, um so ihre »Respektabilität« zu wahren. Gerade die verlogenen Moralvorstellungen der Gesellschaft machten Abtreibung in den Augen vieler Frauen zum einzigen Ausweg in einer verzweifelten Lage. »Abtreibung ist nur ein Symptom für eine tiefer liegende Unordnung unserer Sozialstruktur. Sie kann nicht durch das Gesetz bekämpft werden. Normalerweise ist eine Mutter von zehn Kindern gesund, sie kann so jugendlich und schön sein wie eine gesunde Jungfrau. Kinder kriegen ist keine Krankheit, sondern eine wundervolle Möglichkeit der Natur. Aber für unsere erschöpften, kranken und ausgebeuteten Frauen ist es eine furchterregende Pflicht. Fast jedes unserer Kinder ist ungewollt. Abtreibung ist für solche Frauen dann das kleinere Übel.«

Die einzige Möglichkeit, etwas an diesem Zustand zu ändern, so Woodhull, sei mehr soziale Freiheit: Wenn Frauen selbst Geld verdienen könnten, wenn sie nicht lebenslang an ihre Ehemänner gefesselt wären, wenn sie Bildung und medizinisches Wissen hätten, wenn sie über die Sexualfunktionen des Körpers und über Verhütungsmethoden Bescheid wüssten, wenn sie vor allem mehr Selbstbewusstsein hätten – dann würden sie auch seltener abtreiben.

Eine Rede für die freie Liebe

Im November kündigten große Plakate in ganz Manhattan Victoria Woodhulls Rede an. Wie damals üblich, konnte man schon dem sehr ausführlichen Plakattext entnehmen, worum es gehen würde: »Freiheit! Freiheit! Freiheit! Eine grundlegende Analyse der sozialen Beziehungen. Wenn Freiheit in der religiösen und politischen Sphäre gut ist, wer will es wagen, sie in der sozialen Sphäre zu verleugnen? Zu dem ausdrücklichen Zweck, diejenigen Stimmen zum Schweigen und die Federn derer zum Stillstand zu bringen, die sie, aus Dummheit oder aus Absicht, immer wieder falsch wiedergeben, verleumden, beschimpfen und schmähen wegen ihrer offensiven Verteidigung und ihres höchsten Glaubens an Gottes erstes, letztes und bestes Gesetz, wird Victoria C. Woodhull am Montag, 20. November, um acht Uhr abends in Steinway Hall über ›Die Prinzipien der Sozialen Freiheit‹ sprechen, einschließlich der Frage von freier Liebe, Heirat, Scheidung und Prostitution.« Klare Worte also, die keinen

Zweifel aufkommen ließen: Woodhull legte es auf einen Skandal an. Sie hatte den ganzen Sommer über Kräfte gesammelt, ihre Gedanken sortiert, Verbündete gefunden und Gegner und Gegnerinnen ausgemacht. Nun sollte diese Rede sie rehabilitieren und als eigenständige politische Denkerin profilieren, Gerüchte klarstellen und Stellung beziehen lassen. Zum ersten Mal sprach Victoria Woodhull hier nicht vor einem Gremium, einer Partei, einem Kongress oder einer Bewegung, sondern als einzelne Person vor der großen Öffentlichkeit. Victoria C. Woodhull war bereit, der Welt mitzuteilen, was ihre Meinung war und was nicht. Und genau darauf schien ganz New York gewartet zu haben: Obwohl der 20. November ein schmuddeliger Regentag war, platzte Steinway Hall aus allen Nähten. Mehr als dreitausend Menschen waren gekommen, längst nicht alle fanden einen Platz, und es bildeten sich riesige Trauben vor dem Eingang. Alle wichtigen Zeitungen hatten Reporter geschickt, und alle waren gespannt darauf, was Victoria Woodhull zu sagen hätte.

Doch was genau das sein würde, wusste sie selbst noch nicht. Bis zuletzt war sie bereit, Henry Ward Beecher entgegenzukommen, in der Hoffnung, dass er doch noch die einführenden Worte sagen würde. Schon Tage vorher hatte sie ihm den Textentwurf für ihre Rede gegeben und ihn aufgefordert, Änderungsvorschläge zu machen. Doch Beecher antwortete nicht. Am 19. November schickte Victoria ihm einen Brief: »Aus Gründen, die in Ihrem eigenen Interesse genauso liegen wie in meinem, sowie im Interesse der Wahrheit, wünsche ich ein Gespräch mit Ihnen im Lauf des morgigen Tages. Zwei Ihrer Schwestern sind öffentlich aufgetreten, um meinen Charakter und meine Ziele anzugreifen. Ohne Zweifel wissen Sie, dass es in meiner Macht steht, zurückzuschlagen, aber das möchte ich nicht. Ich will nur Gerechtigkeit von denen, von denen ich ein Recht habe sie zu erwarten. Ich wiederhole: Ich muss Sie morgen sprechen, denn ich werde morgen Abend in Steinway Hall sprechen, und was ich dort sagen werde und was nicht, hängt vor allem vom Ausgang dieses Gespräches ab.« Beecher traf Woodhull am späten Nachmittag, doch er blieb bei seiner Weigerung. Er appellierte an ihr Mitleid, versuchte zu erklären, warum er das nicht tun könne, gab zu, ein moralischer Feigling zu sein. Er brach sogar in Tränen aus. Aber er blieb bei seinem Entschluss: Er würde sie nicht einführen.

Victoria Woodhull ließ ihr Publikum an diesem Abend warten, vielleicht in der Hoffnung, Beecher würde seine Meinung noch ändern. Aber er kam nicht. Und so war es schließlich Theodore Tilton, der die Rednerin vorstellte. »Viele Herren wurden gefragt, ob sie diese Einführung übernehmen«, sagte er, »einer nach dem anderen hat abgesagt, vor allem aus zwei Gründen: Erstens wegen Vorbehalten gegenüber dem Charakter der Dame, und zweitens wegen Vorbehalten gegenüber ihren Ansichten. Was ihren Charakter betrifft, so kenne ich ihn, ich glaube an ihn und verbürge mich für ihn. Was ihre Ansichten betrifft, so wird sie sie Ihnen gleich selbst vortragen, und Sie können selbst urteilen. Mag sein, dass sie fanatisch ist, mag sein, dass ich ein Idiot bin. Aber ich wäre lieber fanatisch und ein Idiot zugleich als ein solcher Feigling, dass ich einer Frau das heilige Recht der freien Rede verweigern würde.«

In der Tat: Die meisten seiner Freunde hielten Tilton nach diesem Auftritt vollends für einen Idioten. Dass er Victoria Woodhulls Liebhaber war, mochte ja noch angehen – vermutlich hätten viele Männer wer weiß was dafür gegeben, an seiner Stelle zu sein. Aber schon die geschönte Biografie war schlimm genug. Und sein Auftritt an diesem Abend war der Gipfel. Tilton setzte für Victoria Woodhull viel aufs Spiel – und es ist fraglich, ob er sich an diesem 20. November zum Idioten gemacht hätte, wenn ihm vorher klar gewesen wäre, wie der Abend verlaufen würde.

Denn da Beecher nicht gekommen war, nahm Victoria Woodhull kein Blatt vor den Mund. Sie bot dem Publikum den Skandal, den es haben wollte: »Wäre es nicht christlicher, wenn man einander nicht mehr liebt, zu sagen: Nun, da du mich nicht mehr liebst, geh deines Weges und sei glücklich; wäre das keine höhere, heiligere Liebe?« – »Wenn alle Ehegesetze morgen abgeschafft würden, bestünde all das, was an der heutigen Ehe gut und lobenswert ist, weiter. Gesetze haben in Beziehungen, die auf Liebe gründen, nichts zu suchen.« Aus dem Publikum heraus kamen Fragen, die Victoria zu immer radikaleren Aussagen provozierten: »Würde es Ihnen gefallen, auf die Welt zu kommen, ohne zu wissen, wer Ihr Vater oder Ihre Mutter ist?« – »Es gibt tausende von ehrenwerten Männern und Frauen, die ihre Väter nicht kennen. Und Gott weiß, wie viele uneheliche Männer und Frauen heute Abend hier sind.«

»Sind Sie eine Anhängerin der freien Liebe?« – »Ja, ich bin eine Anhängerin der freien Liebe. Ich habe das unveräußerliche, verfassungsmäßige und natürliche Recht zu lieben wen ich will, so lang oder kurz wie ich kann, diese Liebe jeden Tag zu wechseln, wenn es mir gefällt, und niemand von euch und kein Gesetz hat das Recht, mir das zu verbieten. Was kann schrecklicher sein für eine zerbrechliche, sensible Frau, als gezwungen zu sein, die Gegenwart eines Ungeheuers in Männergestalt zu ertragen, der nichts anderes kennt als blinde Gier, zu der oft noch das Delirium der Trunkenheit hinzu kommt?«

»Es ist mir egal, wo sexueller Handel stattfindet, der auf der Macht des einen Geschlechts über das andere gründet, und ihn oder sie zwingt, sich unterzuordnen gegen die Instinkte der Liebe. Überall da, wo Hass oder Ekel im Spiel ist, sei es in den goldenen Palästen an der Fifth Avenue oder in der schmutzigen Umgebung der Greene Street, überall da ist Prostitution, und alle Gesetze, die tausend Parlamente verabschieden mögen, können daran nichts ändern.« – »Ich kann keinen moralischen Unterschied sehen zwischen einer Frau, die heiratet und mit einem Mann zusammen lebt, nur weil er sie versorgen kann, und einer Frau, die nicht verheiratet ist, aber denselben Preis bezahlt, um versorgt zu sein.« – »Das Gesetz kann zwei Menschen nicht dazu bringen, sich zu lieben. Das ist etwas, das nur die beiden angeht und keine andere lebende Seele hat irgend ein Recht, dazu etwas zu sagen. Wo keine Liebe ist, da sollte es auch keine Ehe geben.«

In diesem Stil ging es zwei Stunden lang weiter. Woodhulls Redemanuskript spielte schon längst keine Rolle mehr, die Worte strömten nur so von ihren Lippen. Hier sprach die authentische Victoria Woodhull, das Kind aus der Gosse, das redete, wie ihm der Schnabel gewachsen war. Sie erzählte Geschichten aus dem prallen Leben, sprach von Sex, von Abtreibung, von Vergewaltigung. »Ich habe ein größeres Recht, über diese Themen zu sprechen«, sagte Victoria, »denn ich habe die freie Liebe mit allen ihren Licht- und Schattenseiten studiert.« Von den gedrechselten Argumenten ihrer Ghostwriter Blood, Butler, Andrews oder Tilton war an diesem Abend nichts mehr zu merken. »Um eine Doktrin zu predigen«, sagte Victoria Woodhull, »musst du das Leben leben.«

An diesem Abend nahm der Begriff der »freien Liebe« eine ganz neue Bedeutung an. Er blieb nicht länger ein theoretisches Konstrukt abgedrehter sozialistischer Schulen. Bei Victoria Woodhull war klar, dass sie solche Theorien nicht nur predigte, sondern auch praktizierte. Wenn sie von Geburtenkontrolle, weiblicher Sexualität, Geschlechtskrankheiten, Prostitution und ähnlichen Themen sprach, dann wusste das Publikum: Das hat sie sich nicht ausgedacht, sondern das hat sie selbst erlebt. Ein Bostoner Verleger engagierte Victoria Woodhull darauf hin, um ein Vorwort für seine englische Ausgabe von Goethes »Wahlverwandtschaften« zu schreiben. Der Mann war in seiner Begeisterung ein Einzelfall. Nach Woodhulls Rede wurde Amerika von einer Freie-Liebe-Panik erschüttert. Alle anständigen Frauen distanzierten sich nun von dieser skandalösen Frau. Der *Herald* schrieb am nächsten Tag von der »erstaunlichste(n) Doktrin, der jemals ein amerikanisches Publikum zugehört hat«, und Henry Bowen kommentierte im *Independent*: »Es war die schmutzigste Versammlung, die jemals in New York abgehalten wurde.«

»Victoria for President«

1871–1872
Victoria und die Kontroversen in der Ersten Internationale, die Gründung der »Partei für gleiche Rechte« und ihre Nominierung zur Präsidentschaftskandidatin

DIE REDE ÜBER FREIE LIEBE in Steinway Hall war in gewisser Weise ein Wendepunkt in Woodhulls Karriere. Sie hatte sich an diesem Abend definitiv entschieden, an ihrem Programm keine Abstriche zu machen, keine Kompromisse mit den gemäßigten Reformerinnen und Reformern einzugehen, sondern sich bis zur letzten Konsequenz der Herausforderung zu stellen: Wenn sie schon wegen ihrer fortschrittlichen Ansichten und Lebensweise diffamiert wurde, dann würde sie nun auch voll und ganz dazu stehen. Sie würde allen »Wohlanständigen« die Stirn bieten und keine Rücksichten mehr nehmen – auf das Ansehen der Frauenbewegung nicht, auf die Reputation Tiltons nicht, und schon gar nicht auf ihre eigene. Sicher hatte ihre Schwester Tennessee an diesem Entschluss einen nicht unbedeutenden Anteil: Sie war ja von Anfang an skeptisch gegenüber der organisierten Frauenbewegung gewesen, hatte von den beiden Schwestern immer eine radikalere Position vertreten. Während Victoria den sozialen Aufstieg in das Mittelklasse-Milieu, die damit verbundene Anerkennung und Wertschätzung der besser gestellten Damen und Herren genoss, hatte das für Tennessee nie eine Versuchung dargestellt. Tennessee war für nichts in der Welt bereit, sich in das Korsett der »Respektabilität« pressen zu lassen. Falls Victoria vor ihrer skandalösen Rede gezweifelt haben sollte, ob es wirklich ein so kluger Schritt wäre, es sich auf diese Weise mit den etablierten Reformbewegungen zu verscherzen, dann war es sicher Tennessee, die solche Zweifel mit aller Entschiedenheit zerstreute.

Auch unter den Sozialisten von der Ersten Internationale kam es nach ihrer Rede über freie Liebe zu Kontroversen über Victoria Woodhull. Schon länger hatten sich vor allem die deutschen Sozialisten darüber beschwert, dass Woodhull und ihre Anhängerinnen und Anhänger Themen in die Arbeiterbewegung hinein brachten, die ihrer Meinung nach dort nichts zu suchen hatten: ganz besonders Frauenrechte und freie Liebe. Inzwischen waren aber auch Karl Marx und Friedrich Engels sensibel für solche Konflikte geworden, denn sie hatten in Europa Probleme, die Internationale ideologisch auf Kurs zu halten. Marx und Engels vertraten einen, wie sie es nannten, »wissenschaftlichen Sozialismus«, der auf Marx' Analyse der kapitalistischen Wirtschaft beruhte. Daraus leiteten sie eine Reihe von politischen Forderungen ab, zum Beispiel nach einer gesetzlichen Regelung der Arbeitszeit, der Gründung von Arbeiterparteien, der Enteignung und Verstaatlichung von Land und Produktionsmitteln. Dieses Programm war aber in der damaligen Arbeiterbewegung keineswegs unumstritten, eigentlich war es sogar eine Minderheitenposition. Eine ganz andere Auffassung hatten nämlich die Anarchistinnen und Anarchisten, von denen Michael Bakunin der bekannteste war: Sie sahen nicht so sehr in den Kapitalisten, also den Unternehmern den Grund für die schlechte Lage der Arbeiter und Arbeiterinnen, sondern vielmehr im Staat, der mit seinen Strukturen – Gesetzen, Polizei und so weiter – es den Unternehmern überhaupt erst ermöglicht, die Arbeiter auszubeuten. Daher wollten sie den Staat abschaffen und waren dagegen, dass sich die Arbeiter, etwa durch die Gründung von Parteien, an diesem staatlichen System beteiligten. Sie waren auch gegen die Verstaatlichung von Produktionsmitteln, sondern betrieben stattdessen die Gründung unabhängiger Kooperativen, wodurch die Arbeiter und Arbeiterinnen gewissermaßen selbst zu Unternehmern werden konnten. Dies waren aber nur die zwei wichtigsten Strömungen in der damaligen Arbeiterbewegung: Neben den Anarchisten und den Marxisten gab es noch eine ganze Reihe weiterer Gruppen und Richtungen, die ganz unterschiedliche Auffassungen vom Sozialismus hatten.

Im Rahmen der Internationale versuchten Marx und Engels jedoch ihre Sichtweise durchzusetzen, und zwar durch entsprechende Beschlüsse des von ihnen dominierten Generalrats. Viele Arbeitergruppen wollten das aber nicht hinnehmen. Vor allem aus Spanien, Frankreich, Italien und der Schweiz kam Widerstand gegen die »autoritäre« Linie von Marx, wie sie es nannten. Endgültig gegen sich aufgebracht hatte Marx diese Gruppen mit der so genannten Londoner Konferenz im September 1871. Bei dieser internationalen Konferenz, zu der wegen der angespannten Lage in Europa nur wenige anarchistische Delegierte gekommen waren, setzte Marx einen Beschluss durch, der es dem Generalrat (also faktisch ihm) erlaubte, unliebsame Sektionen aus der Internationale auszuschließen. Natürlich waren die anderen empört. Es wurde immer klarer, dass sich die Mehrheit der Sektionen in Europa gegen Marx stellte. Daher befürchteten Marx und Engels, auch in den USA könnte nun ein anarchistischer Flügel der Internationale entstehen. Und in der Tat gibt es starke Ähnlichkeiten zwischen dem politischen Programm von Victoria Woodhull und den Ansichten der europäischen Anarchisten und Anarchistinnen, vor allem was ihre Ablehnung staatlicher Einflussnahme angeht. Außerdem war auch in Boston inzwischen eine Sektion der Internationale mit anarchistischen Tendenzen entstanden, der Anarchist Ezra Heywood agitierte mit seinen Vorträgen in den Sektionen verschiedener Städte, und zwei Sektionen in New Jersey galten ebenfalls als anarchistisch geprägt. Auch die französischsprachige Sektion in New York unterwarf sich nicht mehr ohne weiteres den Direktiven der deutschen (marxistischen) Sektion.

Alle diese Gruppen und Sektionen standen mit der Sektion 12 von Victoria Woodhull in Verbindung, und diese »Weiber« mit ihren verrückten Ideen waren für den Marxisten Friedrich Sorge, den Vorsitzenden der deutschen Sektion, auch der Grund für all die Probleme. Ende des Jahres beschwerte er sich beim Generalrat über ein Manifest der Sektion 12, das Anfang November 1871 in der *Weekly* veröffentlicht worden war und in dem im Namen der Internationale, so Sorge, »Stimmrecht und Ämter für die Frauen, freier Geschlechtsverkehr« und weitere »alberne Phrasen« gefordert wurden. Aufgeschreckt von der prekären Situation in Europa, beschloss Marx, kein Risiko einzugehen und auch in Amerika eine harte Linie gegen potenzielle Anarchisten einzuschlagen. Er riet Sorge, die Beschlüsse der Londoner Konferenz nun auch gegen Sektion 12 anzuwenden: »Es ist selbstverständlich, dass der Generalrat nicht in Amerika unterstützt, was er in Europa bekämpft. Die Beschlüsse geben jetzt dem New Yorker Komitee die legalen Waffen, um allem Sektenwesen und Amateurgruppen ein Ende zu machen und im Notfall sie auszuschließen«, schrieb Marx nach Amerika.

Nachdem Karl Marx auf diese Weise grünes Licht gegeben hatte, schloss das von der deutschen Sektion dominierte Zentralkomitee der Internationale die Sektion 12 und einige weitere Sektionen aus. Das führte zur Spaltung der New Yorker Internationale: Sektion 12 und die verbündeten Sektionen gründeten ein eigenes Komitee, das nach seinem Tagungsort Prince Street Council, später Spring Street Council, genannt wurde, während das verbleibende Zentralkomitee um Sektion 1 nach seinen Treffen im Ward Hotel als Ward Council bekannt war. Der Prince Street Council um Victoria Woodhull gab sich auch gleich ein eigenes Programm. Es bestand aus zehn Punkten, in denen neben der »vollständigen Abschaffung aller Klassenherrschaft« und der »vollständigen politischen und sozialen Gleichheit für alle, ohne Unterschied des Geschlechts, des Glaubens, der Farbe und des Standes« auch eine Verringerung der Arbeitsstunden, unentgeltliche Erziehung durch den Staat, Abschaffung der stehenden Heere und das Referendum, also die Bestätigung neuer Gesetze durch Volksentscheide, sowie »die gesellschaftliche Produktion an Stelle des gegenwärtigen Systems der kapitalistischen Produktion« gefordert wurde.

Wenn ihre Gegner gehofft haben mochten, mit der Steinway-Hall-Rede habe sich Victoria Woodhull in der Arbeiterbewegung endgültig unmöglich gemacht, dann täuschten sie sich. Die meisten Sektionen schlossen sich Woodhulls Prince Street Council und nicht dem Marx-treuen Ward-Council an. Und zwar nicht nur die einheimischen englischsprachigen, sondern auch die französischsprachigen Sektionen, außerdem eine italienische und eine spanische sowie sogar zwei deutsche Sektionen. Auch die New Yorker Presse tendierte im allgemeinen dazu, den Prince Street Council für das maßgebliche Komitee der Internationale in New York zu halten. Da sie nun einmal in die innereuropäischen Auseinandersetzungen hineingezogen wurden, suchten Woodhull und die anderen Sektionen des Prince Street Council nun auch offensiv den Anschluss an die europäische Opposition zu Marx und Engels. In Kritik an den Beschlüssen der Londoner Konferenz bekräftigten sie »das unabhängige Recht jeder Sektion, die Kongressbeschlüsse, die Statuten und Verordnungen des Generalrats frei auszulegen, indem jede Sektion für ihr eigenes Auftreten verantwortlich ist« – eine deutliche Solidarisierung mit den anarchistischen Sektionen in Europa, die die Londoner Beschlüsse mit einem ganz ähnlich lautenden Rundschreiben kritisiert hatten. Sogar unter den Freunden von Marx und Engels war das harte Vorgehen gegen die Sektion 12 umstritten. Vor allem John Hales, zu dieser Zeit Generalsekretär des Generalrats, und Johann Georg Eccarius, ein langjähriger Freund von Marx und als korrespondierender Sekretär für die englischsprachigen Sektionen in den USA zuständig, standen der Sektion 12 und der von ihr repräsentierten Richtung eher wohlwollend gegenüber.

Um die Jahreswende 1871/72 waren die Woodhull-Sektionen, wie sie in der Presse auch genannt wurden, besonders populär. Als bekannt wurde, dass in Paris führende Kommunarden hingerichtet wurden, rief die New Yorker Internationale beider Fraktionen für den 10. Dezember 1871 zu einem großen Trauerzug auf, der von der Polizei aber zwei Tage vorher verboten wurde. Sechs Internationalisten wurden verhaftet. Während der Ward Council daraufhin die Aktion absagen wollte, beharrte der Prince Street Council auf ihrer Durchführung und rief weiter zu dieser Demonstration auf, worauf einige Mitglieder der Sektion 12 prompt verhaftet wurden. Geschickt nutzten Woodhull und Claflin die Verhaftungen der Sozialisten aus, um eine breite Öffentlichkeit für ihre Sache zu gewinnen: War das nicht ein Angriff auf die Meinungsfreiheit? Tatsächlich schrieben einige Zeitungen Kommentare in dieser Richtung. Die Presse kritisierte das Demonstrationsverbot und die Verhaftungen führender Internationale-Mitglieder, und die ganze Aktion wurde zu einem Riesenerfolg für die Sektionen, die sie organisierten. Der Trauerzug, der durch den öffentlichen Druck am 17. Dezember genehmigt werden musste, »wurde ein paar Tausend Mann stark, während die Zahl der eingeschriebenen Mitglieder der Internationalen Arbeiter-Assoziation in New York wohl kaum 500 übersteigt«, wie selbst die Gegner zugeben mussten. »Eine Anzahl Frauen, voraus die Damen Woodhull und Claflin, marschierten mit zu Fuß.« An der Demonstration beteiligten sich neben den Sektionen des Prince Street Council auch afroamerikanische Gruppen, kubanische Revolutionäre, Gewerkschaften, französische Flüchtlingsorganisationen und sogar irische Gruppen.

Die *New York Times* schrieb in ihrem Kommentar, die Polizeiaktion habe die Internationalisten in Amerika zu Helden gemacht. Noch nie hatte die Internationale in der amerikanischen Öffentlichkeit solche Beachtung gefunden wie durch diese Demonstration von nahezu zehntausend Männern und Frauen, die mit ihren Nationalflaggen durch die Straßen von New York zogen. In diesen Monaten war die Internationale in den USA auf dem Höhepunkt ihrer Popularität. Im Dezember 1871 setzte der Kongress eine Kommission ein, die die industriellen Arbeitsbedingungen untersuchen sollte, und verabschiedete ein Arbeitsstatistikgesetz, und zwar unter ausdrücklichem Bezug auf die entsprechenden Beschlüsse eines Internationale-Kongresses, die von einem Abgeordneten verlesen wurden. Und, was vielleicht noch wichtiger ist, der Kongress gab in einer Resolution seiner Sympathie mit den »für die Freiheit und die Selbstbestimmung gefallenen« Opfern der Pariser Kommune Ausdruck – und das, wo die Pariser Kommunarden doch weithin als Verbrecher und Umstürzler galten. Diese Erfolge gingen fast vollständig auf das Konto des Prince Street Council und der Woodhull-Sektionen. Doch der Generalrat, durch die europäische Opposition unter Druck gesetzt, griff nun selbst in die amerikanischen Konflikte ein: Im Frühjahr 1872 suspendierte er die Mitgliedschaft der Sektion 12 bis zum nächsten internationalen Kongress, der im September in Den Haag geplant war. Diese Entscheidung musste Marx selbst in London mit harten Disziplinierungsmaßnahmen durchsetzen, denn Hales und Eccarius unterstützten weiterhin den Prince Street Council – sie wurden von ihren Ämtern entbunden oder traten zurück.

Auch wenn Victoria Woodhull ihren Schwerpunkt nun in der Arbeiterbewegung sah, so versuchte sie dennoch weiterhin, zumindest einen Teil der Frauenrechtlerinnen von ihren Ansichten zu überzeugen. Beim Kongress der (konservativen) *Amerikanischen Frauenwahlrechts-Vereinigung* im Dezember 1871 in Washington zum Beispiel reiste sie an, wurde jedoch nicht eingelassen. Aber sie stellte sicher, dass überall Kopien ihres Memorials auslagen, und postierte Zeitungsjungen an den Eingängen, die die *Weekly* verteilten. Auch Elizabeth Cady-Stanton war ihrerseits weiterhin an einer Zusammenarbeit mit Victoria Woodhull interessiert. Zumal sie nun, nachdem die amerikanische Öffentlichkeit für die Anliegen der Arbeiterbewegung sensibel geworden war, auch wieder über eine Zusammenarbeit mit den Sozialisten nachdachte. Und sie hoffte, Victoria Woodhull würde auch die Spiritistinnen zur Frauenrechtsbewegung bringen. Denn im Herbst 1871 war Woodhull von der amerikanischen Vereinigung der Spiritisten zur Präsidentin gewählt worden. Für Victoria Woodhull waren die Spiritistinnen und Spiritisten angenehme Verbündete. Sie gefielen sich darin, extreme Positionen und Meinungen zu tolerieren, und waren viel offener für unkonventionelle Ansichten als die Frauen- oder die Arbeiterbewegung. Und sie waren bereit, Victoria Woodhull als ihre neue Lichtgestalt zu akzeptieren. In den folgenden Monaten hielt Woodhull zahlreiche Reden vor spiritistischen Vereinigungen in verschiedenen Städten und wurde schließlich von der spiritistischen Bundesvereinigung sogar offiziell als Präsidentschaftskandidatin nominiert.

Im Dezember 1871 schrieb Cady-Stanton, halb ironisch, halb pragmatisch, an Victoria: »Liebe Frau Woodhull. Würden Sie bitte Demosthenes fragen, ob es irgend ein neues Argument über die 14. und 15. Wahlrechtsänderung gibt, das bisher noch nicht gemacht wurde, und ob er das vielleicht durch eine von uns bei unserem nächsten Kongress zur Sprache bringen könnte? Ich möchte, dass Frank Moulton eine Rede hält und dass seine hübsche Frau dabei ist, um die Bühne zu schmücken. Ich habe Theodore Tilton geschrieben und würde ihm niemals vergeben, wenn er uns jetzt hängen lässt. Wir dürfen Boston nicht den Gefallen tun, dass unser Kongress ein Fehlschlag wird. Und fragen sie die Geister von Rachel, Elizabeth Barrett Browning, Malibran und Hemans*, uns ein paar schöne Frauenrechts-Lieder herunterzuschicken. Können Sie veranlassen, dass unser Aufruf in allen New Yorker Zeitungen erscheint? Haben Sie die besten Redner der Arbeiterbewegung und der Spiritisten eingeladen?«

Es sieht so aus, als ob Woodhull tatsächlich viele Anhängerinnen aus der spiritistischen und der sozialistischen Bewegung mobilisieren konnte. Beim Kongress der *Nationalen Frauenrechts-Vereinigung* im Januar 1872 in Washington wunderten sich die Reporter über die zahlreichen neuen und unbekannten Gesichter im Publikum. Victoria Woodhull selbst saß auf dem Podium, zusammen mit Anthony, Cady-Stanton, Wright Davis und Beecher Hooker. Susan Anthony verteidigte noch einmal ausdrücklich ihre Zusammenarbeit mit Woodhull: Sie sei es schließlich gewesen, die mit ihrem Memorial neue Bewegung in die Wahlrechtsdebatte gebracht habe. »Nicht wir

* Vier sehr berühmte Künstlerinnen ihrer Zeit: Elisa Rachel Felix, bekannt als Mademoiselle Rachel (1821–1858), war eine französische Schauspielerin und Sängerin, Elizabeth Barrett Browning (1806–1861) eine englische Dichterin, Maria Felicia Malibran (1808–1836) eine weltberühmte Sopranistin, und Felilicia Dorothea Hemans (1793–1835) eine walisische Dichterin.

machen unsere Anführerinnen, sie machen sich selbst. Wenn irgend jemand bessere Anstrengungen in dieser Sache unternimmt als Victoria Woodhull, dann soll sie oder er vorangehen und uns führen.«

Theodore Tilton aber stand längst nicht mehr auf der Seite der radikalen Frauenrechtlerinnen. Seine Beziehung zu Victoria Woodhull war abgekühlt, vermutlich hatte er ihr nicht verziehen, dass sie bei ihrer Rede in Steinway-Hall keine Rücksicht auf sein Ansehen genommen hatte. Er war wegen ihr in Verruf geraten und versuchte nun zu retten, was noch zu retten war, indem er sich von allen »extremen« Ansichten distanzierte. Denn auch Henry Ward Beecher wandte sich nun endgültig von Tilton ab. Beecher war auf einem Höhepunkt seiner Karriere. Gerade hatte er den ersten Band seines Mammutwerkes »Das Leben von Jesus Christus« herausgebracht, was ihm Geld und zahlreiche Einladungen zu Reden und Vorträgen eintrug. Er galt nun endgütig als der führende Theologe Amerikas. Tilton dagegen war auf dem absteigenden Ast und er fühlte sich ungerecht behandelt. Der Groll gegen seinen ehemaligen Freund und Förderer Beecher wuchs, und wenn er betrunken war, erzählte Tilton jedem, der es hören wollte, dass Beecher eine Affäre mit seiner Frau hatte. Viele Freunde und sogar Lib Tilton selbst warnten Beecher vor Tiltons Wut. Und tatsächlich brachte Tilton Henry Bowen, den mächtigen Magnaten aus Brooklyn, mit dessen verstorbener Ehefrau Beecher ebenfalls eine Affäre gehabt hatte, auf seine Seite. Aber das rief nun andere wichtige Leute in Brooklyn auf den Plan, die von dem Gemeindeunternehmen Plymouth Church finanziell abhängig waren und um jeden Preis verhindern wollten, dass ihr Zugpferd Beecher, der für eine volle Kirche und volle Klingelbeutel sorgte, an Ansehen verlor. Zunächst einmal versuchte Sam Wilkeson, der Herausgeber der ganz auf Beecher zugeschnittenen Zeitung *The Christian Union*, Tilton und Bowen mit Geld ruhig zu stellen: Tilton bekam 7 000 Dollar und schrieb, dass damit »der ganze Fall glücklich beendet wurde.« Wilkeson bestand darauf, dass Beecher, Bowen und Tilton ihre Einigung schriftlich festhielten und versprachen, dass sie auch in Zukunft keine gegenseitigen Anschuldigungen mehr vorbringen würden.

Theodore Tilton ging auf diese Bestechung ein, aber wohl nicht nur des Geldes wegen, denn er hoffte seinen früheren politischen Einfluss als Publizist wiedergewinnen zu können. Im Wahlkampf unterstützte er den demokratischen Präsidentschaftskandidaten Horace

Greely, den Herausgeber der *Tribune*, weil er darauf spekulierte, im Falle eines Wahlsieges dessen Posten bei der *Tribune* übernehmen zu können. Mit dieser Politik bewegte sich Tilton wieder im linken Mainstream. Viele Journalisten unterstützten die Kandidatur ihres Berufsgenossen Greeley, der realistische Chancen hatte, gewählt zu werden. Natürlich war Tiltons Einsatz im Wahlkampfteam von Greeley ein Grund mehr, sich von so einer wie Victoria Woodhull zu distanzieren. In dem Bemühen, seinen guten Namen wieder rein zu waschen, schien Tilton bereit zu sein, seine früheren politischen Ansichten vollkommen zu korrumpieren – nicht nur im Bezug auf Victoria Woodhull und die freie Liebe, sondern auch beim Frauenwahlrecht. Susan Anthony war schockiert, als er ihr klipp und klar mitteilte, die Frage des Frauenwahlrechts werde im Wahlkampf der Demokraten keine Rolle spielen.

Victoria Woodhull hatte unterdessen andere Sorgen: Mit der Zeit ging im Hause Claflin nämlich das Geld aus. Die Geschäfte an der Wall Street liefen nicht mehr so gut, seit Vanderbilt ihnen die Freundschaft aufgekündigt hatte. Vielleicht hatte Victoria auch das Geldverdienen gegenüber ihren politischen Aktionen vernachlässigt, oder die Verschwendungssucht des Claflin-Clans war größer, als eine solche Firma es verkraften konnte. Nach und nach mussten Victoria und Tennessee ihre wertvollen Möbel und Gemälde verkaufen, und schließlich zogen sie aus ihrem großzügigen Haus in eine kleine Pension in der 23. Straße um. Es war wohl Tennessee, die sich nun auf die alten Einkommensquellen der Claflins besann: Sie fing an, Leute zu erpressen. In der *Weekly* druckte sie einen geheimnisvollen Brief aus der Feder einer vermutlich erfundenen Prostituierten ab. Darin war von »zwei dicken Büchern« die Rede, in denen unrühmliche Einzelheiten über das Liebesleben der New Yorker Prominenz verzeichnet seien. Offenbar bezog sich diese Drohung auf die beiden Bücher aus Annie Woods Bordell. Es ist aber nicht bekannt, wie Wood auf diese Veröffentlichung in der *Weekly* reagierte, ob Tennessee diese Bücher wirklich hatte und ob dadurch Geld in die Kasse kam. Viel kann es jedenfalls nicht gewesen sein.

Möglicherweise setzte Tennessee damit aber auch nur ein neues politisches Thema ihrer Schwester in die Tat um, denn Victoria beschäftigte sich bereits seit einiger Zeit mit dem Für und Wider von Erpressung. Auf die Idee brachte sie ihre alte Bekannte Josie Mansfield. Mansfield hatte ein Jahr zuvor Jim Fisk verlassen und lebte nun mit einem gewissen Edward A. Stokes zusammen. Aber sie wollte weiterhin Geld von Fisk haben und drohte, wenn er sie nicht finanziere, werde sie alle seine Briefe veröffentlichen. Zwar brauchte Fisk kaum zu befürchten, dass seine Affäre mit Josie Mansfield bekannt würde – davon wusste ohnehin ganz New York. Sein Problem war ein anderes. Fisk war unsterblich in Josie Mansfield verliebt gewesen, und seine Liebesbriefe waren rührend kitschig und romantisch. Welch ein Image-Schaden für den harten und männlichen Unternehmertypen, als der sich Fisk in der Öffentlichkeit gab, wenn seine heißen Liebesschwüre an eine Prostituierte in der Zeitung stünden! Der arme Fisk zahlte. Doch irgendwann wurde ihm die Sache zu bunt, und er erstattete Anzeige gegen Mansfield und Stokes, und im Januar 1872 wurden die beiden wegen Erpressung verurteilt. Daraufhin erschoss Stokes Fisk auf offener Straße – die Stadt hatte ihren Skandal.

Victoria Woodhull stand wieder einmal auf Seiten der Bösen: Ende 1871 hatte sie in der *Weekly* eine Reihe von Artikeln veröffentlicht, die sich mit dem Thema Erpressung beschäftigten. Es sei ein angemessenes Mittel für Frauen, die sich anders nicht gegen eine schlechte Behandlung durch Männer wehren könnten, schrieb Woodhull, und sie verglich Frauen, die Männer erpressten, mit politischen Helden wie dem schottischen Freiheitskämpfer Rob Roy aus dem Roman von Sir Walter Scott: der Gesetzlose, der sich außerhalb der Legalität stellt und politische Führer erpresst, weil er sich nicht auf andere Weise Gehör verschaffen kann. Genauso hätten Frauen das Recht, jedes Mittel, auch ein illegales, zu wählen, wenn es für sie keine andere Chance gebe, ihre Interessen zu wahren und für die Freiheit eintreten. Mit solchen Kommentaren verscherzte Woodhull es sich natürlich immer weiter mit der öffentlichen Meinung. Im Februar zeichnete Thomas Nast, einer der berühmtesten politischen Karikaturisten New Yorks, Victoria Woodhull als »Mrs. Satan«: eine gefährliche Verführerin, die mit ihren Reden von »freier Liebe« anständige und hart arbeitende Ehefrauen auf Abwege führt. Aber es sieht so aus, als ob sich Victoria Woodhull von solcher Kritik nicht habe entmutigen lassen. Im Gegenteil: In diesen Monaten gefiel sie sich in der Rolle der Geächteten und Verfolgten, die mutig für ihre Überzeugungen eintritt und allen Widrigkeiten die Stirn bietet. In der *Weekly* häuften sich nun Artikel, die »die Reichen« kritisierten – Berichte über Insidergeschäfte an der Wall Street, Forderungen nach dem Achtstundentag und so weiter. Im Februar 1872 hielt Woodhull

Der berühmte Karikaturist Thomas Nast zeichnete Woodhull als »Mrs. Satan«, die brave Ehefrauen auf Abwege führt.

in New York, wieder vor mehreren tausend Zuhörerinnen und Zuhörern, eine Rede mit dem Titel »Die bevorstehende Revolution«, und wieder berichteten die wichtigsten Zeitungen der Stadt ausführlich, teilweise auf der Titelseite.

Die Frage, die sie dabei diskutierte, war: »Wird die bevorstehende Revolution ein friedlicher Wandel sein oder ein blutiger Kampf?« – und sie antwortet: »Niemand, der sich die Mühe macht, die Lebensbedingungen der verschiedenen Teile der Gesellschaft sorgfältig zu untersuchen, kann die schrecklichen Erdbeben übersehen, die kurz davor stehen, überall auszubrechen und die bisher nur durch die dicken Verkrustungen im Zaum gehalten werden, mit denen Sitten,

Vorurteile und Autoritäten die Menschheit gefesselt haben.« Auch ihren ehemaligen Freund und Förderer schont sie nicht: »Ein Vanderbilt kann in seinem Büro sitzen und Aktienkurse manipulieren oder Dividenden machen, durch die er in wenigen Jahren fünfzig Millionen Dollar aufhäuft, und er gilt als einer der bedeutenden Männer des Jahrhunderts. Aber wenn ein armes, halbverhungertes Mädchen von seinem Schrank ein Stück Brot nimmt, um nicht zu verhungern, dann kommt sie ins Gefängnis.«

Als Lösung für die soziale Ungerechtigkeit schlägt Victoria Woodhull ebenso wie die europäischen Anarchistinnen und Anarchisten die Abschaffung des Erbrechts vor: »Und, wird nun gefragt, was kann man dagegen tun? Ich sage: das ist ganz einfach. Weil diejenigen, die den angesammelten Reichtum des Landes besitzen, ihn durch legale Mittel von denen gestohlen haben, denen er rechtmäßig zusteht – dem Volk –, muss er diesem zurück gegeben werden, wenn möglich, durch legale Mittel. Aber zurück gegeben werden muss er auf jeden Fall. Wenn ein Millionär stirbt, muss dieses Geld dem Volk, das es in Wahrheit produziert hat, zurück gegeben werden, anstatt das Geld seinen Kindern zu hinterlassen, die darauf keinen größeren Anspruch haben als die Kinder von irgend jemand anderem.« Und: »Die privilegierten Klassen hassen mich natürlich, und ich bin froh, dass das so ist. Ich bin eine Freundin nicht nur der Freiheit in allen Belangen und in jeder Form, sondern genauso der Gleichheit und der Gerechtigkeit. Und diese bekommen wir nicht, außer durch eine Revolution. Man wirft mir vor, ich würde die Revolution herbeirufen. Das stimmt. Ich bin für eine Revolution, wenn sie nötig ist, um Gleichheit und Gerechtigkeit zu erlangen. Ich will aber nur, dass das Volk bekommt, was sein gutes Recht ist. Wenn das Volk, das diesen Anspruch erhebt, auf Bajonette trifft, die ihm das verweigern sollen, dann ist es nicht die Schuld des Volkes, dass es sich den Weg auch mit Hilfe von Bajonetten frei macht.« Natürlich machte sich Victoria Woodhull mit dieser Wendung hin zur Revolutionärin, zur Kämpferin für die Armen und Entrechteten, nicht gerade beliebter bei den Zeitungen. Die *New York Times* schrieb: »Sie ist fähig, großes Unheil anzurichten, wenn sie die unbedachte Feindseligkeit der Armen gegenüber den Reichen entflammt und den Geist der Arbeiter, die ihr bei ihrer letzten Rede applaudierten, mit der Überzeugung nährt, dass Kapitalisten keine Rechte haben, die von den Arbeitern respektiert werden müssen.«

Streit gab es bald auch um Woodhulls Lieblingsprojekt: die Gründung einer dritten Partei, von der sie schon lange gesprochen hatte, die sie aber nun, da die Präsidentschaftswahlen im November 1872 näher rückten, konkret in Angriff nahm. Viele Linke waren damit nicht einverstanden. Vor allem Susan Anthony kritisierte das Vorhaben: »Wir haben nichts, woraus wir eine politische Partei machen könnten, denn kein Mann würde eine Partei wegen des Frauenwahlrechts wählen, und all unsere Zeit und Worte in dieser Richtung sind einfach verschwendet.« Anthony argumentierte realpolitisch: Sie wollte die Stimmen der Fortschrittlichen nicht für eine aussichtslose Partei »verschwenden«, sondern sie dem kleineren Übel zuführen, das sie in den Republikanern sah. Außerdem traute sie der Arbeiterbewegung nicht, was sicher an ihren eigenen schlechten Erfahrungen mit den Gewerkschaften lag. Andere Frauenrechtlerinnen wie Elizabeth Cady-Stanton und Isabella Beecher Hooker standen der Arbeiterbewegung jedoch nicht mehr so skeptisch gegenüber und freundeten sich mit der Idee der Gründung einer neuen Partei an, zumal sich ja abzeichnete, dass weder die Demokraten noch die Republikaner das Wahlrecht auf ihre Fahnen schreiben würden. Schließlich schuf Victoria Woodhull einfach Fakten: Anfang Mai kündigte die *Woodhull and Claflin's Weekly* offiziell die Gründung einer neuen Volkspartei an, mit Victoria Woodhull als Präsidentschaftskandidatin. Cady-Stanton und andere Frauenrechtlerinnen waren entschlossen, sie bei diesem Versuch zu unterstützen. Sie planten eine große Versammlung aller reformerischen Kräfte in der Apollo Hall in New York, bei der die Gründung dieser Partei ausgerufen und Victoria zur Präsidentschaftskandidatin nominiert werden sollte. Eingeladen waren Frauenrechtlerinnen, spiritistische Gruppen, die Arbeiterbewegung – alle, »die an die Idee der Selbstbestimmung glauben, die eine ehrliche Administration des Staates verlangen, ein Ende des politischen und sozialen Missbrauchs, die Emanzipation der Arbeit, die Wahlberechtigung der Frauen.«

Über Victoria Woodhull und ihre neue Partei kam es zu einem ernsten Zerwürfnis zwischen Susan Anthony und Elizabeth Cady-Stanton. Anthony war inzwischen der Meinung, Victoria Woodhull sei lediglich ein Sprachrohr von Männern: »Frau Woodhull ist uns gegenüber im Vorteil, weil sie diese Zeitung besitzt, und sie versucht dauernd, unser Schiff in ihren Hafen zu steuern, und sonst nichts. Wenn sie wenigstens von weiblichen Geistern beeinflusst wäre, ob in ihrem Körper oder außerhalb davon, könnte ich mich bereit finden, ein bloßer Seilzug für sie zu sein; aber wie es aussieht, ist sie völlig von männlichen Geistern besessen und dominiert.«

Einen Tag vor der geplanten Parteigründungs-Versammlung, am 9. Mai, veranstalteten Anthony und Cady-Stanton in der New Yorker Steinway Hall das Jahrestreffen der *Nationalen Frauenwahlrechts-Vereinigung*, und hier brach offener Streit zwischen Susan Anthony und Victoria Woodhull aus. Offensichtlich hatte Woodhull ihre Anhängerinnen und Anhänger aus dem Spiritismus und der Arbeiterbewegung mobilisiert, denn die Rednerinnen, die wieder einmal nur über das Wahlrecht sprachen, wurden häufig unterbrochen. Elizabeth Cady Stanton, die moderierte und einen Eklat verhindern wollte, wies darauf hin, dass die Frauen die Halle nur unter der Voraussetzung bekommen hätten, dass sie auf »politische Demonstrationen« verzichteten. Die Frage des Frauenwahlrechtes »hat nicht mit Politik umgarnt zu werden«, mahnte Cady-Stanton. Doch bald erhoben sich einige von Woodhulls Anhängern und fragten, um was es bei dem Treffen überhaupt gehen solle und dass sie noch nichts Konkretes gehört hätten, worauf sie von Susan Anthony zurechtgewiesen wurden: Das Treffen sei »für Frauen, ausschließlich für Frauen und ihr Wahlrecht«. Daraufhin ging Victoria Woodhull selbst nach vorne und forderte »alle, die gekommen waren, um über die Rechte der gesamten Menschheit zu diskutieren« auf, noch am gleichen Abend zur Gründungsversammlung einer neuen Partei in die Apollo Hall zu kommen. Um Woodhull keine Plattform für ihren Parteigründungs-Aufruf zu geben, ließ Anthony einfach die Lichter ausschalten und beendete die Versammlung. Eine große Anzahl von Frauen und Männern begleitete Victoria Woodhull direkt im Anschluss zur Apollo Hall. Ihre Beziehung zu Susan Anthony war von da an unwiderruflich zerstört.

Zum Gründungstreffen der neuen Partei am 9. und 10. Mai 1872 in Apollo Hall kamen über 600 Delegierte, gut die Hälfte davon waren Frauen. Vertreterinnen und Vertreter aus der Anti-Sklaverei-Bewegung, Teilen der Arbeiterbewegung, des Spiritismus und anderer Reformgruppen waren aus 22 Staaten angereist und versammelten sich in New York, um Victoria Woodhull als Präsidentschaftskandidatin für die Wahlen im November zu nominieren. Die Zeitung *The*

Mai 1872: Victoria Woodhull wird als Präsidentschaftskandidatin nominiert.

World schrieb, es war »die wahrscheinlich heterogenste Zusammenkunft, die sich jemals in einer Stadt versammelt hat. Da waren Frauen und Männer und solche, die, soweit man nach Kleidung und Erscheinung gehen kann, zu jedem Geschlecht gehören könnten. Es gab alle Arten von Farben und Gesichtern, jedes Spektrum von religiöser, politischer oder sozialer Meinung und Vertreter von nahezu jedem ›ismus‹, den die Welt kennt. Der roten Fahne der Kommune auf der einen Seite der Halle hingen blaue Banner gegenüber, die in goldenen Lettern Textstellen aus der Bibel trugen.« Bei diesem Treffen bekam die neue Partei offiziell den Namen *Equal Rights Party*, Partei für gleiche Rechte. Die Delegierten verabschiedeten ein Manifest, in dem sie die Regierung kritisierten, weil sie nicht in der Lage sei, die Freiheit der Bürger zu schützen. Verschiedene Resolutionen wurden verabschiedet, die unter anderem ein neues Zivil- und Handelsgesetz, die Abschaffung der Monopole, direkte und gleiche Versteuerung, einheitlichen Arbeitslohn, die Abschaffung der Todesstrafe, Arbeitsbeschaffung für Arbeitslose durch die Regierung, Mitspracherechte für Minderheiten und internationalen Freihandel verlangten.

Der wichtigste Tagesordnungspunkt war aber die Nominierung einer Präsidentschaftskandidatin. Neben Victoria Woodhull waren dafür durchaus noch andere Namen im Gespräch. Die Kommune-Sozialisten befürworteten Robert Dale Owen, den Sohn des bekannten englischen Frühsozialisten Robert Owen. Viele Frauenrechtlerinnen hätten sich eine Kandidatur von Elizabeth Cady-Stanton gewünscht. Arbeitsreformer schlugen einen Richter namens David Davis aus Illinois vor. Die Abolitionisten und Teile der Internationale waren für Wendell Philipps, einen verdienten Anti-Sklaverei-Kämpfer, der schon einmal als Gouverneur von Massachusetts kandidiert hatte. Und die »Mäßigungsbewegung« gegen den Missbrauch von Alkohol brachte einen exzentrischen Millionär namens George Francis Train ins Gespräch. Starke Konkurrenz also, doch Victoria Woodhull hatte zwei Pluspunkte: Erstens stand sie nicht nur für eine einzelne dieser Reformbewegungen, sondern sie repräsentierte sie alle. Und zweitens konnte sie reden und Menschen mitreißen. Und so war es auch diesmal wieder ihre Rede – sie hatte das Thema »Politische, soziale, industrielle und bildungsmäßige Gleichheit« –, die den Ausschlag gab: Direkt im Anschluss daran ging ein Richter Carter ans Pult und sagte: »Die Zeit der Reden ist zu Ende, wir wollten Taten sehen. Ohne noch mehr Worte zu machen, schlage ich Victoria Claflin Woodhull als Kandidatin für die Präsidentschaftswahlen der Vereinigten Staaten vor.« Durch laute »Ja«-Rufe wurde der Vorschlag mit großem Enthusiasmus angenommen. Als Vizekandidaten nominierte die Versammlung den bekannten schwarzen Bürgerrechtler Frederick Douglass mit der Begründung, es stehe der jungen Partei gut an, jemanden »von der Rasse, die bis vor kurzem in Fesseln war« aufzustellen.

Die *New York Times* kommentierte das Geschehen am nächsten Tag mit den Worten, Victoria Woodhull habe Ambitionen, »die eines weiblichen Napoleon würdig wären«. Aber Woodhull war keineswegs größenwahnsinnig. Es war ihr vollkommen klar, dass sie keine wirklichen Chancen hatte, zur Präsidentin von Amerika gewählt zu werden. Das hatte sie schon ein Jahr zuvor beim Frauenwahlrechts-Kongress deutlich gemacht: »Weil ich diese Position einnehme, weil ich eine radikale politische Aktion unterstütze, weil ich eine neue Partei angekündigt habe und mich selbst als Kandidatin für die nächste Präsidentschaft aufstellte, wirft man mir übertriebenen Ehr-

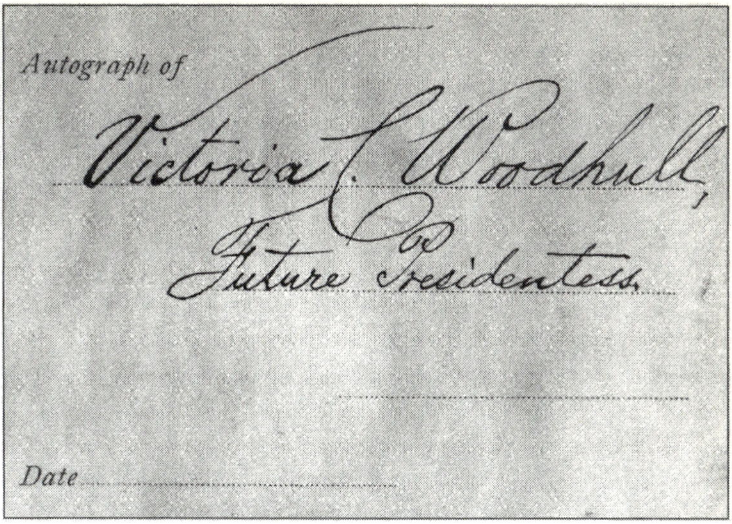

Autogrammkarte der »künftigen Präsidentin«

geiz vor. Ich möchte diese Gelegenheit nutzen, um ein für alle Mal klar zu stellen, dass ich keinerlei persönlichen Ehrgeiz habe. Alles was ich getan habe, tat ich, weil ich glaubte, damit den Interessen der Menschheit zu dienen. Hätte ich den Ehrgeiz gehabt, der nächste Präsident zu werden, hätte ich ganz anders vorgehen müssen, um dieses Ziel zu erreichen. Ich kündigte mich selbst als Kandidatin an, und diese einfache Tatsache hat eine große Wirkung gezeitigt, indem sie die Leute gezwungen hat zu fragen: Und warum nicht? Diesen Dienst habe ich den Frauen geleistet unter Verzicht auf jeden Ehrgeiz.«

Auch den Delegierten des Kongresses war klar, dass es hier vor allem um einen symbolischen Akt ging. Sie wollten zeigen, dass sie den beiden großen Parteien nichts mehr zutrauten, sie wollten Zeichen setzen. Das wurde auch an den Nominierungen der Vizekandidaten deutlich: Frederick Douglass war nämlich gar nicht anwesend, und es ist mehr als fraglich, ob er einer solchen Nominierung zugestimmt hätte. Man wollte hier aber keinen echten Kandidaten aufstellen, sondern durch die Nominierung eines Schwarzen Diskussionen anstoßen, ebenso wie sie Victoria Woodhull durch ihre Präsidentschaftskandidatur angestoßen hatte. Das wird auch an den Alternativvorschlägen deutlich, die für diesen Posten diskutiert worden waren: Die Spiritistin Laura Cuppy Smith zum Beispiel, um eine reine Frauenangelegenheit aus der Sache zu machen, oder Spottet Tail, der die amerikanischen Ureinwohner repräsentieren sollte. Zum symbolischen Charakter ihrer Kampagne passt auch, dass Woodhull provokativ die weibliche Anrede benutzte: Sie verteilte Autogrammkarten mit der Aufschrift: »Victoria C. Woodhull, Future Presidentess«, zukünftige Präsidentin.

Die Versammlung in der Apollo Hall war nicht nur bei den Frauenrechtlerinnen, sondern auch in der Arbeiterbewegung umstritten. In der Internationale hatte Woodhull ja vor allem Anhänger und Anhängerinnen aus den anarchistisch orientierten Sektionen, weil viele ihrer Forderungen, etwa die Abschaffung des Erbrechts oder die Beschneidung des staatlichen Einflusses, Parallelen zum Anarchismus aufwiesen. Dass sie aber eine Partei gründen wollte, berührte einen wunden Punkt. Die Frage, ob sich die Arbeiterbewegung parteipolitisch engagieren sollte, war gerade einer der Hauptstreitpunkte zwischen anarchistischen und marxistischen Sektionen in Europa – die Marxisten waren dafür, die Anarchisten dagegen. Deshalb wollten die anarchistisch geprägten Sektionen der Internationale in Amerika keine Präsidentschaftskampagne unterstützen. Außerdem nahm auch in ihren Augen die »Frauenfrage« nun etwas viel Raum ein. Zumindest erklärte die anarchistisch orientierte französische Sektion, dass sie »zwar für das Frauenstimmrecht« sei, das käme aber erst in zweiter Linie. Die erste Aufgabe der Internationale in Amerika sei für den Augenblick »die Zusammenfassung und Organisation der Arbeiterklasse unter einem gemeinsamen Banner.«

Aber auch wenn nur ein Teil der Frauen- und der Arbeiterbewegung Victoria Woodhulls Projekt einer dritten Partei unterstützte, so kamen doch zu einer weiteren Parteiversammlung Anfang Juni sogar noch mehr Leute. Viele Rednerinnen und Redner stellten sich hinter ihre Präsidentschaftskandidatin, die Delegierten bejubelten Victoria Woodhull und dichteten sogar ein Wahlkampflied für sie. Auch darin wird deutlich, dass es vor allem darum ging, ein Symbol zu setzen, die Konventionen zu durchbrechen und die Konfrontation mit den Herren und Damen »Grundy«, den Biedermännern und Wohlanständigen, aufzunehmen:

If you nominate a woman
In the month of May,
Dare you face what Mrs. Grundy
And her set will say?
How they'll jeer and frown and slander
Chattering night and day;
Oh, did you dream of Mrs. Grundy
In the month of May?

Wenn du eine Frau nominierst,
Im Monat Mai,
Wagst du es, Frau Grundy die Stirn zu bieten
Und dem, was ihre Freundinnen sagen?
Wie sie höhnisch lachen und dich verspotten,
Sich Tag und Nacht das Maul zerreißen:
Oh, hast du von Frau Grundy geträumt,
im Monat Mai?

If you nominate a negro,
In the month of May
Dare you face what Mr. Grundy
And his chums will say?
How they'll swear and drink and bluster,
Raging night and day;
Oh, did you dream of Mr. Grundy
In the month of May?

Wenn du einen Neger nominierst,
im Monat Mai,
Wagst du es, Herrn Grundy die Stirn zu bieten
Und dem, was seine Kumpane sagen werden?
Wie sie fluchen und trinken und toben
Und sich Tag und Nacht ereifern;
Oh, hast du von Herrn Grundy geträumt,
im Monat Mai?

Yes! Victoria we've selected
For our chosen head.
With Fred Douglass on the ticket
We will raise the dead.
Then around them let us rally
Without fear or dread
And next March, we'll put the Grundys
In their little bed.

Ja! Wir haben uns für Victoria entschieden,
als unsere gewählte Anführerin.
Und mit Fred Douglass in unseren Reihen
Werden wir die Toten aufwecken.
Um sie werden wir uns versammeln,
ohne Angst und Furcht,
und nächsten März legen wir die Grundys
in ihr kleines Bett.

»Nicht Obszönität, sondern Gottes Wahrheit«

1872–1877
Der »Beecher-Tilton-Skandal«, Victorias Verfolgung und Inhaftierung, ihre Laufbahn als freie Rednerin und die Trennung von James Blood

DER SOMMER 1872 wurde eine harte Zeit für Victoria Woodhull. Nachdem die Zeitungen ihre großen Berichte über die Apollo-Hall-Versammlung erst einmal geschrieben hatten, fand sie sich zunehmend isoliert: Die Frauenbewegung war zerstritten, die Arbeiterbewegung ging auf Distanz, die Präsidentschaftskampagne dümpelte. Je näher die Wahlen rückten, desto mehr konzentrierten sich die Journalisten darauf, sich mit den »echten« Kandidaten zu beschäftigen, dem Demokraten Horace Greeley und dem Republikaner Ulysses Grant. Wenn überhaupt einmal etwas über Victoria Woodhull in den Zeitungen stand, dann war es negativ, wie zum Beispiel die Nachricht, dass man sie in die Verbrechergalerie von *Bunnell's Museum on the Bowery* aufgenommen hatte – eine Art »Dantes Inferno« mit Wachsfiguren zeitgenössischer Krimineller, die in der Hölle schmorten. Zu allem Überfluss sorgte auch ihre Familie wieder einmal für Negativ-Schlagzeilen. Ein hoher spanischer Diplomat, Francisco de Martín, hatte bei einem spiritistischen Treffen im Haus der Claflins die 15-jährige Rosa Burns getroffen, die älteste Tochter von Victorias Schwester Polly. Das Mädchen erzählte dem Spanier, es sei schwanger und verzweifelt, woraufhin er sie mit zu sich nach Hause nahm. Als Rosa eine Totgeburt erlitt, beschuldigte Polly den Diplomaten, der Vater des Kindes zu sein, und versuchte Geld von ihm zu erpressen. Martín weigerte sich und klagte Polly wegen Erpressung an – ein schöner Anlass für die Zeitungen, den verrufenen Claflins mal wieder ein paar Artikel zu widmen. Kurz darauf starb Canning Woodhull, der zuletzt stark morphiumabhängig war. Utica, wie immer angetrunken, lief prompt zur nächsten Polizeistation und sagte aus, Victorias Ex-Mann sei unter »verdächtigen Umständen« gestorben. Obwohl eine Autopsie nichts Ungewöhnliches ergab, wurde die Geschichte doch von den Zeitungen breit getreten.

Eine Folge dieser erneuten Skandalgeschichten war, dass den Claflins die Unterkunft gekündigt wurde. Es zeigte sich bald, dass auch kein anderer Vermieter sich mehr bereit fand, ihnen eine Wohnung zu geben. Victoria war fest davon überzeugt, dass das nicht nur an ihrem allgemein schlechten Ruf lag, sondern dass die Beechers und Plymouth Church im Hintergrund ihre Fäden zogen. Immerhin fanden wenigstens Polly und Margaret Ann mit ihren Familien neue Unterkünfte, denn sie hatten andere Nachnamen und wurden nicht mit Woodhull oder Claflin in Verbindung gebracht. Erst nach langem Suchen konnten Victoria, Tennessee, James Blood und die Kinder den Portier eines Hotels überreden, ihnen ein Zimmer zu vermieten – der Besitzer war gerade nicht da, und dem Portier war es egal. Sobald der Hotelbesitzer zurück kam, wollte er ihnen das Zimmer wieder kündigen, aber Victoria und Tennessee weigerten sich, auszuziehen, denn ohne Grund könne er sie nicht einfach hinauswerfen. Es dauerte jedoch nicht lange, bis sich ein solcher Grund fand: Tennessee hatte damals Kontakt zu einer Kompanie schwarzer Soldaten, und eines Nachmittags kamen vier Afroamerikaner zum Hotel, um sie zu einem Treffen abzuholen. »Wenn Sie mit denen jetzt wegfahren, brauchen Sie gar nicht erst wiederzukommen«, drohte der Hotelbesitzer. Natürlich fuhr Tennie trotzdem, und als Victoria Woodhull und James Blood an diesem Abend nach Hause kamen, fanden sie Byron und Zulu Maud vor dem Hotel auf der Straße – sie und die gesamten Habseligkeiten der Familie waren im wahrsten Sinn des Wortes vor die Tür gesetzt worden. Sie kamen eine Zeit lang notdürftig in den Büroräumen von *Woodhull, Claflin und Co.* unter, und erst nach vielen Mühen gelang es, ein Haus in der 34. Straße zu mieten. Bald wurden ihnen jedoch auch die Büroräume gekündigt, und das war faktisch das Ende ihrer Brokerfirma. Zulu Maud flog wegen des schlechten Rufes ihrer Mutter von ihrer Privatschule. Und mit der Ausgabe vom 28. Juni stellte auch die *Woodhull and Claflins Weekly* ihr Erschienen ein – es war kein Geld mehr da, um sie zu finanzieren. Im August leisteten Woodhull und Claflin den Offenbarungseid. Sie hatten nichts mehr.

Victoria Woodhull war in die Enge getrieben, und nur wenige von denen, die sie ein paar Monate zuvor noch bejubelt hatten, waren nun bereit, ihr aus der Patsche zu helfen. Gerüchte kamen in Umlauf über einen Zeitungsartikel, der bislang noch nicht gedruckt worden sei, von dem es aber schon Druckfahnen gebe. Darin würden außereheliche Affären prominenter Frauenrechtlerinnen beschrieben. Durch großzügige Spenden an Victoria Woodhull könne man die Veröffentlichung des eigenen Namens jedoch verhindern. Offenbar stellte Theodore Tilton Victoria deswegen zur Rede, doch sie sagte ihm, sie habe jedes Recht, sich selbst zu verteidigen, denn alle diese Frauen hätten sich zusammengetan, um ihr das Leben schwer zu machen. Für Victoria Woodhull war das eine Frage der Gerechtigkeit: Sie wurde geschmäht, verurteilt, verfolgt, weil sie Dinge öffentlich sagte, die andere im Geheimen praktizierten. Dieselben Leute, die sich moralisch über sie empörten und sie fertig machten, waren selbst der lebende Beweis dafür, dass ihre Theorien über soziale Freiheit stimmten. Sie hatten es aus ihrer Sicht nicht besser verdient als erpresst zu werden. Woodhulls größte Trumpfkarte war dabei Henry Ward Beecher. Dass Mary Livermore sich scheiden lassen wollte oder dass Lucy Stone ihren Mann schon seit Monaten nicht mehr gesehen hatte, interessierte nur wenige. Aber wenn Beecher, der größte Tugendwächter der Nation, als Ehebrecher entlarvt würde – das gäbe eine feine Schlagzeile. Victoria Woodhull schrieb Beecher einen Brief. Aber der antwortete ihr nicht einmal. Was konnte eine heruntergekommene, obdachlose und mittellose Frau wie die Woodhull schon gegen ihn ausrichten, einen der wichtigsten und angesehensten Männer Amerikas?

Es ist schwer zu beurteilen, was genau Victoria Woodhull in diesen Wochen getan hat, denn die Briefe, die in dieser Angelegenheit kursierten, sind nicht erhalten. Für ihre Gegnerinnen war es einfach nur Erpressung. Hatte sie nicht erst ein halbes Jahr zuvor in der *Weekly* geschrieben, das sei ein legitimes Mittel zur Selbstverteidigung von Frauen? Sie brauchte dringend Geld, und es ist wohl anzunehmen, dass die eine oder andere Spende sie milde gestimmt haben könnte. Aber ihr eigentliches Anliegen war das nicht, vor allem nicht im Fall von Henry Ward Beecher. Victoria Woodhull wollte diese Damen und Herren aus der Reformbewegung dazu bringen, ihr ruiniertes Ansehen wieder herzustellen. Sie sollten öffentlich zugeben, dass ihre, Woodhulls, Ansichten zu freier Liebe gar nicht so unmoralisch waren. Sie sollten zu ihrem Privatleben stehen, dazu, dass sie selbst auch ihre Liebespartner wechselten, wenn sie ihrer überdrüssig geworden waren, dass auch sie die Meinung vertraten, eine Ehe sollte nur so lange Bestand haben, wie beide sich lieben. Dann hätte Victoria Woodhull sich rehabilitieren können.

Doch jetzt wandten sich auch ihre letzten Verbündeten unter den Frauenrechtlerinnen von ihr ab. Elizabeth Cady-Stanton kehrte reumütig zu Susan Anthony und den anderen zurück und gab zu, es sei ein Irrtum gewesen, Woodhulls Präsidentschaftskampagne zu unterstützen. Ihre alten Freundinnen nahmen sie begeistert in ihren Reihen auf und alle zusammen machten nun mit vollen Kräften Wahlkampf für die Republikaner. Die moralische Empörung über Woodhulls Erpressungsversuche mag dabei eine Rolle gespielt haben. Aber zumindest bei Elizabeth Cady-Stanton hatte die Abkehr von Victoria Woodhull auch noch einen anderen Grund: Sie war nie wirklich an deren politischen Ideen und Vorstellungen interessiert gewesen, sondern hatte in ihr immer nur ein Mittel zum Zweck gesehen. Victoria Woodhull war jung und schön, hatte Charisma, war ein Zugpferd gewesen, gut für Propaganda und öffentliche Aufmerksamkeit, und sie hatte jüngere Frauen, Sozialistinnen und Spiritistinnen, in die Frauenrechtsbewegung gebracht. Aber diesen Zweck erfüllte sie nun nicht mehr. Jetzt war sie sogar ein Risiko geworden. Es hatte keinen Sinn mehr, mit ihr zusammenzuarbeiten.

Victoria hatte aber eine andere treue Freundin gefunden, die Trance-Rednerin Laura Cuppy Smith. Smith war mit nur 22 Jahren Witwe geworden und hatte viele Jahre lang zusammen mit ihrer Tochter Peggy ein normales, »anständiges« Leben geführt. Bis Peggy im Alter von 16 Jahren schwanger wurde. Der betreffende Mann war längst über alle Berge und sämtliche Freunde und Bekannten rieten zu einer Abtreibung. Doch Laura Cuppy Smith hielt Abtreibung für eine Sünde. Sie ermutigte ihre Tochter, das Kind zur Welt zu bringen, und versprach, sie würden das beide gemeinsam durchstehen. Das taten sie auch – allerdings um den Preis sozialer Ächtung. Bekannte wandten sich ab, die Geschäftsleute in ihrer Kleinstadt wollten ihnen nichts mehr verkaufen, der Vermieter kündigte ihnen die Wohnung. Nur eine Prostituierte erklärte sich bereit, die beiden bei sich aufzunehmen. Als das Kind geboren wurde, paradierten Laura und Peggy mitsamt Baby die Hauptstraße entlang: »Wir durchquerten die Stadt einmal in ihrer ganzen Länge und nahmen die Herausforderung der neugierigen Augen an. Damit war das Schlimmste vorüber, die Welt konnte uns danach nicht mehr verletzen. Wir hatten die Nesseln angefasst, jetzt konnten sie uns nicht mehr verbrennen.« Sobald Laura Cuppy Smith von Victoria Woodhull und ihren Ideen hörte, wurde sie eine ihrer treusten Anhängerinnen. Vor allem in diesen schweren Monaten stand sie ihr zur Seite. Sie hatte ja selbst erfahren, was es bedeutete, für eine gerechte Sache einzutreten, Rückgrat zu beweisen und dafür von der Gesellschaft als unmoralisch ausgestoßen zu werden.

Im September reiste Victoria Woodhull zum Jahreskongress der *National Association of Spiritists* in Boston. Auch hier gab es allerdings Vorbehalte gegen sie wegen der Gerüchte, sie erpresse Leute. Nun platzte ihr der Kragen: Wollte denn niemand verstehen, dass es ihr nicht um den persönlichen Vorteil ging, sondern um die Wahrheit, um einen Kampf gegen Doppelmoral und Heuchelei? Victoria beschloss, reinen Tisch zu machen. Sie wollte niemanden erpressen. Es ging ihr nicht um Geld. Sie hatte bislang geschwiegen, um ihren Gegnerinnen und Gegnern die Möglichkeit zu geben, freiwillig und aus eigener Initiative mit ihren Überzeugungen an die Öffentlichkeit zu gehen. Da sie das aber nicht taten und stattdessen zusahen, wie Victoria Woodhull weiterhin mit Schmutz beworfen wurde, musste man sie eben zwingen. Bei ihrer Rede vor diesem spiritistischen Jahreskongress packte Victoria Woodhull aus. Zum ersten Mal erzählte sie alles, was sie wusste. Sie enthüllte die persönlichen Verhältnisse und Affären von Beecher und Tilton, von Lucy Stones Ehemann, von Mary Livermore, von allen. Sie redete sich in einen Rausch, »gebrauchte viele unflätige Worte, Tränen strömten ihr übers Gesicht, und sie schwor bei Gott«, wie sich ein Beobachter erinnert. Tief bewegt applaudierte die Menge, die Spiritistinnen und Spiritisten bekundeten ihr ihre Solidarität und wählten sie erneut zu ihrer Präsidentin. Woodhulls Anschuldigungen gegen führende Persönlichkeiten aus der Reformbewegung waren aber so direkt und skandalös, dass die Zeitungen nur andeutungsweise darüber berichteten. Der Skandal, auf den sie gehofft hatte, blieb aus, im Gegenteil: In der zweiten Oktoberwoche feierte Plymouth Church das 25jährige Jubiläum von Beechers »Regentschaft« in der Gemeinde. Es gab Lobre-

Trügerisches Familienidyll:
Henry Ward Beecher mit Ehefrau Eunice und Söhnen

den, Feierlichkeiten, Paraden, und über all das wurde lang und breit in den Zeitungen berichtet. Kein Wort von Skandalen und Ehebruch.

Victoria Woodhull war auf dem Tiefpunkt, Henry Ward Beecher auf dem Gipfel. Sie wurde ignoriert, er bejubelt. Doch Woodhull war nicht willens, sich so einfach geschlagen zu geben: Wenn die anderen Zeitungen ihre Enthüllungen nicht aufgreifen wollten, dann musste eben die *Woodhull and Claflin's Weekly* wieder ins Leben gerufen werden. Irgendwie kratzte sie das Geld für eine weitere, entscheidende Ausgabe zusammen. Unter dem Datum vom 2. November 1872 erschien die Zeitung in einer Auflage von 100 000 Exemplaren, und ihre Titelstory war »Der Beecher-Tilton Skandal«. Präsentiert wurde das Ganze in Form eines Interviews, das angeblich ein New Yorker Reporter nach ihrer Rückkehr vom Spiritistenkongress mit Victoria Woodhull geführt hatte, welches aber nicht abgedruckt worden sei, weil sich der Journalist hatte bestechen lassen. Alle Einzelheiten, die

Woodhull jemals über die ganze Affäre gehört hatte, waren hier nachzulesen. Die Affäre zwischen Henry Ward Beecher und Lib Tilton diente als Beispiel dafür, wie weit verbreitet ihre Theorien über soziale Freiheit und freie Liebe bereits waren. Sie nannte Elizabeth Cady Stanton, Isabella Beecher Hooker und Paulina Wright Davis als ihre Quellen und zitierte aus Briefen der bekannten Frauenrechtlerinnen. Dabei machte sie ganz klar, dass es ihr nicht um eine moralische Verurteilung ging: »Ich glaube an das Recht auf Privatsphäre. Es geht im Prinzip niemanden etwas an, was Herr Beecher und Frau Tilton getan haben oder tun möchten. Und das ist auch schon die ganze Lektion, die die Welt zu lernen hat. Es geht mir deshalb auch nicht um Herrn Beecher als Individuum, sondern um Herrn Beecher als Repräsentanten, als einen Mann mit Macht, als einen brutalen Gegner und mächtiges Hindernis für alles, was ich unternehme. Bei Herrn Beecher, dem einzelnen Bürger, möchte ich mich deshalb dafür entschuldigen, dass ich mich in sein Privatleben einmische.«

Der Druck und Vertrieb der Zeitung war ein geradezu konspiratives Unternehmen. Die ersten Exemplare verschickte Victoria Woodhull bereits am 26. Oktober an fast alle Zeitungen in den Vereinigten Staaten, Kanada und Großbritannien. Am 28. Oktober begann der Einzelverkauf. Sobald Beecher und seine Gemeindemitglieder davon Wind bekamen, klapperten sie sämtliche Verkaufsstellen ab und kauften alle verfügbaren Exemplare auf. Innerhalb von drei Stunden war die Auflage vergriffen. Am Abend wurden die einzelnen Exemplare, die normalerweise 10 Cents kosteten, bereits für 2,50 Dollar das Stück gehandelt. In den nächsten Tagen ließen Victoria und Tennie weitere 150 000 Stück nachdrucken und verteilten sie eigenhändig, weil sie den Geschäften und Kiosken nicht trauten. Trotzdem stieg der Preis bis auf 30 oder sogar 40 Dollar. Ganz Findige verliehen ihre Zeitungen für einen Dollar pro Tag. Es war die größte Mediengeschichte seit der Ermordung Abraham Lincolns. Beecher musste dringend etwas unternehmen: Noch am Abend des 28. Oktober versammelten sich Henry Ward Beecher, Henry Bowen und der Distrikt-Staatsanwalt Benjamin Tracy, ein loyales Gemeindemitglied von Plymouth Church, zu einer geheimen Krisenbesprechung. Am nächsten Tag sprach Tracys Sekretär bei Anthony Comstock vor, einem eifrigen Mitglied des *YMCA*, des *Christlichen Vereins Junger Männer*. Comstock war bekannt als ein fanatischer Kämpfer gegen Obszönität und »unreine« Literatur. Seine Leidenschaft war es, die

Sünde zu bekämpfen: Er machte zum Beispiel Geschäftsleuten, die Alkohol verkauften, das Leben schwer. Aber ganz besonders verfolgte Comstock alles, was auch nur entfernt mit Erotik und Sexualität zu tun hatte, und er war für seine skrupellosen Methoden bekannt – also der richtige Mann, um Beecher aus der Patsche zu helfen.

Allerdings wurde die Pressefreiheit in Amerika sehr ernst genommen, und ganz bewusst hatte Victoria Woodhull mit ihrer Einleitung zu dem Interview über den Beecher-Fall ja auf die Notwendigkeit angespielt, diese Freiheit zu verteidigen: Die Geschichte von dem bestechlichen Journalisten, der sein Interview mit Woodhull nicht drucken ließ, war vermutlich erfunden, sie sollte lediglich demonstrieren, dass im freiheitlichen Amerika Meinungen mit Geld unterdrückt werden konnten. Es würde nicht so einfach sein, Victoria Woodhull für ihre Berichterstattung über Beecher anzugreifen, weil ganz New York wusste, dass sie den Tatsachen entsprach. Außerdem war es wichtig, den Namen Beecher aus der Angelegenheit möglichst heraus zu halten – denn wie auch immer der »Fall« diskutiert würde, wäre es unangenehm für den Prediger. Aber Comstock hatte eine Idee. Er wollte sich bei seinen Aktivitäten gar nicht auf das Interview über Beecher berufen, sondern auf einen anderen Artikel der *Weekly*, und zwar auf einen Bericht von Tennessee Claflin auf Seite 14 der Ausgabe.

Dieser Artikel beginnt mit Tennessees Eingeständnis, dass sie unter Prostituierten gelebt hat und diese Frauen gut kennt. Es sei eine ungerecht behandelte und von Polizei, Gerichten und Freiern verfolgte Klasse. Die Welt, schrieb Tennessee, müsse die Leiden dieser Frauen kennen lernen und auch die Männer, die für dieses Leid verantwortlich seien. Dann beschreibt sie einen Abend, den sie und Victoria 1869 beim so genannten »New York French's Ball« miterlebt hatten. Dieser Ball war eine der berüchtigtsten Veranstaltungen, die die New Yorker Halbwelt zu bieten hatte. In den Bordellen und in Appartements, die wohlhabende Herren eigens zu diesem Zweck zur Verfügung stellten, trafen sich einmal im Jahr Frauen in gewagten Kostümen und Männer, die ein erotisches Vergnügen suchten. Masken garantierten die Anonymität. An dem betreffenden Abend waren Tennessee und Victoria in der Musikakademie gewesen, wo sich – so Zeitungsberichte – »dreitausend der besten Männer und viertausend der schlimmsten Frauen« versammelt hatten. Tennessee empörte sich über diese Beschreibung: Warum sollten die Männer, die so einen Ball besuchten, gut, die Frauen aber schlecht sein? Der Sinn ihres Artikels war, zu zeigen, dass Frauen nur deshalb als Prostituierte arbeiteten, weil es eine entsprechende Nachfrage von Seiten der Männer gibt, und dass es allzu oft auch Männer sind, die Frauen in die Prostitution treiben.

Auf diesem Ball hatten Tennessee und Victoria Luther Challis getroffen, einen ihnen bekannten Wall-Street-Broker, der in Begleitung von Charles Maxwell unterwegs war, einem Schönling und Playboy aus reicher Familie. Die beiden Männer kamen in Begleitung von zwei jungen Mädchen im Alter von 15 oder 16 Jahren in Woodhulls Loge, und Challis bestellte Wein, mit dem er die beiden Mädchen betrunken machte. Tennie riet ihnen, nicht so viel zu trinken, aber Challis fuhr sie an, sie solle sie in Ruhe lassen. Inzwischen war das Fest wild und orgiastisch geworden. Männer ließen sich Frauen in ihre Logen kommen und schliefen mit ihnen oder vergewaltigten sie. Maxwell verkündete, er und Challis würden nun mit den Mädchen zu Molly's gehen, das nahe Bordell von Molly de Ford, wie Victoria und Tennie genau wussten. Tennessee bat die Männer vergeblich, die beiden jungen Mädchen nicht an einen solchen Ort zu bringen, doch die vier verließen zusammen den Ball. An den folgenden Tagen gingen die beiden Mädchen Tennessee nicht mehr aus dem Kopf und eine Woche später überredete sie Victoria, Molly de Ford zu besuchen. Ihre schlimmsten Befürchtungen wurden bestätigt. Sie trafen die beiden dort an und ließen sich ihre Geschichte erzählen: Noch am Abend des Balls hätten Challis und Maxwell sie vergewaltigt. Anschließend hätten die beiden Männer ihren Triumph, zwei Jungfrauen verführt zu haben, gefeiert, und Challis habe sich gebrüstet, die »rote Trophäe ihrer Jungfräulichkeit« am Finger zu tragen. Danach hätten sich die Mädchen aus Scham nicht zurück nach Hause getraut und beschlossen, im Bordell von Molly de Ford zu bleiben und dort als Prostituierte zu arbeiten – so weit Tennessees Artikel in der *Woodhull and Claflin's Weekly*.

Im Gefängnis

Am 2. November wurde Comstock, mit eidesstattlichen Erklärungen und Empfangsbestätigungen ausgestattet, beim Staatsanwalt Noah Davis vorstellig, einem weiteren Gemeindemitglied von Plymouth Church. Obwohl es Sonntag war, wurde er vorgelassen. Comstock klagte Woodhull und Claflin offiziell an, obszönes Material mit der Post verschickt zu haben – das war nach einem Postgesetz von 1865 verboten. Dieses Gesetz war bis dahin zwar so gut wie nie angewandt worden, trotzdem ließ der Staatsanwalt Victoria Woodhull und Tennessee Claflin noch am selben Tag verhaften und ins Ludlow Street-Gefängnis bringen. Auch die Beamten, die sie dort bewachten, waren Gemeindemitglieder von Plymouth Church. Victoria und Tennessee weigerten sich, ohne Anwalt auszusagen, weshalb sie die Nacht im Gefängnis verbrachten. Am Montag wurden sie informiert, dass ihre Kaution auf damals unglaubliche 8 000 Dollar pro Kopf angesetzt worden sei. Die komplette Ausstattung der Zeitung, Setzerei, Papier, Druckmaschinen und das gesamte Büromaterial, wurde beschlagnahmt. Man teilte Victoria Woodhull ausdrücklich mit, dass ihre Verhaftung nichts mit dem Beecher-Artikel zu tun habe – schließlich gebe es in Amerika Pressefreiheit –, sondern dass sie wegen jener Formulierung aus dem Luther-Challis-Artikel über »die rote Trophäe ihrer Jungfräulichkeit« angeklagt sei. Dies sei eine Obszönität, daher hätte die Zeitung nicht mit der Post verschickt werden dürfen. Es nützte nichts, dass Victoria darauf hinwies, dass dies ein Zitat aus der Bibel sei, nämlich aus dem 5. Buch Mose, Kapitel 22, Vers 15. Und es nützte auch nichts, dass Tennessee fragte: »Bei solchen Kriterien müssten Sie auch die Leute von der *World* und der *Sun* verhaften, warum ausgerechnet uns?«

So kam es, dass Victoria Woodhull zur Zeit der Präsidentschaftswahlen im Gefängnis saß. Bei den Wahlen im November 1872 wurde der Republikaner Ulysses Grant, den die Frauenrechtlerinnen unterstützt hatten, mit deutlicher Mehrheit wieder gewählt. Vom Frauenwahlrecht war im gesamten Wahlkampf keine Rede mehr gewesen. In der Frage, wie sie sich zu Victoria Woodhulls Veröffentlichung und zu ihrer Verhaftung verhalten sollten, sahen sich die Frauenrechtlerinnen gespalten. Natürlich wurden sie nun von den Zeitungen um Kommentare gebeten: Was hielten sie von den Enthüllungen? Hielten sie die Anschuldigungen gegen Beecher für wahr? Elizabeth Cady-Stanton, die Victoria als Quelle angeführt hatte, wird unmittelbar nach dem Erscheinen der *Weekly* mit der Aussage zitiert, Woodhulls Behauptungen seien »in jeder Hinsicht unwahr« – was, wenn sie es tatsächlich so gesagt haben sollte, eine eindeutige Lüge war. Anders jedoch Beechers Schwester Isabella Hooker. In einer Mischung aus Entrüstung über die Inhaftierung ihrer bewunderten Victoria und in naiver Verkennung der Lage ihres Bruders forderte sie Henry Ward Beecher in einem Brief auf, sich offen zu seinen Theorien über freie Liebe zu bekennen und drohte ihrerseits mit weiteren Enthüllungen über sein Privatleben. Nun gerieten Beecher und Tilton wirklich in Panik. Bislang waren die großen Zeitungen auf die Enthüllungen von Victoria Woodhull nur in Randnotizen eingegangen. Der Beecher-Skandal war zwar insgeheim das Gesprächsthema in ganz New York und Brooklyn, aber offizielle Schritte gegen Beecher oder Rücktrittsforderungen hatte es noch nicht gegeben. Victoria Woodhull, eine zwielichtige Frau aus der Unterschicht, die obendrein im Gefängnis saß, war eben auch dann unglaubwürdig, wenn jeder wusste, dass sie Recht hatte. Was aber, wenn ihre Behauptungen nun von einem angesehenen Mitglied der Beecher-Familie bestätigt würden?

Henry Ward Beecher war entschlossen, Isabella in ihre Schranken zu weisen. Unterstützt von Harriet und Catharine drohte er seiner jüngsten Schwester, die Familie werde sie für geistig unzurechnungsfähig erklären und in ein Sanatorium stecken lassen, wenn sie es wage, in dieser Angelegenheit den Mund aufzumachen. In ihrer Not wandte sich Isabella an Elizabeth Cady-Stanton. Die war inzwischen so entrüstet über Beechers Intrigen, dass sie beschloss, die Seiten zu wechseln. Sie schrieb an Isabella: »Victorias Geschichte ist übertrieben, aber in der Hauptsache entspricht sie den Fakten, die Susan und ich gehört haben. Ich habe nicht den geringsten Zweifel, dass sie wahr ist. Die abscheuliche Verfolgung von Frau Woodhull durch unsere Justiz zeigt, dass Geld und Macht dahinter stecken. Ich werde nicht länger zurückhalten, was ich weiß, um die Dinge für dich leichter zu machen. Ich bin in dieser Sache genauso gekreuzigt worden wie du. Dies ist das erste, was ich in dieser T- und B-Angelegenheit zu Papier gebracht habe, also nutze es weise zu deiner Verteidigung.«

Anfang Dezember 1872 wurden Victoria Woodhull und Tennessee Claflin gegen eine Kaution von 16 000 Dollar freigelassen. Die angesichts der Vorwürfe absurd hohe Summe hatte James Blood durch den Verkauf der Sondernummer der *Weekly* aufbringen können. Nun warteten sie auf ihren Prozess. Es fanden sich genug Unterstützer, um die *Weekly* weiter herauszubringen. Die zweite Nummer erschien 1872 kurz vor Weihnachten und beschäftigte sich natürlich vor allem mit den Anklagen gegen Woodhull und Claflin, mit ihrem

Antony Comstock

Aufenthalt im Gefängnis und den Verflechtungen und Intrigen von Plymouth Church. Victoria Woodhull plante zudem in der Bostoner Music Hall eine Rede unter dem melodramatischen Titel »Moralische Feigheit und moderne Heuchelei – die nackte Wahrheit – Dreißig Tage im Gefängnis«, aber Harriet Beecher Stowe, die in Boston viel Einfluss hatte, sorgte dafür, dass die Veranstaltung abgesagt und auch kein anderer Veranstaltungsraum zur Verfügung gestellt wurde. Victoria verlegte ihre Rede daraufhin für den 9. Januar 1873 ins Cooper Institut nach New York City, wo Beecher Stowe sie nicht aufhalten konnte.

Aber so leicht wollte der Sittenwächter Anthony Comstock sie nicht davon kommen lassen. Anfang Januar eröffnete er in Greenwich/Connecticut unter falschem Namen ein Postfach und bestellte schriftlich sechs Exemplare des *Woodhull and Claflin's Weekly* vom 2. November. Dann fuhr er nach Norwalk und gab eine ebensolche Bestellung auch im Namen eines Freundes auf. Mit den zugestellten Zeitungen als Beweis kehrte er nach New York zurück und klagte die Schwestern und diesmal auch Blood erneut wegen Versendung obszönen Materials durch die Post an. Aber Laura Cuppy Smith hörte von der drohenden Verhaftung und versteckte Victoria Woodhull in einem Hotel in Jersey City. Tennessee entzog sich der Verhaftung durch ihre eigene Geistesgegenwart: Als die Polizei zur Wohnung der Claflins kam, fand sie dort nur eine Dienstmagd beim Wäschewaschen – Tennie in Verkleidung, was die Polizisten aber nicht merkten. James Blood jedoch, den die Warnung nicht rechtzeitig erreicht hatte, kam ins Gefängnis.

Victoria Woodhull und Tennessee Claflin waren also auf der Flucht vor der Polizei, als der 9. Januar kam, der Tag, an dem Victoria ihre Rede im Cooper Institut halten wollte. An diesem Abend bewachten fünfzig Polizisten den Vortragssaal und jeden Eingang des Gebäudes. Trotz der Bekanntmachungen, es werde keine Rede geben, strömten die Menschen nur so in den Saal und warteten darauf, dass irgend etwas geschehen würde. Um acht Uhr betrat Laura Cuppy Smith die Bühne und verkündete, dass sie an Stelle von Victoria Woodhull deren Rede vortrage. Als sie gerade beginnen wollte, kämpfte sich eine offenbar ältere Frau in grauem Quaker-Umhang und Haube mit schwerfälligen Schritten zur Bühne vor. Sie stieg mühsam den Bühnenaufgang hoch, ging zum Rednerpult – und warf da mit einer theatralischen Geste Umhang und Haube ab. Es war Victoria Woodhull höchstpersönlich. »Comstock ist geschlagen!«, jubelte Laura Cuppy Smith, das Publikum schrie und tobte. Die Polizisten wagten es angesichts der enthusiastischen Menge nicht, einzugreifen. »Ich komme zu euch aus einer Zelle in der amerikanischen Bastille«, rief Victoria theatralisch. Die Polizei habe die Setzerei der *Weekly* beschlagnahmt, die Druckerpresse zerstört, private Papiere gestohlen. Aber sie beklagte nicht nur ihre eigene Lage, sie rechnete auch mit den prüden Ansichten ihrer Verfolger ab: Wenn Leute wie Comstock sich mit ihrem Anti-Porno-Wahn durchsetzen, warnte sie, dann »könnten bald einige Frauen wegen Ehebruchs angeklagt werden, weil sie ihren kleinen Sohn küssen.« Doch Comstock sei nur ein Werkzeug Beechers, die ganze Anklage gegen sie nichts anderes als eine Verschwörung von Plymouth Church. Eineinhalb Stunden dauerte Woodhulls Rede, dann inszenierte sie ihren dramatischen Abgang. Sie sprang von der Bühne, durchquerte das laut applaudierende Publikum, breitete ihre Arme aus wie in einer Kreuzigungsszene und ließ sich verhaften. Auch Tennessee Claflin stellte sich am nächsten Tag den Behörden, und die Schwestern bewohnten wieder ihre Zelle Nummer 11 im Ludlow Gefängnis.

Laura Cuppy Smith sammelte Geld für den Prozess, und Woodhull selbst schrieb Briefe an mögliche Unterstützerinnen und Unterstützer. Aber auch Anthony Comstock setzte seine Kampagne fort. Er ging nach Washington und machte dort erfolgreich Lobbyarbeit für schärfere Gesetze gegen Obszönität, Pornografie, Geburtenkontrolle und Abtreibung. Unter Berufung auf die *Weekly* forderte er, jede Werbung für oder Aufklärung über Verhütungsmittel müsse verboten werden und Abtreibungen dürften nicht unter zwanzig Jahren Gefängnis bestraft werden. Gegen den Protest liberalerer Männer wie Benjamin Butler passierte das Gesetz den Kongress und den Senat, und Präsident Grant – für den die Mehrheit der Frauenrechtlerinnen im Wahlkampf mobilisiert hatte – gab Comstock einen hohen Regierungsposten und den Auftrag, die Einhaltung des Gesetzes zu überwachen.

Trotzdem war Woodhulls Rede am Cooper Institut und der Versuch, die Öffentlichkeit zu mobilisieren, erfolgreich gewesen. Die erste Verhaftung der Schwestern hatten die Medien noch weitgehend gleichgültig aufgenommen – irgendwie war man der Meinung, dass die beiden eine Zurechtweisung durchaus verdient hätten. Doch diese erneute Verhaftung unter offensichtlich an den Haaren herbeigezogenen Anklagen fand kein Verständnis mehr. Viele Zeitungen druckten einen offenen Brief von Victoria Woodhull ab, in dem sie schreibt: »Weil ich eine Frau bin, bekomme ich keine Gerechtigkeit, keine Fairness, keine Chance, durch die Presse die öffentliche Meinung zu erreichen. Wann hat es das in diesem Land von so genannter religiöser und bürgerlicher Freiheit gegeben, dass Kanzeln, Medien und Persönlichkeiten vor einer feigen öffentlichen Meinung zittern? Ist es nicht verwunderlich, dass das ganze christliche Gesetz und alle Zivilisation ihres Sinnes entledigt wurden, indem sie zwei arme Frauen ins Gefängnis sperrten? Stellen Sie sich vor, verehrter Herr Verleger, einige Ihrer Feinde würden Sie in die Zelle sperren, weil Sie den Challis-Artikel veröffentlicht haben, würden Ihre Drucker verhaften, Ihren Herausgeber verfolgen, Ihre Büroräume schließen und Ihnen jeden Zugang zur Presse und Versammlungsräumen verweigern? Würde nicht das ganze Land vor Empörung aufstehen?«

Die öffentliche Kontroverse um Victoria Woodhull und ihren Beecher-Artikel zog sich über Monate hin. Insgesamt wurden sie und Tennessee acht Mal gefangen genommen, zwischendurch waren sie jeweils gegen Kaution auf freiem Fuß. Die *Weekly* erschien nun wieder regelmäßig jede Woche. Wenn Victoria, Tennessee und teilweise auch James Blood im Gefängnis waren, übernahmen vor allem Stephen Pearl Andrews und Bloods Bruder George die Arbeit. Ende Februar 1873 wurde Victoria Woodhull von einer sozialistischen Gruppe, der *New England Labor Reform League* nach Boston eingeladen, also in die Stadt, wo viele der konservativen Frauenrechtlerinnen beheimatet waren. Die Sozialisten hatten die größte Halle der Stadt, Tremont Temple, gemietet, aber die Vermieter machten den Vertrag rückgängig, als sie hörten, dass Victoria Woodhull die Hauptrednerin sein würde. Die kleinere Halle, die daraufhin gefunden wurde, war so überfüllt, dass sie ihre Rede gleich am nächsten Tag noch einmal wiederholen musste, außerdem gab es noch zwei Auftritte in kleineren Sälen. »Boston hat vier Reden von Frau Woodhull gehört und ist noch am Leben«, sagte der Vorsitzende der *Reform League* mit ironischem Augenzwinkern. Als die Veranstaltung zu Ende war, musste Victoria Woodhull sich beeilen, um den Zug nach New York noch zu erwischen, und sie ließ ihren Schal im Saal liegen. Ein junger Sozialist wurde hinterer geschickt, um ihn ihr zum Bahnhof zu bringen: der 18-jährige Benjamin R. Tucker. Er schaffte es gerade noch, Victoria am Zug zu erwischen, und zu seiner Überraschung bedankte sie sich bei ihm mit einem dicken Kuss mitten auf den Mund. Es war nicht das letzte Mal, dass die beiden sich begegneten.

Wieder in Freiheit

Die offensichtlichen Ungerechtigkeiten in dem Prozess gegen Woodhull und Claflin bewirkten, je länger er sich hinzog, einen gründlichen Wandel in der öffentlichen Meinung. Wenn die Schwestern im Gefängnis waren, gaben sich in ihren Zellen Journalisten, Intellektuelle und Anwälte die Klinke in die Hand. »Ein wahres Zeltlager« sei das, schrieb ein Reporter. Benjamin Butler verteidigte Woodhull und Claflin in einem viel beachteten offenen Brief. Verschiedene Zeitungen setzten ihre Reporter darauf an, den Filz zwischen der New Yorker Justiz und Plymouth Church zu untersuchen, sie sahen die Pressefreiheit in Gefahr und nannten Fanatiker à la Comstock die »amerikanische Inquisition«. Besonders eifrig darin, weitere Einzelheiten über Beechers Ehebruch zu recherchieren, war Edward Clark, ein junger, ehrgeiziger Journalist von der *Troy Daily Press*. Er trieb neue Zeuginnen auf, die Woodhulls Geschichte bestätigten, und im Mai 1873 erschien seine vierseitige Story unter der Überschrift »Nicht Obszönität, sondern Gottes Wahrheit«. In seinem Artikel bestätigte Clark Woodhulls Enthüllungen über Beecher und untermauerte sie mit weiteren Belegen. Zwar distanzierte er sich schärfstens von ihren Ansichten über freie Liebe, aber er zeichnete detailliert die Konspirationen zwischen Plymouth Church, der New Yorker Justiz und dem YMCA nach. Und Clark war nur einer von vielen. Wie sehr sich die öffentliche Meinung zugunsten von Victoria Woodhull gewandelt hatte, wird darin deutlich, dass selbst frühere Gegnerinnen wie Mary Livermore nun öffentlich für sie Partei ergriffen – Livermore etwa schrieb im *Women's Journal*, Woodhull sei das Opfer einer frauenfeindlichen Kampagne geworden.

Anthony Comstock, der befürchtete, seine auf wackeligen Argumenten beruhende Anklage würde eine Gerichtsverhandlung nicht bestehen, suchte Luther Challis auf und überredete ihn dazu, auch seinerseits Anklage gegen Woodhull und Claflin wegen Verleumdung zu erheben. Dieser Fall wurde am 2. Juni 1873 verhandelt, wieder vor Richter Noah Davis, dem Diakon von Plymouth Church. Aber Molly de Ford, die Bordellbetreiberin, in deren Etablissement Challis und Maxwell die beiden jungen Frauen vergewaltigt hatten, gab eine eidesstattliche Erklärung ab, in der sie den Bericht der *Weekly* bestätigte und sagte, sie würde das jederzeit auch vor Gericht bezeugen. Das war eine bemerkenswert mutige Entscheidung, denn schließlich lief Molly de Ford Gefahr, dass ihr Haus geschlossen würde. Doch sie versicherte, es gehe hier um eine moralische Frage, und sie sei bereit, die Konsequenzen zu tragen. Ihre Aussage zeigte Wirkung: Challis ließ die Anklage fallen.

Auch George Francis Train, ein exzentrischer Millionär und seit längerem ein Bewunderer von Victoria Woodhull, kam ihr zu Hilfe. Da sie angeklagt war, weil sie einen Vers aus der Bibel veröffentlicht hatte, gab er ein Zitatenbuch mit zahlreichen alttestamentlichen Textpassagen heraus, in denen es um Nacktheit, Mord, Inzest und Ehebruch geht, und forderte Comstock auf, ihn nun auch wegen des Druckens der »ekelhaften Verleumdung von Lot, Abraham, Salomo und David« anzuklagen. Tatsächlich wurde Train verhaftet. Bei der Verhandlung seines Falles plädierte er selbst auf schuldig im Sinne der Anklage, fügte aber hinzu: »basierend auf Auszügen aus der Bibel.« Der Richter – wiederum Noah Davis – vertagte den Fall und ließ Train fünf Monate im Gefängnis schmoren. Als die Verhandlung endlich wieder aufgenommen wurde, erklärte man Train kurzerhand für unzurechnungsfähig und wies ihn in eine Irrenanstalt ein. Selbst die *Sun* nannte den Prozess einen »Plymouth Church Betrug«. Train konnte zwar entkommen und floh auf dem ersten Schiff nach England. Doch weil er für unzurechnungsfähig erklärt worden war, fiel sein gesamtes Vermögen von geschätzten 20 Millionen Dollar an den Staat.

Woodhull, Claflin und Blood wurden letzten Endes frei gesprochen. Für das im Juni 1873 ergangene Urteil war wohl weniger die Faktenlage ausschlaggebend als die Tatsache, dass die öffentliche

Meinung nun einmütig auf ihrer Seite stand. Der eigentliche Prozess war sehr kurz und die Urteilsbegründung für Comstock geradezu tragisch: Denn Woodhulls Anwalt argumentierte (und die Geschworenen gaben ihm recht), dass in dem betreffenden Paragraphen, der die Versendung obszöner Post verbietet, nur von Büchern und Pamphleten die Rede war. Erst durch eine Gesetzesänderung Anfang 1873 waren auf Betreiben Comstocks auch Zeitungen ausdrücklich aufgenommen wurden. Das bedeute aber im Umkehrschluss, dass in der ursprünglichen Version des Gesetzes Zeitungen nicht unter das Verbot fielen. Also seien die Angeklagten, deren »Vergehen« ja bereits 1872 stattgefunden hatte, freizusprechen. Sehr geschickt zog sich das Gericht hier also aus der Affäre: Eine Diskussion über die Inhalte der Zeitung – ob die nun obszön waren oder nicht, ob es sich nun um ein Bibelzitat handelte oder nicht – musste gar nicht erst geführt werden.

Nach diesem Freispruch war Victoria Woodhull wieder eine gefragte Rednerin. Sie beschäftigte sich immer noch mit ihren Theorien der freien Liebe, entwickelte sie aber weiter und gab ihnen eine Wendung ins Mystische: Was bedeutet ewiges Leben? Gibt es Unsterblichkeit? Gibt es einen Zusammenhang zwischen dem Leben nach dem Tod und dem irdischen Leben? Wie wirken sich das Jenseits und die spirituelle Reinheit konkret auf den materiellen Körper aus? Das waren die Fragen, auf die sie nun Antworten suchte. Ganz neu waren solche Gedanken für sie nicht, schon zwei Jahre zuvor hatte Tilton geschrieben: »Sie dachte ernsthaft über die Verwandlung aus unserem sterblichen in den unsterblichen Zustand nach und entwickelte die Idee, dass eine Zeit kommen wird, wo der lebendige menschliche Körper, anstatt durch Krankheit zum Tode zu kommen und dann in einem Grab zu zerfallen, sich mehr und mehr verfeinern wird, so dass nur noch die Seele übrig bleibt.« Nun kehrte sie zu dieser Fragestellung zurück. Aber anders als zu früheren Zeiten, in denen sie dachte, mit dem Tod löse sich der Körper ganz auf und der Mensch verwandle sich in eine rein seelische immaterielle Existenz, war sie nun der Meinung, dass ein reiner Körper genau diese Perfektion darstellen könnte. Ihre Beschäftigung mit dem Jenseits, ihre Suche nach Unsterblichkeit, hatte vor allem private Gründe. Im Sommer 1873 starb ihre alkoholkranke Schwester Utica, erst 31 Jahre alt. Die beiden hatten zwar nie ein sehr inniges Verhältnis gehabt, trotzdem war das ein Schock für Victoria. Warum so jung? Und was war nun mit Utica geschehen? Einige Wochen zuvor war auch Victoria selbst sehr krank gewesen, sie hatte sich eine schwere Erkältung geholt, und ihr Zustand war eine Zeitlang so kritisch, dass Tennie eine kurze Nachricht an ihren damaligen Liebhaber, einen Reporter bei der *Sun*, schickte. »Victoria Woodhull liegt im Sterben« lauteten die Schlagzeilen am nächsten Tag. Victoria war zwar nicht gestorben, aber sie war dem Tod nahe gewesen und deshalb dachte sie nun über die Endlichkeit des irdischen Lebens nach.

Im Sommer 1873 sprach Victoria Woodhull bei einem großen spiritistischen Zeltlager in Vineland/New Jersey über »Die Horrorvisionen der sexuellen Freiheit«. Es war eine Auseinandersetzung mit den Einwänden, die seit der »Free Love«-Rede gegen ihre Vorstellungen von sexueller Freiheit vorgebracht worden waren. Im Großen und Ganzen wiederholte sie hier Argumente, die aus früheren Reden bereits bekannt waren, und wieder ließ sie keinen Zweifel daran, dass sie sich nicht nur theoretisch mit dem Thema auseinander setzte: »Dies ist mein Liebhaber«, sagte Victoria und deutete hinter sich – Beobachter waren sich nicht sicher, ob sie dabei auf James Blood zeigte oder auf den jungen Benjamin Tucker, der neben ihm saß –, »dies ist mein Liebhaber, doch wenn ich ihn nicht mehr liebe, dann werde ich ihn verlassen.« Sexuelle Freiheit war für Woodhull aber jetzt nicht mehr nur einfach ein Recht, das den Menschen zustand, sondern auch ein Weg zur Unsterblichkeit. Es ging dabei nicht mehr nur um Politik, sondern auch um Religion, um Transzendenz. »In einer perfekten Sexualität finden wir ewiges Leben«, sagte sie. Eine wahrhaft spirituelle Gesellschaft, eine menschliche Gemeinschaft freier Liebender, werde die Grenzen des Todes überwinden. Victoria Woodhull war die Hauptrednerin an allen drei Tagen des Spiritistentreffens. Und am Ende gab es sogar eine Art Seligpreisung für sie: »Möge das Leben, die Kraft, die Weisheit, die Liebe und Gnade von Victoria Woodhull uns alle von unseren verheirateten Wegen erretten und uns zu individueller und universeller Freiheit führen, mit Liebe und gutem Willen für alle, Amen.«

Aber auch unter den Spiritisten gab es Kritik. Zweifel wurden geäußert an der Ernsthaftigkeit von Woodhulls Ansichten: Ging es ihr nicht nur um die eigene Karriere? Schlief sie nicht etwa mit Männern, um ihre Ziele zu erreichen – und nicht nur aus Liebe und sexueller Hingabe? Im Herbst rechnete sie bei einer spiritistischen Versammlung in Chicago mit ihren Kritikern ab: »Als ich aus dem

Gefängnis kam, war ich eine Bettlerin. Ihr habt zugelassen, dass ich auf der Straße landete. Also nutzte ich jeden Einfluss, den ich hatte, um an Geld zu kommen, aber das geht nur mich etwas an und nicht euch. Und wenn ich meinen Körper meiner Arbeit gewidmet habe und meine Seele Gott, dann ist das nur meine Angelegenheit und nicht eure.« Sogar Victoria Woodhull hatte noch nie zuvor so freizügig über Körperlichkeit und Sexualität gesprochen: »Diese ganze Sache mit dem Geschlechtsverkehr können wir meinetwegen hier diskutieren, und wir können sie so lange diskutieren, bis ihr mit euren Geschlechtsorganen vertraut seid und euch nicht mehr die Röte ins Gesicht schießt, wenn man davon spricht. Ich suche nichts anderes als die Wahrheit über den Geschlechtsverkehr, und ich will sie suchen, egal ob mich das in den Himmel oder in die Hölle bringt.« Nichts, teilte sie dem irritierten Publikum mit, sei so zerstörerisch wie Geschlechtsverkehr, der aus reiner Gewohnheit und ohne beiderseitigen Gewinn vollzogen wird. »Jeder Mann muss in seinen Ohren das Brüllen des Bedürfnisses nach einem weiblichen Orgasmus hören.« Perfekter Sex sei das »Elixier des ewigen Lebens«. Wie immer brachte sie das Publikum auf ihre Seite: Trotz ihrer Radikalität erntete sie stehende Ovationen.

Aber Victoria Woodhull sprach nicht nur vor spiritistischen Gruppen, sondern nach wie vor auch vor Vereinen aus der Arbeiterbewegung. Sie solidarisierte sich in dieser Zeit demonstrativ mit denen ganz unten, mit dem so genannten »Lumpenproletariat«. Sie hatte in den ungebildeten Massen, der Unterschicht, den Dienstmädchen, Fabrikarbeitern, Näherinnen eine neue Zielgruppe entdeckt: Das waren ihre eigenen Leute. Von den bürgerlichen Reformbewegungen enttäuscht, bestärkte Woodhull sie in ihrem Ärger über »die da oben«. Im Oktober 1873 sprach sie in New York über die Rechte der »unteren Millionen« gegen die »oberen Zehntausend«: »Die Aktionäre, Kreditinstitute und Eisenbahnmagnaten sagen zu den Politikern: Wenn ihr Gesetze erlasst, die in unserem Interesse sind, werden wir euch an der Macht halten.« Ihr eigenes Schicksal war ihr beispielhaft dafür, wie ungerecht die Gesellschaft der Reichen und angeblich Tugendhaften mit wahrheitsliebenden Menschen umgeht.

Das Redenhalten wurde nun Victorias hauptsächliche Einkommensquelle. Die Brokerfirma gab es nicht mehr, und die Zeitung warf keinen Gewinn ab, sie war im Gegenteil ein Zuschussgeschäft. Wenn sie von Veranstaltern eingeladen wurde, dann verhandelte

Woodhull deshalb hart um ihr Honorar: Hundert Dollar pro Abend, das war der Preis, auf dem sie bestand – ein recht stattlicher Preis, der heute ungefähr 800 Euro entspräche. Doch ihr neues Publikum hatte kein Geld, um so hohe Eintrittspreise zu bezahlen, und so musste Woodhull schließlich mit den Preisen heruntergehen.

Aber obwohl ihre finanzielle Lage schwierig war, versank Victoria Woodhull in diesem Winter keineswegs in Depressionen. Sie hatte einen neuen Liebhaber, eben den jungen, gerade 19 Jahre alten Benjamin Tucker. Tucker war schon als sehr junger Bursche ein eifriger Anhänger der freien Liebe gewesen – theoretisch jedenfalls. Praktisch war er noch Jungfrau. Nach Tuckers Erinnerung lud Woodhull ihn zu sich ins Hotelzimmer ein und verführte ihn recht unverfroren. Das Erstaunlichste daran war für ihn neben dem Altersunterschied – Victoria war gut 15 Jahre älter als er – die Reaktion von James Blood. Völlig ungerührt leistete er den beiden Turtelnden Gesellschaft, und als Tucker Victoria einmal fragte, ob ihr Ehemann nicht eifersüchtig wäre, erwiderte sie nur: »Ach, das ist schon in Ordnung. Außerdem ist es eigentlich seine Schuld. Erst neulich schrieb er mir einen Brief, in dem er dich in den höchsten Tönen lobt und erklärt, wenn du ein Mädchen wärst, wüsste er genau, was er mit dir machen würde.«

Fast ein Jahr lang war Benjamin Tucker Victorias »boy lover«, wie sie ihn nannte. Für den zwar sehr belesenen, aber eher unbedarften und in praktischen Dingen des Lebens unerfahrenen jungen Mann war es eine harte Lektion. Er folgte Victoria nach New York und musste sich dort mit den chaotischen Gewohnheiten der Claflins arrangieren. Sie wohnten inzwischen in einem Haus in der 18. Straße Ost, und im Vergleich zu dem, was Tucker von zu Hause gewohnt war, herrschte dort nur »bohemische Unordnung«. Wenn es heiß war, wurde er – als jüngster Neuzugang der Wohngemeinschaft – zum Bier holen in eine der Kneipen an der Third Avenue geschickt. Tucker fügte sich in alles. Er versuchte, sich nicht daneben zu benehmen und nicht als allzu unbedarft zu blamieren. Lediglich als Victoria ihm einmal vorschlug, er könnte doch auch einmal mit Tennie ins Bett gehen, legte er ernsthaften Protest ein: »Ich will nicht«, versicherte er. »Oh, sag so etwas nicht«, soll Victoria geantwortet haben, »niemand kann mich lieben, der Tennie nicht auch liebt.« Aber in dieser Hinsicht blieb Benjamin Tucker standhaft – behauptete er jedenfalls.

Im Frühsommer 1874 brach Victoria Woodhull zu einer Vortragsreise in den Westen auf, sie sprach in Salt Lake City, in San Francisco

Benjamin Tucker

und in San José. Als sie zurückkam, hatte Tucker schlechte Nachrichten. Er müsse in diesem Sommer nach Europa reisen, seine Familie wollte das so, denn eine Europareise gehörte damals zur Ausbildung jedes wohlhabenden jungen Mannes. Victoria fand diese Nachricht gar nicht so schlimm, und am Ende schifften sich alle ein: Victoria, Tennessee, James Blood, Zulu Maud und Mutter Annie. Nur Buck Claflin ließen sie zurück, und Byron, um den sich zwischenzeitlich Bloods Bruder George kümmerte. Die Reise nach Europa war aber das Ende von Victorias Affäre mit Benjamin Tucker. In Paris wurde ihm klar, dass Woodhull, die er als sozialistische Vorkämpferin bewundert hatte, keine Ahnung von den politischen Verhältnissen in Frankreich hatte. Warum auch? Sicher, sie hatte drei Jahre zuvor einen Protestmarsch für die Opfer der Pariser Kommune organisiert – aber war das gleich ein Grund, französische Geschichte zu studieren? Für den intellektuellen Tucker war solche Unbekümmertheit ein Widerspruch. Offenbar war ihm in den Monaten zuvor entgangen, dass Victoria Woodhull ihre Motivation zu politischem Engagement keineswegs aus Büchern oder formaler Bildung bezog. Als die Claflins nach Amerika zurückkehrten, blieb Benjamin Tucker in Europa und dachte über die Frauen nach. »Langsam wurde mir klar«, schrieb er später, »dass, so ehrenhaft auch die Ziele waren, die die Claflin-Schwestern zu verfolgen meinten, die Mittel, die sie dabei einsetzten, doch nicht zu rechtfertigen und schändlich waren. Deshalb trennte ich mich von ihnen.«

Die Welt der Claflins war nicht die Welt des Benjamin Tucker. Trotzdem wäre es einmal eine interessante Frage, zu untersuchen, inwieweit die libertären Ansichten des später so berühmt gewordenen Anarchisten nicht doch hier und da von seiner frühen Bekanntschaft mit Victoria Woodhull inspiriert waren.

Neue Wendungen und Orientierungen

Im Juli 1874, gerade als Victoria auf Europareise war, erregte der Beecher-Skandal erneut die amerikanische Öffentlichkeit. Ende 1873 hatte Plymouth Church Theodore Tilton ausgeschlossen, weil er »seinen Pastor verleumdet« habe. Tilton, durch die permanenten Anschuldigungen von Beechers Freunden und seine beruflichen Misserfolge in die Enge getrieben, zog nun selbst gegen Beecher vor Gericht und klagte ihn des Ehebruchs an, was er auch mit zahlreichen Dokumenten belegte. Für Elizabeth Tilton war das der Anlass, ihren Mann zu verlassen – sie hielt Beecher die Treue und sagte in dem Prozess gegen Theodore Tilton aus. Elizabeth Cady-Stanton dagegen bestätigte in mehreren Artikeln Tiltons Vorwürfe. Erst jetzt installierte auch Plymouth Church wenigstens pro forma eine eigene Untersuchungskommission, die Beecher jedoch erwartungsgemäß freisprach und lediglich Elizabeth Tilton eine »unmäßige Zuneigung« zu ihrem Prediger bescheinigte. Das Ganze war lächerlich: Gemeindemitglieder, die es wagten, diese Sicht der Dinge in Frage zu stellen, wurden aus der Gemeinde ausgeschlossen oder sogar tätlich angegriffen. Victoria Woodhull äußerte sich auch nach ihrer Rückkehr nach New York nicht zu diesen erneuten Diskussionen über Beecher und Plymouth Church. Sie war mit dem Thema durch, es interessierte sie nicht mehr.

Stattdessen plante sie eine weitere Vortragsreise. In gewisser Weise nahmen Victoria und Tennessee nun ihr früheres Wanderleben wieder auf, mit dem Unterschied, dass sie sich nun mehr auf politische statt auf spiritistische Shows spezialisierten. Wenn sie nicht von spiritistischen oder sozialistischen Gruppen eingeladen wurden, dann tingelten sie mit James Blood und manchmal auch mit Zulu Maud von Stadt zu Stadt und organisierten selbst politische Veranstaltungen. Tennessee oder James reisten voraus, mieteten die Hallen, machten Werbung, sprachen Presseleute an. Auch Zulu Maud, inzwischen 13 Jahre alt, bekam jetzt zuweilen ihre Auftritte. Zum Beispiel rezitierte sie zum Auftakt des Abends Gedichte, bevor ihre Mutter dann eine Rede hielt. Die *Weekly* erschien nur noch sporadisch, je nachdem, wie die Finanzen es zuließen. Im Dezember 1874 mussten Victoria und Tennessee den Umfang der Zeitung halbieren, und immer häufiger druckten sie nun Aufrufe, in denen sie um finanzielle Unterstützung baten.

Mit den Frauenrechtlerinnen hatte Woodhull inzwischen fast gar nichts mehr zu tun. Die einzige, zu der sie noch losen Kontakt hielt, war Elizabeth Cady-Stanton, die in der erneuten Kontroverse um Beecher immer eindeutiger Position bezog. Aber noch immer war ihre politische Basis, ihr ganzes Denken völlig anders als das von Victoria. In einem Brief schrieb Cady-Stanton in dieser Zeit: »Meine liebe Freundin, du fragst mich nach meinen Ansichten. Die wahren Beziehungen zwischen Mann und Frau, die Grundlage der Familie, sind von größerer Bedeutung, als jede Frage des Staates und der Kirche jemals sein kann. Der wahre soziale Kodex, wie auch immer er sein mag, muss jedenfalls derselbe sein für beide Geschlechter.« Immer noch war Cady-Stanton also vor allem an der formalen Gleichheit der Geschlechter interessiert: Welches die Sitten, Gesetze, Gewohnheiten auch immer seien, ist vollkommen egal, Hauptsache es werden dabei keine Unterschiede zwischen Männern und Frauen gemacht. Offenbar merkte sie nicht einmal, dass Victoria Woodhull ganz anders dachte. Sie sah in ihr nun vor allem eine Märtyrerin, ein Opfer der Frauendiskriminierung, und sich selbst sah sie als ihre Beschützerin. Als im Januar 1875 der Zivilprozess Tilton gegen Beecher losging und beide Seiten vehement abstritten, etwas mit dieser schrecklichen Frau Woodhull zu tun gehabt zu haben, reagierte

Cady-Stanton giftig: »Die Bekanntschaft mit Victoria Woodhull wäre für jeden Mann ein Gewinn. In ihrem Charakter und in ihrer Person liegt nichts als Kultiviertheit. Victoria Woodhull hat mehr für die Frauen getan, als jede andere von uns es gekonnt hätte. Sie hat den Männern getrotzt und sie herausgefordert, und wurde dafür mit Schmähungen überschüttet, die eine Frau schaudern lassen. Sie hat es riskiert, mit jener Art von Schande gezeichnet zu werden, die jede andere von uns, die man doch immer willensstark genannt hat, gelähmt haben würde. Sie sprang mitten hinein in die Brombeersträucher, die zu hoch waren, als dass wir hätten sehen können, was sich dahinter verbirgt, sie hat den Weg freigemacht in ihre geschlossenen und dornigen Gefilde, mit einem festen Glauben, dass ehrenwerte Prinzipien letzten Endes über konspirative Verleumdung siegen werden, ohne Rücksicht auf ihr Leben. Sie wird so berühmt sein, wie sie berüchtigt war, ehrlos gemacht von unwissenden und feigen Männern und Frauen. In den Annalen der Emanzipation wird der Name Victoria Woodhull als der einer Befreierin verzeichnet sein.«

Und doch hat Elizabeth Cady-Stanton selbst dafür gesorgt, dass Victoria Woodhull dann aus den »Annalen der Emanzipation« getilgt wurde: In ihrer dreibändigen, 900 Seiten dicken »Geschichte der amerikanischen Frauenbewegung«, die sie zusammen mit Susan Anthony und Mathilde Joslyn Gage nur wenige Jahre später, 1882, veröffentlichte, kommt Victoria Woodhull nur am Rande vor. Im Index wird sie überhaupt nicht aufgeführt. Victoria Woodhull war für Elizabeth Cady-Stanton keine eigenständige Denkerin, keine, die der Frauenbewegung Inhalte geben konnte, keine Frau mit eigenen Ideen, sondern nur ein Beispiel dafür, wie richtig ihre, Cady-Stantons, eigene Ideen waren. Ein armes Geschöpf, das von der Gesellschaft ausgestoßen wurde und für das Cady-Stanton großmütig in die Bresche sprang.

Der Zivilprozess Tilton gegen Beecher im Gerichtshof von Brooklyn dauerte fast sechs Monate. Eintrittskarten für die Verhandlungen wurden auf dem Schwarzmarkt für bis zu fünf Dollar das Stück gehandelt. Beide Seiten hatten die besten Anwälte engagiert, Hunderte von Zeuginnen und Zeugen wurden aufgeboten. Über Monate hinweg prägte dieser Prozess die Titelseiten der amerikanischen Zeitungen. Die Geschworenen stimmten schließlich mit neun zu drei Stimmen für Beechers Unschuld. Es scheint fast so, als sei Victoria Woodhull die einzige gewesen, die sich nicht für diesen Prozess und seinen Ausgang interessierte. Stattdessen ging sie wieder auf Vortragstour, diesmal nach Illinois, Kansas, Missouri, Nebraska, Iowa und Michigan. Das Thema freie Liebe, so wie sie es mit ihrer Rede vier Jahre zuvor selbst ins Rollen gebracht hatte, war ihrer Meinung nach inzwischen schon überholt. In der *Weekly* schrieb sie: »Die Aufregung und die Diskussionen, die diese Zeitung angestoßen hat, hat Früchte getragen. Anna Dickinson hat bereits den Mut gehabt, auf die Tribüne zu treten und öffentlich über Prostitution zu sprechen. Auch Susan B. Anthony hat angefangen über ›soziale Reinheit‹ auf dieselbe Weise zu sprechen, und beides wären vor drei Jahren noch unmögliche Themen für eine öffentliche Erörterung, vor allen von Frauen, gewesen.«

Victoria Woodhull wandte sich lieber neuen Themen zu, und dabei schlug sie diesmal einen Weg ein, der auch ihre treusten Anhänger und Anhängerinnen auf eine harte Probe stellte. Bislang waren ihre spirituellen Führer immer Demosthenes, manchmal auch Napoleon Bonaparte und seine Frau Josephine gewesen. Nun aber sah Victoria in ihren Visionen immer häufiger Jesus Christus. Zwar war der Erlöser der Menschheit ihr auch früher schon erschienen. Aber christliche Themen hatten bei ihr nie im Vordergrund gestanden. Die meisten von Victorias Anhängerinnen und Anhängern standen dem Christentum eher skeptisch gegenüber, sie waren Freidenker oder Spiritisten. Und nun mussten sie in der *Weekly* immer häufiger Artikel über die Bibel lesen. Victoria Woodhull hatte ihre Vorstellungen vom ewigen Leben, vom perfekten Sex als »Lebenselixier«, nämlich in einigen Bibelstellen wieder gefunden. War nicht Jesus ganz ihrer Meinung? Perfekter Sex macht unsterblich, hatte Victoria Woodhull gesagt. Der Körper ist ein »heiliger Tempel«, sagte Jesus in der Bibel. »Die Geschlechtsorgane sind ein Teil des Körpers«, folgerte Woodhull also, »und deshalb dürfen sie niemals mit unheiliger Berührung oder unheiligen Gedanken geschändet werden.« Wobei unheilig in diesem Zusammenhang für Woodhull eben war: Mechanischer Sex, erzwungener Sex (auch in der Ehe), Sex ohne Liebe und ohne gegenseitige Befriedigung. Aber sie beschränkte sich nicht auf solch abstrakten christlichen Symbolismus, sondern sie schrieb auch, es gebe durchaus Verdienste bei organisierten Religionen, und zwar vor allem bei der katholischen Kirche.

»Wechselt Victoria Woodhull jetzt zur Kirche über?«, wollten besorgte Leserinnen und Leser der *Weekly* wissen. Auch für Stephen

Pearl Andrews war diese Neuerung ein Schritt zuviel. Sein ganzes Leben lang war er ein überzeugter Freidenker gewesen, an einer Zeitung, in der die katholische Kirche gerühmt wurde, wollte er sich nicht beteiligen. Offenbar waren dieser Trennung aber längere Debatten zwischen ihm und Victoria Woodhull voraus gegangen, denn Andrews gründete nun in New York eine eigene religiöse Organisation namens *Neue Katholische Kirche*, wo er jeden Sonntagmorgen in einem Saal an der Ecke 14. Straße und Fifth Avenue einer Handvoll Gläubigen predigte. Die *Weekly* kommentierte Andrews' Rückzug mit Bedauern, aber Victoria Woodhull machte inhaltlich keine Zugeständnisse. Es war ihre Zeitung, und in der schrieb sie, was sie wollte. Ihren Kritikern entgegnete sie, dass ihr neues Interesse an der katholischen Kirche gar keine Abkehr von früheren Ideen sei: Hatte sie nicht schon ein paar Jahre zuvor einem Reporter, der sie im Gefängnis besuchte, erzählt, Jesus Christus hätte sie aufgesucht und prophezeit, dass am Ende der Tage alle Geheimnisse ans Licht kommen und sie dann gerechtfertigt würde? Damals hatte sich auch niemand beschwert.

Aber ihre Kritiker und Kritikerinnen sahen das anders. »Frau Woodhull hat sich von der Reform zurückgezogen«, schrieb eine linke Zeitung und warnte davor, ihr Geld zu spenden, denn »sie ist keine Reformerin. Lasst sie also zu ihrer Familie oder der Kirche gehen, wenn sie Unterstützung braucht. Sie hat kein Recht, dass Reformer sie auf ihrem jesuitischen Weg unterstützen.« Und Robert Hume, ein langjähriger Mitarbeiter der *Weekly*, der nun ebenfalls die Zusammenarbeit aufkündigte, schrieb ironisch: »Religion ist der Alkohol der Seele. Frau Woodhull war immer in höchstem Maße spirituell und von großer Vorstellungskraft. Ich halte es nicht für unwahrscheinlich, dass sie den katholischen Glauben angenommen hat. Und wenn es wahr ist, dann wage ich die Prophezeiung, dass die nächste Kanonisierung in der katholischen Kirche die der ›Heiligen Victoria‹ sein wird.«

Es war aber keineswegs Konformismus, der Victoria Woodhull zu dieser Wendung trieb. Katholisch zu sein war im damaligen Amerika nämlich fast noch schlimmer als der abgedrehteste Spiritismus. Die katholische Kirche galt als Religion von Ausländern, sie war eine Angelegenheit von irischen, italienischen oder polnischen Einwanderern. Ehrbare Amerikaner und Amerikanerinnen mit einem Sinn für Patriotismus waren Protestanten, vielleicht sogar Atheisten oder

Freidenker oder Spiritisten, aber auf keinen Fall waren sie katholisch! Es war vermutlich ihre Mutter Annie, die Victoria Woodhull auf die katholische Kirche aufmerksam gemacht hat. In New York hatte Annie, die exzentrische Frömmlerin mit Sinn fürs Dramatische, Einwanderergemeinden aus Irland oder Italien kennen gelernt und war fasziniert von ihrer anschaulichen Darstellung des nackten Jesus am Kreuz, der von Blut und Tränen überströmt war, eine Dornenkrone auf dem Kopf hatte und rote Wundmale an Händen und Füßen. Annie liebte auch die Mariendarstellungen, die kitschigen Madonnenaltäre mit Kerzen und Weihrauch. Bald fing sie an, in ihrer eigenen Wohnung solche Altäre aufzustellen, hängte Kruzifixe an die Wand und betete Rosenkränze. Zuerst hatte sich Victoria nicht sonderlich für diesen neuen Glauben ihrer Mutter interessiert. Aber irgendwann fing sie an zuzuhören, vielleicht deshalb, weil sie selbst auf der Suche nach neuen Ideen, neuer Orientierung war. Vielleicht auch, weil sie sich innerlich von James Blood entfernte, worin ihre Mutter, die Blood ja nie hatte leiden können, sie bestärkte. Dabei gab sich der arme Blood redliche Mühe, den neuen Kurs mitzumachen. Er schrieb für die *Weekly* Hintergrundberichte mit historischen und intellektuellen Betrachtungen zum Thema Bibel, Reportagen über die Geschichte der katholischen Kirche und über das eigentliche Wesen der christlichen Theologie. Aber als Victoria Woodhull im Juni 1875 zu einer neuen Vortragsreise an die Westküste aufbrach, nahm sie Blood nicht mit. Mit ihr reisten nur Tennessee, Zulu Maud und Mutter Annie – und als sie zurückkamen, wurde die neue enge Beziehung zwischen Tochter und Mutter offensichtlich. Victoria Woodhull trennte sich von ihrem langjährigen Weggefährten. Und sie hatte einen neuen Vortrag im Gepäck: »Der Garten Eden oder das verlorene und wieder gefundene Paradies.«

Es war wahrscheinlich der erste Vortrag, an dem weder Pearl Andrews noch James Blood beteiligt waren. Offensichtlich hatte Victoria aber einen Theologen konsultiert, denn es gab jede Menge Bibelauslegungen, teilweise sogar Übersetzungen aus dem Hebräischen. In Woodhulls Interpretation der Schöpfungsgeschichte ging es vor allem um die Bedeutung des weiblichen Körpers und im Besonderen um die Menstruation. Menstruation, erklärte Woodhull, sei eine körperliche Funktion, die den höheren, reinen menschlichen Körpern vorbehalten sei. Das Paradies sei kein Ort im herkömmlichen Sinn, keine reale Gegend auf dieser Erdkugel, die sich finden lässt.

Aber es gebe das Paradies doch im materiellen Sinne: Es sei nichts anderes als der menschliche Körper. Der menschliche Körper biete alles, was in der Bibel über das Paradies gesagt wird: Fruchtbarkeit, Lust, Erfüllung. Und das Symbol dafür sei die weibliche Menstruation. Der Sündenfall, erklärte Woodhull, sei gleichbedeutend mit der »Einführung unangemessener körperlicher Gewohnheiten«, also erzwungenem und lustlosem Geschlechtsverkehr und falschen Beziehungen zwischen dem Männlichen und dem Weiblichen. Am Ende ihrer Rede warnte sie davor, den Körper zu missbrauchen, und gab einen hoffnungsvollen Ausblick auf zukünftige Tage, wenn perfekte Männer und perfekte Frauen sich in perfekten Ehen zusammenschlössen, um perfekte Kinder zur Welt zu bringen.

Perfekte Ehen, die perfekte Kinder hervorbringen – hier deutet sich erstmals ein Thema an, mit dem sich Victoria Woodhull in den nächsten Jahren ausführlich beschäftigen sollte und das in der zeitgenössischen Debatte unter dem Begriff »Stirpiculture«, also etwa »Kultivierung des Nachwuchses« diskutiert wurde. Die Frage, wie die Gesellschaft durch soziale Reformen dafür sorgen könnte, dass es mehr gesunde, überlebende Kinder gibt, wurde damals in freidenkerischen Gruppen diskutiert. Auch Stephen Pearl Andrews hatte sich damit beschäftigt. In einer Zeit, in der viele Kinder in den ersten Lebensjahren starben und die Gesetze der Genetik gerade entdeckt worden waren, ist solch ein Interesse verständlich. Einer der Vorreiter von »Stirpiculture« war John Humphrey Noyes, der von 1848 bis 1881 eine urchristliche Kommune in Oneida Creek/New York, leitete. 1867 bereits hatte Noyes dort bestimmte Regeln eingeführt mit dem erklärten Ziel, gesündere und bessere Menschen zur Welt zu bringen. Viele Prinzipien dieser Kommune, die auch die »Sekte der Perfektionisten« genannt wurde, sind denen von Victoria Woodhull sehr ähnlich – es ist gut möglich, dass sie Noyes einmal im Umkreis von Stephen Pearl Andrews kennen gelernt hat. In der Oneida Creek-Kommune war die Ehe abgeschafft, alle Frauen galten als mit allen Männern verheiratet, und Sex durfte nur stattfinden, wenn beide gegenüber Dritten ihren Wunsch dazu geäußert hatten. Nur die Gesündesten von ihnen durften aber Kinder zeugen. Wer das war, bestimmte eine Art Kommunerat. Die anderen wurden angehalten, Verhütungsmittel zu benutzen oder »männliche Selbstbeherrschung« zu üben, etwa in Form von abgebrochenem Koitus oder gänzlichemVerzicht auf Samenerguss. Spöttische Zeitgenossen witzelten, in Oneida Creek dürfe man nur Sex machen, wenn man gleichzeitig in der Bibel liest. Aber einige tantrische Schulen in den USA beziehen sich heute noch auf das Vorbild der Oneida Creek-Kommune. Auch Victoria Woodhull scheint sich auf Noyes und sein Experiment zu beziehen (vor allem, weil sie von »perfekten« Kindern spricht), aber erst einige Jahre später wird sie sich eingehender mit diesem Thema beschäftigen.

Vorerst beschränkte sie sich darauf, bei ihren Vorträgen »neue religiöse Erkenntnisse« anzukündigen. Im Herbst begann sie eine weitere Tour, wieder wurde sie dabei von Mutter, Schwester und Tochter begleitet. Es ging von Albany nach Vermont, dann zurück in verschiedene Städte des Staates New York und weiter nach Pennsylvania und Wisconsin, nach West Virginia und nach Ohio. »Sie überholt die Evolutionisten«, schrieb ein Reporter, »indem sie behauptet, dass nicht nur der gegenwärtige intellektuelle und moralische Zustand der Menschheit das Ergebnis eines Fortschrittes ist, sondern dass der ganze menschliche Organismus fähig ist zu weiterer Entwicklung, die schließlich in der Unsterblichkeit der Menschen hier auf Erden enden wird.« Es war eine extrem lange und anstrengende Tour, und das mitten im Winter: Von Ohio ging es zunächst zurück in den Staat New York, dann weiter nach Massachusetts und Washington, wo sie Anfang 1876 eintrafen, anschließend wieder nach New Jersey und schließlich noch in den Süden: Über St. Louis/Missouri nach Nashville/Tennessee, nach Atlanta/Georgia und nach Dallas/Texas. Erst im April, fast ein halbes Jahr später, kehrte die Gruppe nach New York zurück.

Falls Victoria mit dieser monatelangen Abwesenheit ihre Trennung von James Blood vorbereiten wollte, so ist ihr das gelungen. Nach ihrer Rückkehr nach New York ließ sie sich scheiden. Bestärkt haben mag sie in diesem Beschluss der Umstand, dass Blood aus den Einkünften der *Weekly* und einiger kleiner Börsenspekulationen, die er nach wie vor betrieb, seine Ex-Frau unterstützte, die inzwischen nach Brooklyn gezogen war und ihn um Hilfe gebeten hatte. Wenn sie selbst nicht viel Geld hatte, dann konnte Victoria Woodhull in solchen Dingen kleinlich sein. Sie klagte Blood des Ehebruchs an, aber da er sie offenbar noch immer liebte, fügte er sich klaglos in sein Schicksal. James Blood wurde schuldig geschieden, aber trotz allem sprach er bis an sein Lebensende immer nur positiv über Victoria Woodhull.

Ohne die Mitarbeit von Blood und mangels Geld musste die *Woodhull and Claflin's Weekly* ihr Erscheinen einstellen, diesmal für immer. Die letzte Ausgabe erschien am 10. Juni 1876. Ohnehin war die Zahl der Abonnentinnen und Abonnenten sehr geschrumpft, nicht nur wegen Woodhulls Hinwendung zum Katholizismus, sondern auch weil sie sich immer mehr vom Spiritismus distanzierte. Der Spiritismus geriet durch Kritik von kirchlicher und medizinischer Seite zunehmend unter Druck. Zeitungsberichte über Quacksalbereien und offensichtlichen Humbug häuften sich, und die verschiedenen Fraktionen beschuldigten sich gegenseitig des Aberglaubens, des Okkultismus und der persönlichen Bereicherung. Auch in der *Weekly* fanden sich zuletzt häufig Berichte über spiritistische Betrügereien. Anfang 1876 gab Victoria Woodhull schließlich ihr Amt als Präsidentin der spiritistischen Vereinigung auf. Aber ausgerechnet der Niedergang des Spiritismus bot ihr schon bald eine neue Chance, ihrem Leben eine Wende zu geben.

Am 4. Januar 1877 starb nämlich Cornelius Vanderbilt im Alter von 83 Jahren. Sein Vermögen wurde auf über 100 Millionen Dollar geschätzt – das war mehr, als die USA in ihren Schatzkammern hatten. Vanderbilt hinterließ zehn Kinder, aber seinen acht Töchtern und einem an Epilepsie leidenden Sohn vererbte er nur relativ bescheidene Summen von jeweils einigen hunderttausend Dollar, während das gesamte restliche Vermögen an seinen Sohn William Henry ging. Die anderen Vanderbilt-Kinder fochten das Testament an: Ihr Vater sei unzurechnungsfähig gewesen, behaupteten sie, und als Begründung führten sie an, dass er an Geister geglaubt habe. So wurde der große »Vanderbilt-Prozess«, der in den Monaten darauf Schlagzeilen machte, gleichzeitig auch eine Abrechnung mit dem Spiritismus. Der Glaube an Geister, an die Möglichkeit, mit den Toten zu kommunizieren, an die mediale Begabung mancher Menschen zu heilen oder die Zukunft vorher zu sagen, hatte drei Jahrzehnte lang die amerikanische Gesellschaft geprägt. Doch nun wandten sich die Menschen vom Spiritismus ab. Der Glaube an die Naturwissenschaften, daran, dass sich alle Phänomene wissenschaftlich erklären lassen, war auf dem Vormarsch. Alles »Unwissenschaftliche« galt jetzt als Betrug und Scharlatanerie. Natürlich wartete alle Welt gespannt auf die Aussagen von Victoria Woodhull und Tennessee Claflin, die von den Vanderbilt-Kindern als Hauptzeuginnen für den Geisterglauben ihres Vaters – und damit seine Unzurechnungsfähigkeit – geladen worden waren. Doch als der Tag kam, an dem sie aussagen sollten, befanden sich die Schwestern weit weg auf hoher See, auf halbem Weg nach England. Dort wartete ein Haus in West Brompton auf sie, eingetragen auf den Namen von Victoria Woodhull, sowie ein kleines Vermögen in der Londoner Lloyd's Bank – angeblich 100 000 Dollar aus dem Vanderbilt-Erbe. Das war genug für zwei Damen aus besserer Gesellschaft, die ein neues Leben anfangen wollten.

William Henry Vanderbilt, der Haupterbe, hatte es sich etwas kosten lassen, Woodhull und Claflin vom Gerichtssaal fern zu halten. Eine Investition, die sich gelohnt hat: Das Erbe wurde ihm zugesprochen. Einige Monate später erhielt er einen Brief von Victoria Woodhull, in dem sie ihn bat, ihr wie vereinbart die Briefe seines Vaters zurückzuschicken – die Beweismittel, die seinen Geschwistern als Beleg für den Geisterglauben des Kommodore hätten dienen können.

In England

1877–1927
Victorias Übersiedelung nach England, ihre Ehe mit John Martin, ihre Zeitung The Humanitarian, ihr Rückzug aufs Land und ihre letzten Lebensjahre

WIE IMMER HATTEN Victoria und Tennessee auch bei der Übersiedlung nach England die Familie im Schlepptau: Victorias Kinder Zulu Maud und Byron sowie Mutter Annie gingen gleich 1877 mit nach England, im Sommer 1878 folgten dann Vater Buck und zwei Nichten, die 20jährige Ella Celeste und die 16jährige Carrie Zula, zwei Töchter der ältesten Claflin-Schwester Margaret Ann. Ella war die Lieblingsnichte von Tennesse, Carrie Zula eine gute Freundin der fast gleichaltrigen Zulu Maud.

In London wohnten die Claflins zunächst in South Kensington, 45 Warwick Road. Erleichtert wurde ihr Neuanfang dadurch, dass Tennie bald wieder einen reichen Verehrer fand: Francis Cook. Cook war ein älterer Herr, der – obwohl verheiratet und Vater von drei erwachsenen Kindern – ähnlich wie Vanderbilt eine Vorliebe für hübsche jüngere Frauen hatte. Er war Vorstand einer großen britischen Manufaktur, *Cook, Son & Company*, und hatte ein Vermögen mit dem Import indischer Schals verdient. Er besaß verschiedene wertvolle Immobilien, darunter ein schlossähnliches Anwesen im vornehmen Londoner Stadtteil Richmond Hill und einen Palast in Portugal, in der Nähe von Lissabon, sowie eine beeindruckende Kunstsammlung. Und schließlich war Cook (was Tennie als Amerikanerin besonders attraktiv fand) Träger des portugiesischen Adelstitels Viscount of Monserrate. Übermütig schrieb Tennessee an eine Freundin in Amerika: »Gib deine Arbeit auf und komm her nach England, ich finde schon einen reichen Mann für dich.«

Auch Victoria Woodhull war voller Enthusiasmus, aber der richtete sich weniger auf verlockende Heiratsmöglichkeiten als auf die Hoffnung, in England als politische Rednerin einen Neuanfang machen zu können. Noch von Amerika aus hatte sie eine erste Vortragsreise geplant, und sie versuchte auch, Kontakt zur englischen Frauenrechtsbewegung zu knüpfen. Aber die Gerüchte über ihr »unrespektables« Wesen waren ihr bereits vorausgeeilt. Eine der Anführerinnen der englischen Frauenrechtlerinnen, Millicent Garrett Fawcett, schrieb an Susan Anthony, um Auskünfte über Woodhull und Claflin einzuholen. Die Antwort ließ keine Zweifel aufkommen: »Lasst euch auf keinen Fall mit ihnen ein. Die Schwestern gelten als liederlich und unanständig. Ich rate euch, keinerlei Kontakt zu ihnen zu haben.« Trotzdem ließ sich Victoria Woodhull nicht entmutigen. Nach den schwierigen letzten Jahren in Amerika hatte sie fest vor, nun ein weniger skandalöses und damit auch weniger anstrengendes Leben zu führen. Sie versuchte die Spuren ihrer Vergangenheit zu verwischen und schrieb ihren Namen zuweilen »Woodhall«. Sie war nun 39 Jahre alt, hatte etwas zugenommen und veränderte auch ihr Image: Sie trug die Haare wieder länger und kleidete sich weiblicher.

Noch im gleichen Jahr hielt sie wieder Vorträge. Im September 1877 sprach Woodhull in Nottingham und Liverpool, im Oktober in Manchester, zwischen Dezember und Februar mehrmals in London. Ihr Thema lautete »Der menschliche Körper, der Tempel Gottes«. Es war eine Weiterführung dessen, womit sie sich auch in Amerika schon beschäftigt hatte: Könnte die Menschheit durch bessere Hygiene, Geburtenkontrolle und sexuelle Aufklärung gesünder werden? Während sie das Thema in Amerika noch eher mystisch-spirituell angegangen war, gab sie ihm jetzt eher eine pragmatische Wendung. Mütter, so forderte sie, müssten dazu ausgebildet und ermutigt werden, ihre Kinder über die Vorgänge des menschlichen Körpers und seine sexuellen Funktionen aufzuklären, denn »das Kind erfährt allzu oft von dummen und verdorbenen Gleichaltrigen Dinge, die ihm von einer liebenden und intelligenten Mutter beigebracht werden müssten.« In einem anderen Vortrag hob sie die besondere Verantwortung von Frauen und besonders von Müttern auf diesem Gebiet hervor. Aber auch ihren Vortrag »Der Garten Eden« hielt sie in England weiterhin, wobei sie ihm zwar die Schärfe und das Skandalöse nahm, aber grundsätzlich an ihrer Vorstellung festhielt, die Menschen könnten ihre Fortpflanzung durch freie Liebe und perfekte Sexualität optimieren und sich selbst unsterblich machen: »Wenn Männer und Frauen in Liebe, Reinheit und Gesundheit Kinder bekommen und in Übereinstimmung mit natürlichen, nicht mit künstlichen Gesetzen, dann gibt es keinen Tod, kein Leiden, kein Weinen, keine Schmerzen mehr.«

Victoria Woodhull kam in England als Rednerin gut an. Von ihrer bewegten Vergangenheit und den Skandalen, die sie in Amerika ausgelöst hatte, war hier zunächst nur wenig bekannt. Die Zeitungen rühmten sie als »fraglos eine große Rednerin«, und sie waren von ihrem Mut, die Dinge beim Namen zu nennen, beeindruckt. Ein Journalist schrieb: »Kein Mann würde es wagen, solche Themen zu diskutieren, wie Frau Woodhull sie aufgreift«, aber dennoch habe ihr Auftreten dem Publikum gefallen. Ein Pfarrer, der einen ihrer Vorträge besucht hatte, schrieb, die Zeit wäre ihm wie im Fluge vergangen, er lobte Woodhulls »geistigen Charme, die Kühnheit der Intuition dieser Frau und die perfekte Schärfe ihrer glühenden Eloquenz.«

Als Victoria Woodhull im Dezember 1877 in der St. James Hall in London sprach, befand sich unter den Zuhörern auch John Biddulph Martin, ein Oxford-Absolvent und Mitgesellschafter einer der ältesten britischen Banken. Martin war empfänglich für starke Frauen und für feministische Ansichten. Seine jüngere Schwester Penelope Holland, mit der er eine sehr enge Beziehung gehabt hatte und deren Tod einige Jahre zuvor er nicht recht verwinden konnte, war eine Frauenrechtlerin gewesen und hatte auch einige Broschüren und Aufsätze veröffentlicht. Vielleicht erkannte er Penelope in Victorias Ideen wieder, jedenfalls war ihm vieles davon vertraut. Martin war von Woodhulls Ansichten und ihrem Auftreten außerordentlich beeindruckt: »Ich war verzaubert von ihrem großen Intellekt und fasziniert von ihrem Auftreten, und ich verließ die Vortragshalle an diesem Abend mit dem Entschluss, dass ich sie zu meiner Frau machen würde, wenn Frau Woodhull mich heiraten wollte.« Tatsächlich suchte John Martin Victoria in den folgenden Tagen ein oder zweimal auf, aber er hatte zu dieser Zeit noch eine andere Liebesbeziehung, und die Sache verlief sich zunächst einmal im Sande. Erst ein Jahr später, als er sich von der anderen Frau getrennt hatte, begann Martin, Victoria ernsthaft den Hof zu machen. Und sie war durchaus nicht abgeneigt: John Martin war etwas jünger als sie, 36 Jahre alt, reich, sportlich und gut aussehend, er kam aus der Oberschicht und war auch noch philosophisch bewandert – also in jeder Hinsicht ein idealer Ehemann.

Doch so einfach war das nicht. Die Martins gehörten zu einer Klasse, die knapp unterhalb der Aristokratie rangierte: Bankiers, Diplomaten, hoch dekorierte Militärs gehörten dazu. In solchen Kreisen waren Ehen mit Amerikanerinnen ohnehin nicht gern gesehen. Und natürlich erst recht nicht mit einer Frau, die älter war als der Mann, zwei fast schon erwachsene Kinder hatte und mehrmals geschieden war. Zu allem Überfluss kamen dann auch noch Gerüchte über Woodhulls Vergangenheit dazu: Ausgerechnet 1878 machte nämlich der Beecher-Skandal erneut Schlagzeilen, weil Elizabeth Tilton, die ihre Liebesbeziehung zu Henry Ward Beecher bis dahin immer abgestritten hatte, plötzlich umschwenkte und nun doch zugab, ein Verhältnis mit dem Prediger gehabt zu haben. Unterstützt wurde sie dabei von Henry Bowen, der Beecher nun ebenfalls beschuldigte und dessen Affäre mit seiner erster Frau publik machte. Zwar konnten diese Anschuldigungen Beecher, der inzwischen noch populärer geworden war, auch diesmal wieder nicht wirklich beschädigen, aber sie brachten doch die ganze Geschichte und damit Victoria Woodhull erneut in die Zeitungen, und zwar auch in England. Nun stand für Martins Familie und Freunde erst recht fest: Das ist keine respektable Frau, die kann man nicht heiraten.

Aber Victoria hatte Feuer gefangen, sie wollte John Martin als Ehemann. Und so ging sie in die Offensive: In der *Times* und anderen Londoner Zeitungen schaltete sie Anzeigen und drohte, jeden, der falsche Behauptungen über sie verbreite, wegen Verleumdung zu verklagen. Sie knüpfte Kontakte zu Journalisten und überredete eine ganze Reihe von ihnen, Artikel über die Woodhull als Märtyrerin zu schreiben, sie als unschuldiges Opfer der Ereignisse darzustellen. Gleichzeitig ging sie daran, ihre Familiengeschichte neu zu erfinden. Sie behauptete, von einer alteingesessenen Familie Woodhall in Westengland abzustammen, und veröffentlichte Auszüge aus der Tilton-Biografie, die sie mit lobenden Zitaten anderer Prominenter wie dem von Elizabeth Cady-Stanton spickte. Das alles half jedoch wenig, um Martins Familie davon zu überzeugen, dass so jemand wie Victoria Woodhull ein akzeptables Mitglied dieser ehrwürdigen altenglischen Familie werden könnte.

Die Beziehung zwischen John und Victoria wurde enger, aber ein offizieller Heiratsantrag ließ auf sich warten. Offenbar wollte Martin es bei einer Liebesaffäre bewenden lassen. Victoria jedoch machte ihm klar, dass sie einen Heiratsantrag erwartete. In den folgenden

Monaten war das ein kontinuierliches Streitthema zwischen den beiden. Und Victoria Woodhull hatte ein Pfund, mit dem sie wuchern konnte, denn John Martin war ernsthaft in sie verliebt. In sein Tagebuch schrieb er: »Sie war lebendiger als jeder Mensch, den ich bisher getroffen hatte, gewöhnliche Worte können sie nicht beschreiben. Wenn du mit ihr zusammen bist, wird alles so aufregend, erscheint so der Mühe wert, du siehst die Welt mit ihren Augen und siehst lauter Wunder um dich herum. Sie glaubte, dass die Menschen interessant und wunderbar sind, und dadurch wurden sie es. Sie wollte, dass die Menschen glücklich sind, und sie machte sie glücklich.« Und, wie er ebenfalls seinem Tagebuch anvertraute: Mit Victoria überwand er seine Erektionsprobleme.

John Martin gab schließlich Victorias Drängen nach. Er brachte seine Geschwister mit ihr zusammen und hoffte darauf, dass sie sie sympathisch fänden. Er nahm sie auch mit auf den Familiensitz in Worcestershire, und es gelang ihr dort wohl tatsächlich, ein halbwegs gutes Verhältnis zu Martins Familie herzustellen. Im November 1880 traten John Martin und Victoria Woodhull erstmals gemeinsam in der Öffentlichkeit auf, im Dezember verlobten sie sich – die Ringe hatte Victoria gekauft und John geradezu genötigt, ihr einen auf den Finger zu stecken. Doch als die Verlobung offiziell bekannt gegeben wurde, erhielt John Martin zahlreiche Briefe, nicht nur von Freunden, sondern auch von Geschäftspartnern, die Woodhulls Charakter anzweifelten und von einer solchen Ehe dringend abrieten. Martins Bruder Richard fuhr nach Amerika und zog dort Erkundigungen über Victoria Woodhull ein, sammelte Berichte über ihr früheres Leben und trieb wohl auch einige alte Ausgaben der *Weekly* auf – und aus Sicht der Familie Martin und ihrer Geschäftspartner kam bei diesen Nachforschungen nichts Erfreuliches heraus. John Martin wurde wieder schwankend und sagte die eigentlich noch für Dezember geplante Hochzeit wieder ab.

Verzweifelt versuchte Victoria das Material zu entkräften, das Richard Martin aus Amerika mitgebracht hatte. Sie sah keine andere Wahl, als sich in einer groß angelegten Medienkampagne von ihren früheren Auffassungen zu distanzieren. An die Zeitungen schickte sie eine offizielle Erklärung und sagte sich klipp und klar von der Theorie der freien Liebe los. Sie stritt sogar ab, jemals eine solche Meinung vertreten zu haben: Entsprechende Artikel in der *Weekly* seien ohne ihre Zustimmung erschienen, behauptete sie. Da die Zeitungen ihrer Selbst-Rehabilitation nicht den gewünschten Platz einräumten, gründeten Victoria und Tennessee wieder eine eigene Publikation. Im Januar 1881 erschien das *Woodhall & Claflin's Journal*, das, so das Editorial, für die »Verteidigung der großen sozialen Fragen und für eine höhere Ausbildung und bessere Lebenssituation der Frauen« eintreten wolle. Die Titelseite zeigte, ineinander verschränkt, die amerikanische und die britische Flagge. Der Ton der Zeitung war scharf und die Artikel zum Teil recht weitschweifig – ganz offensichtlich war das Blatt unter höchstem Zeitdruck produziert worden. Denn sein eigentlicher Zweck war, die angeblich »unrespektable« Vergangenheit der Victoria Woodhull aufzuklären. Niemals habe sie Ansichten der »freien Liebe« vertreten, behauptete sie, die Verantwortung für alle entsprechenden Artikel in der *Weekly* liege bei Stephen Pearl Andrews: Er habe solche Artikel in die Zeitung gebracht, während sie selbst auf Vortragsreisen gewesen sei und nichts dagegen habe unternehmen können. Auch auf James Blood schob sie die Schuld ab: Er habe sie auf falsche Ideen gebracht und sei auch am Scheitern ihrer Ehe Schuld gewesen.

Entsprechende Erklärungen schickte Victoria Woodhull auch an andere Zeitungen in England und in den USA. Dort brachten ihr diese Kehrtwende und die Anschuldigungen natürlich den Groll ihrer ehemaligen Mitstreiter ein. Besonders entrüstet war Benjamin Tukker, schließlich hatte er nur ein paar Jahre zuvor Victorias überzeugtes Eintreten für »freie Liebe« sozusagen am eigenen Leib erleben können. Tucker war inzwischen Redakteur der Zeitung *Boston Globe* und druckte Woodhulls Erklärung unter der fetten Überschrift »Die größte Lüge, die je erzählt wurde« ab. Dann schickte er ihr ein Exemplar mit der persönlichen Notiz, daraus werde sie schon sehen, was er von ihr halte. James Blood reagierte gelassener. Er hielt sich zu dieser Zeit ebenfalls in Boston auf, wie sich Tucker erinnert, und habe auch jetzt noch von Victoria Woodhull immer nur als der »großartigsten Frau der Welt« gesprochen. Immerhin: Als er Tuckers Schlagzeile sah, musste er doch lachen und gratulierte ihm mit den Worten »Das war ein Volltreffer«. Trotzdem bestellte Blood umgehend ein Abonnement für Victorias neue Zeitung.

In England wurde nun auch Francis Cook eingespannt, um John Martin dazu zu bewegen, in die Heirat mit Victoria Woodhull einzuwilligen. Cook redete Martin – sozusagen von Mann zu Mann – ins Gewissen. Victoria drohte damit, wieder nach Amerika zu gehen

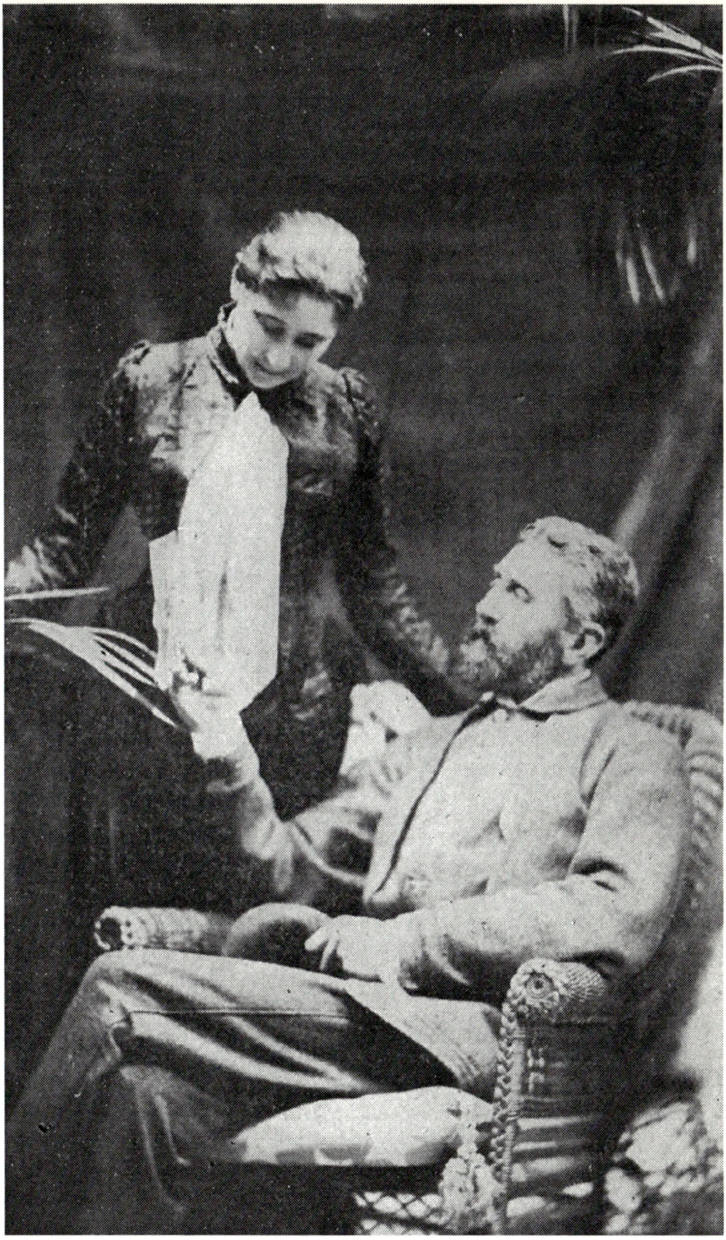

Victoria Woodhull und John Martin

und Martin endgültig zu verlassen. Tatsächlich reiste sie höchstpersönlich in die USA, um ihre Sache zu verteidigen und die Zeitungen zu bewegen, ihre Anti-Freie-Liebe-Erklärungen abzudrucken. Laut Tucker verlangte sie auch vom Herausgeber des *Boston Globe* eine Richtigstellung und drohte mit einer Verleumdungsklage, was sich jedoch im Sande verlief. Als im Dezember 1882 Elizabeth Cady-Stanton in London war, suchte Victoria sie auf und bat sie, öffentlich zu bezeugen, dass sie niemals eine Anhängerin der freien Liebe gewesen sei. Cady-Stanton lehnte das ab: Sie könne zwar jederzeit bestätigen, dass sie Woodhull bewundere und verehre – aber eine Anhängerin der freien Liebe sei sie nun einmal gewesen.

Wie brachte Victoria Woodhull es fertig, ihre früheren Positionen auf diese Wiese zu verleugnen und ehemalige Freunde und Mitstreiter anzuschwärzen? Ihr Verrat an ihren früheren Ideen ist in der Tat irritierend. Natürlich war es nichts als blankes Eigeninteresse, und die eigenen Interessen zu verfolgen, das gehörte zur Tradition der Familie Claflin, moralische Skrupel dagegen nicht. Victoria wollte John Biddulph Martin heiraten, und zwar um jeden Preis. Und wenn das nur ging, indem sie sich von ihrer Vergangenheit lossagte, so musste das eben sein. Vor allem, was die Anschuldigungen gegen Andrews und Blood betrifft, denen sie so viel zu verdanken hatte, muss ihr Verhalten als reichlich schäbig angesehen werden. Und doch: Wenn man genauer hinschaut, dann ist Woodhulls inhaltliche Kehrtwende eigentlich gar nicht so groß. Sie lehnt zwar jetzt das Etikett »freie Liebe« ab – aber das heißt nicht, dass sie auch vom Kern ihrer Ansichten abgerückt wäre. Auch in ihrem neuen Journal ging es um Themen wie die »Verteidigung der großen sozialen Fragen« oder »die höhere Ausbildung und Verbesserung der Frau«. Um ihre Vergangenheit zu erklären schrieb Woodhull, es sei ihr immer nur darum gegangen, die »politische, moralische und religiöse Lage der Frau zu verbessern.« In einem Gerichtsprozess, bei dem es ebenfalls um ihre »Respektabilität« ging, sagte sie aus: Seit ihrer frühen, unglücklichen Heirat im Alter von 15 Jahren habe sie sich mit dem Thema Ehe beschäftigt. Sie glaube, der Bund sei zuweilen zu eng, denn die Ehe solle nur so lange andauern, wie sie von gegenseitiger Liebe und Zuneigung getragen sei. Und auf die Frage, ob sie eine Anhängerin der freien Liebe gewesen sei, antwortete sie: »Ich wusste nicht, dass Liebe auch etwas anderes sein kann als frei.«

Victoria Woodhull bestritt vor allem, dass sie jemals »unmoralisch« gewesen wäre. Und das ist ja richtig, denn schließlich hätte sie ihre Theorien zwanzig Jahre vorher ebensowenig als unmoralisch bezeichnet. Sie sei immer nur dafür eingetreten, dass Frauen für gleiche Arbeit den gleichen Lohn bekommen wie Männer und dass Männer für eheliche Vergehen die gleichen Strafen erhalten wie Frauen. Doch diese Forderung, konsequent umgesetzt, hat damals für manche schon sehr nach »freier Liebe« geklungen. Schließlich beruhte die Gesellschaftsordnung gerade darauf, dass für Männer und Frauen eben unterschiedliche Maßstäbe im Bezug auf eheliche Treue galten. Und wenn Victoria Woodhull argumentiert, sie könne ja wohl nicht gegen die Ehe eingestellt sein, denn schließlich habe sie selbst sogar mehrmals geheiratet, dann ist das sicherlich kein Argument, das wohlanständige Damen und Herren von ihrer Tugendhaftigkeit überzeugt hätte. Ein Körnchen Wahrheit ist an Woodhulls Verteidigung deshalb dran: Das, was sie selbst als eine Verbesserung der Lage der Frau ansah, nannten andere Leute freie Liebe und verbanden damit Unmoral, Hurerei und Verantwortungslosigkeit. Als junge Frau in New York, als sie auf der Suche nach Popularität und Aufstiegsmöglichkeiten war, hatte Victoria Woodhull das Etikett »freie Liebe« gerne genutzt, um in die Zeitungen zu kommen und ihre Vortragshallen zu füllen. Und sie ließ sich dabei von Männern unterstützen, die – wie Stephen Pearl Andrews – tatsächlich vor allem am Aspekt der freien Sexualität, der wechselnden Liebespartnerschaften interessiert waren und nur in zweiter Linie am Kampf für mehr weibliche Freiheit, für eine bessere Lebenssituation von Frauen. Sie hat ja recht, wenn sie darauf hinweist, dass es damals die Öffentlichkeit, die Medien gewesen seien, die vor allem auf ihre Äußerungen zu »freier Liebe« angesprungen waren und sich weniger mit ihren anderen Themen beschäftigt hatten. Daher kann man sagen: Menschlich gesehen ist Victoria Woodhulls Verhalten in England zwar zu verurteilen, denn sie versuchte sich auf Kosten ihrer ehemaligen Mitstreiter »respektabel« zu machen. Inhaltlich aber kann man ihr nicht wirklich vorwerfen, dass sie ihre Theorien verraten hätte. Sie hat nur das Etikett »freie Liebe«, das ihr vormals zu Aufsehen und Popularität verhalf, nicht mehr für sich akzeptiert, weil es ihr nun in ihrer persönlichen Lebensplanung schadete.

Fast drei Jahre lang kämpfte Victoria Woodhull auf diese Weise um ihre Ehe mit John Martin. Sie trennte sich von ihm und versöhnte sich wieder, ließ ihn zappeln, drohte, schmeichelte – und letzten Endes setzte sie sich durch: Am 31. Oktober 1883 heirateten die beiden in der presbyterianischen Kirche von South Kensington. Seiner Familie teilte Martin das erst einige Tage später per Telegramm mit.

Victoria Woodhull wurde durch diese Heirat die Ehefrau eines wohlhabenden und angesehenen britischen Bürgers und Bankiers. Es war eine außerordentlich glückliche Ehe. John Martin arbeitete weiter in der Familienbank, und von seinem Büro aus schrieb er kleine Liebesbriefe an Victoria zu Hause, ebenso wie sie an ihn. Die beiden lebten in einem Haus am Hyde Park Gate 17 mit opulenter Einrichtung, liebevoll gepflegtem Garten und einem ganzen Stab Bediensteter. Victoria und John besuchten Konzerte und Theater, unternahmen Spaziergänge oder Ausflüge zu Märkten in der Umgebung. Sie spielten Tennis, machten Bootsfahrten, besuchten Ausstellungen und Vorträge, und sie reisten: nach Amerika, in die Schweiz, nach Spanien, Malta, Italien, Griechenland und Kanada. Wenn man seinen Notizen und Tagebucheinträgen glaubt, hat John Martin es nie bereut, Victoria schließlich doch geheiratet zu haben. Seine Familie war zwar zunächst sehr zurückhaltend – sein Bruder Richard weigerte sich, Victoria zu empfangen, seine Schwester Julia traf sich zwar selbst mit ihr, wollte sie aber nicht in ihren Freundeskreis einführen. Aber irgendwie arrangierte man sich. Victoria war häufig »krank«, wenn John Martin seine Familie besuchte, man behandelte den Konflikt vornehm, indem man so tat, als gäbe es keinen. Im Laufe der Zeit scheinen sich die Martins mit der ungeliebten Schwiegertochter und Schwägerin arrangiert zu haben. Zumindest ist Victoria auf dem großen Familienfoto zur goldenen Hochzeit von Martins Eltern im April 1887 zu sehen, und als Martins Mutter starb, vererbte sie Victoria einen Teil ihrer Juwelen.

Die nächsten Jahre lebte Victoria Woodhull Martin, wie sie sich nun nannte, sehr zurückgezogen und trat nur selten in der Öffentlichkeit auf. Offensichtlich genoss sie nach einem turbulenten Jahrzehnt die Ruhe und Sicherheit ihrer neuen, kleinen Welt. Vielleicht war ihr auch nicht klar, in welche Richtung es nun weitergehen sollte: Wie könnte sie weiterhin politisch aktiv sein, ohne aber ihre Sicherheit erneut zu gefährden? Sie war ja auch nicht mehr die Jüngste mit Mitte vierzig. Möglicherweise hatte Woodhulls Zurückhaltung mit öffentlichen Auftritten in diesen Jahren aber noch einen anderen Grund: Ende 1884 heiratete Tennessee Francis Cook, dessen Frau im August des Jahres gestorben war. Anders als bei Victoria war das aber keine Liebesheirat, sondern eher die Aussicht auf eine gute Partie. Cook war reich und spendabel, und er hatte einen Namen in der englischen Gesellschaft. Gleichzeitig war Cook aber ein Exzentriker, und es saß ihm auch keine weitläufige Familie im Nacken, die eine solche Beziehung behindert hätte. Ermutigt von Tennie, stieg Cook nach ihrer Heirat im gesellschaftlichen Rang sogar noch weiter auf: 1885 gründete er in London ein Künstlerheim, und die Eröffnung war ein gesellschaftliches Ereignis ersten Ranges, sogar der Prinz und die Prinzessin von Wales gehörten zu den Gästen. Anfang 1886 wurde Cook für seine philanthropischen Werke zum Baron ernannt – von da an war Tennessee Claflin »Lady Cook«.

Dieser sensationelle Aufstieg in den europäischen Adel brachte Tennie aber wieder in die Klatschspalten der Zeitungen, sogar in Amerika. Das machte sie und Victoria zur Zielscheibe für Erpressungsversuche – genügend Leute kannten schließlich die Vergangenheit der Schwestern und hatten mit ihnen noch einige Rechnungen offen. John Martin und Francis Cook versuchten gemeinsam dagegen anzugehen. Sie heuerten Detektive an, zahlten Bestechungsgelder und ließen nichts unversucht, um Victoria und Tennessee von jedem Verdacht und Angriff rein zu waschen. Natürlich war es dafür notwendig, dass die beiden sich nicht in neue Skandale verwickelten. Und dann erschien auch noch 1888 eine autorisierte Biografie von Henry Ward Beecher, in der ausführlich geschildert wird, wie Victoria Woodhull den armen Prediger erpresste. Immer wieder kam es zu unangenehmen Situationen wie etwa bei einem Abendessen des Londoner Athletic Clubs, dessen Präsident John Martin war: die anwesenden Damen verließen demonstrativ den Raum, weil sie nicht mit Victoria Woodhull und Tennessee Claflin an einem Tisch sitzen wollten.

Am 18. November 1885 starb Buck Claflin, Annie vier Jahre später, am 11. Juni 1889. Beide hatten bis zuletzt bei Victoria oder Tennessee gelebt. Im Dezember 1885 starb auch James Blood. Nachdem Victoria sich von ihm getrennt hatte, war er unstet herumgezogen, hatte mal hier und mal dort gejobbt und verschiedene Sachen ausprobiert: Er betrieb eine Bäckerei in New York, einen Kiosk in Coney Island, eine reisende Show mit Vorführung von Hypnose und anderen Kunststücken und ging schließlich nach Auburn, Maine, wo er beim *Greenback Labor Chronicle* als Journalist Arbeit fand. Er hatte immer viele Frauengeschichten, denn er war attraktiv und verleug-

Tennessie Claflin als Lady Cook

nete seine Freie-Liebe-Ansichten nicht. Zuletzt aber heiratete er, für jedermann überraschend, in Maine eine ältere Witwe namens Isabell Morrill Fogg, die Mutter des Herausgebers des *Chronicle*. Wenige Monate später brach Blood zu einer Goldexpedition nach Westafrika auf, wo er an Gelbfieber starb. Victoria Woodhull hatte er nie wieder gesehen.

Die Soziologin

Einige andere Mitstreiterinnen und Mitstreiter aus der amerikanischen Reformbewegung traf Victoria Woodhull in diesen Jahren aber wieder: 1887 begegnete sie Frederick Douglass in Rom, im Januar 1888 bekam sie in London noch einmal Besuch von Elizabeth Cady-Stanton, und Isabella Beecher Hooker quartierte sich bei einem Englandbesuch im gleichen Jahr sogar bei ihr ein.

Anfang der neunziger Jahre beschloss Victoria Woodhull, inzwischen über fünfzig Jahre alt, es sei nun genug mit der Zurückgezogenheit. Sie begann erneut, öffentlich aktiv zu werden. Sie hatte eine neue Theorie für sich entdeckt, die sie nun vorantreiben wollte: die Sozialwissenschaften. Denn sie war überzeugt, dass diese noch junge Wissenschaft die Richtigkeit ihrer sozialen Thesen beweisen konnte. 1890 veröffentlichte sie zusammen mit Tennessee ein neues Buch mit dem Titel »Der menschliche Körper, Gottes Tempel. Die Philosophie der Soziologie«. Die Soziologie war für Woodhull eine Möglichkeit, ihre Thesen zu weiblicher Freiheit, Sexualität und Fortpflanzung auf eine »wissenschaftliche« Grundlage zu stellen. Dreh- und Angelpunkt ihrer neuen Ideen war die Forderung nach Geburtenkontrolle und Familienplanung, ein angesichts zunehmender Überbevölkerung in den Städten immer wichtiger werdendes Thema. Nun griff sie auf, was sie bereits in ihren letzten Jahren in Amerika im Zusammenhang mit den »Stripiculture«-Versuchen beschäftigt hatte. Ihre Vortragsthemen hießen nun zum Beispiel: »Die wissenschaftliche Ausbreitung der menschlichen Rasse«. Das Thema wurde damals in Europa breit diskutiert, aber es gibt einen wichtigen Unterschied zwischen Woodhulls Thesen, die in der Tradition der »Freien-Liebe«-Kommunen standen, und den europäischen Rasseideologien, denen es vor allem darum ging, ein besseres Menschengeschlecht zu »züchten«: Victoria Woodhull verband diese Fragestellung immer mit ihrer Forderung nach einer grundlegenden Änderung der Geschlechterverhältnisse und einer größeren weiblichen Verantwortung. Eine bessere Erziehung junger Frauen, die sie auf die Versorgung der Kinder vor und nach der Geburt vorbereitete, wäre der richtige Weg, um die Fortpflanzung des Menschengeschlechts verantwortlicher und besser zu gestalten. Nicht Zwang und eine reglementierte Fortpflanzung trügen zu einer »Verbesserung« der menschlichen Rasse bei, glaubte sie, sondern im Gegenteil größtmögliche Freiheit der einzelnen bei der Wahl ihrer Liebespartner.

Außerdem überlegte Woodhull in dieser Zeit, erneut für die Präsidentschaft der USA zu kandidieren. Auf die Idee brachte sie Belva Lockwood, eine bekannte amerikanische Anwältin, die Victoria Woodhull 1890 in London besuchte. Lockwood war zuerst Lehrerin gewesen und hatte sich für gleiche Bezahlung und Behandlung von Frauen und Männern in ihrem Beruf eingesetzt. Irgendwann beschloss sie, Jura zu studieren, um als Anwältin gegen rechtliche Diskriminierung vorgehen zu können. Gegen viele Widerstände erstritt sie sich ihre Anerkennung als Rechtsanwältin; sie war auch die erste Frau, die vor dem Obersten Gerichtshof der USA plädierte. Lange Zeit hatte Lockwood, wie die meisten Frauenrechtlerinnen, die republikanische Partei unterstützt. Doch Anfang der achtziger Jahre gab sie den aussichtslosen Versuch auf, die Republikaner vom Frauenwahlrecht zu überzeugen. Stattdessen hatte sie eine ähnliche Idee wie Victoria Woodhull zwölf Jahre zuvor, nämlich als Frau für die Präsidentschaft der USA zu kandidieren, um so Tatsachen zu schaffen und das Thema in die Diskussion zu bringen. Mit einigen Freundinnen rief sie erneut eine *Equal Rights Party* ins Leben und ließ sich selbst zur Präsidentschaftskandidatin nominieren. Zweimal, 1884 und 1888, trat Lockwood bei Wahlen an und erhielt sogar jeweils einige Stimmen. Anders als Victoria Woodhull galt sie als eine seriöse Frau mit »respektablem« Hintergrund, was ihre Chancen erhöhte. Dafür hatte sie aber keine Bewegungen hinter sich, keine Spiritisten, keine Sozialisten, keine »Free Lovers«, nicht einmal die Frauenrechtlerinnen standen hinter ihr. In der organisierten Frauenbewegung gaben immer noch Elizabeth Cady-Stanton und Susan Anthony den Ton an, und sie unterstützten Belva Lockwoods Vorstoß nicht. Manche Frauenrechtlerinnen warfen ihr vor, sie mache die ganze Frauenbewegung lächerlich, andere kritisierten, sie wolle nur die Aufmerksamkeit auf sich lenken, um Klientinnen und Klienten

Victoria Woodhull, ca. 1890

für ihre Anwaltskanzlei zu finden. Die Zeitungen nahmen Lockwoods Präsidentschaftskampagnen insgesamt weniger ernst als die von Victoria Woodhull.

Bei ihrem Besuch in London versuchte Belva Lockwood, Victoria Woodhull zu einer erneuten Kandidatur zu überreden. In den USA, so erzählte sie, sei inzwischen eine neue Generation von Frauen herangewachsen, die weniger konservativ wären als die Frauenrechtlerinnen der frühen siebziger Jahre. Diese jungen Frauen hätten das Woodhull-Memorial und andere Texte gelesen und Victoria als ein Idol wieder entdeckt. Sie wünschten sich ungewöhnliche, radikale Aktionen, und alles was ihnen fehle, sei eine Anführerin, die sie begeistern und mitreißen könnte. Victoria war sofort Feuer und Flamme. Sie gab Interviews und lud Journalisten ein, um ihre erneute Kandidatur und ihre neuen Ideen vorzustellen. Aber anders als Lockwood sich das vorgestellt hatte, wollte Victoria Woodhull nicht einfach nur kandidieren, um zu kandidieren. Sie war eben nicht in erster Linie Frauenrechtlerin, sondern Sozialreformerin. Und sie hatte ganz genaue inhaltliche Vorstellungen davon, welche Politik sie als Präsidentin machen würde. Daher schrieb sie ein neues Wahlprogramm, das vieles mit dem von früher gemein hatte, in das aber auch ihre neuen sozialwissenschaftlichen Ideen mit eingeflossen: Sie forderte Gesundheitskommissionen und bessere Wohnungen für die Armen, die Justiz solle nach »wissenschaftlichen« Maßstäben reformiert werden, in allen Polizeistationen müssten Sozialwissenschaftler mitarbeiten. Auch jetzt waren viele von Woodhulls Forderungen visionär – eine staatliche Überwachung der Qualität von Nahrungsmitteln und Getränken, regelmäßige medizinische Untersuchungen für Kinder, Schlichtungsstellen für Konflikte zwischen Arbeitern und Unternehmern, eine öffentliche Förderung von Kunst und Wissenschaft.

Im April 1892 war in Louisiana eine Konferenz geplant, bei der Victoria Woodhull, »die größte Frau des 19. Jahrhunderts«, wie es in dem Aufruf hieß, noch einmal als Präsidentschaftskandidatin nominiert werden sollte. John Martin und Tennessee begleiteten Victoria bei dieser Reise nach Amerika. Tatsächlich fanden sich fünfzig Frauen, die Woodhull als Präsidentschaftskandidatin aufstellten. Aber eine große Kampagne wie 1872, als mehrere hundert Delegierte aus über zwanzig Staaten gekommen waren, wurde es diesmal nicht. Es gelang Victoria Woodhull nicht mehr ihr Publikum so wie früher mitzureißen, die Leute waren von der gestandenen älteren Dame, die mit Brille auf der Nase ihre wissenschaftlichen Texte verlas, enttäuscht. Victoria war nicht mehr so jung und »hinreißend« wie mit dreißig, nicht mehr so radikal und enthusiastisch wie früher. In England hatte die älter gewordene Victoria Woodhull mit ihren Auftritten durchaus Erfolg, die Engländer schätzen ihre bedächtige Art und ihre differenzierte Argumentationsweise, die höchstens bisweilen mit etwas hintergründigem Humor angereichert war. Aber in Amerika kam dieser Vortragsstil nicht an, schon gar nicht, wenn die Rednerin Victoria Woodhull hieß. In Erinnerung an die frühere junge, dynamische Skandalrednerin, die freie Liebe propagierte und Prostituierte verteidigte, hatte das amerikanische Publikum etwas anderes erwartet.

Wieder eine Zeitschrift

Ihr erneuter Kandidaturversuch hatte Victoria Woodhull Lust gemacht, sich wieder in die zeitgenössischen Diskussionen einzumischen. Nachdem sie einsehen musste, dass sie als Politikerin keine Zukunft mehr hatte, verlegte sie sich wieder aufs Publizieren. Mit Hilfe von John Martin plante sie ein neues Zeitungsprojekt, das wie die *Weekly* politische, wirtschaftliche und feministische Themen behandeln sollte; als Titel wählte sie *The Humanitarian*. In der ersten Ausgabe dieses 16-seitigen, auf gutem Papier gedruckten »Monatsmagazins für Soziologie« (so der Untertitel) erklärte Woodhull: »Das Ziel dieser Zeitschrift ist es, alle Themen zu diskutieren, die das Wohlergehen der Menschheit betreffen. Wir möchten, dass die Vererbungsgesetze vollständig erforscht und diskutiert werden, damit wir verlässliche Daten haben, auf die wir bauen können. Die Kinder von heute sind die Zukunft von morgen, und ihr Wert als Bürger und Bürgerinnen wird von der Summe ihrer ererbten Eigenschaften und von ihrer Erziehung und Ausbildung abhängen. Wir erkennen, dass die höheren Fähigkeiten der überarbeiteten, schlecht erzogenen und unterernährten Menschen nicht genügend entwickelt sind, um ihren wahren Wert zu erreichen.« Im *Humanitarian* griff Woodhull vor allem sozialwissenschaftliche Thesen auf, die teilweise bis heute aktuell sind. Sie schrieb Artikel über Geisteskrankheit, in denen das Problem aufgeworfen wird, wie schwierig es ist, zwischen »Gesundheit« und »Verrücktheit« zu unterscheiden. Sie kritisierte das Gefängnissystem, das ihrer Ansicht nach die Verbrecher nicht bessert und rehabilitiert, sondern im Gegenteil in ihrem kriminellen Verhalten bestärkt. Sie setzte sich mit Gewalt in Kinderliteratur auseinander und griff die moralischen Werte einer Gesellschaft an, die sich mehr um ihre Haustiere sorgt als um den eigenen Nachwuchs. Sie schrieb über den schädlichen Einfluss von Werbeplakaten und fragte, warum die Moralapostel, die sich sonst immer so gerne in das Privatleben der Leute einmischen, nicht gegen solche obszönen Darstellungen protestieren. Sie kritisierte immer noch die Frauenrechtlerinnen, die nicht mit der generellen Fortentwicklung der Frauen Schritt gehalten hätten, sondern sich in innere Streitigkeiten und Eifersüchteleien ihrer Anführerinnen verstricken. Sie schrieb über die Gesundheitsschäden, die durch Rauchen verursacht werden, über die positiven Auswirkungen von Sport und frischer Luft, über die Vorteile einer breiten Gesundheitsvorsorge für die Bevölkerung und über die Frage, warum im Unterhaus nur mittelmäßige Politiker vertreten sind.

Aber Woodhull forderte auch Dinge, die aus heutiger Sicht problematisch erscheinen: etwa ein Fortpflanzungsverbot für Menschen mit Behinderungen oder eine genaue Stammbaumforschung, damit der gesundheitliche Zustand ganzer Familien erforscht und prognostiziert werden kann. Dazu muss man aber wissen, dass solche Vorstellungen damals weit verbreitet waren. Zudem setzte Woodhull diese biologisch-genetische Seite niemals absolut. Sie verband solche »eugenischen« Vorstellungen immer mit sozialen Forderungen: Es müssten Hygienekurse für Frauen eingerichtet werden, wo sie etwas über die Gesundheitspflege in der Familie lernen könnten. Oder Wirtschaftskurse, vor allem für Frauen aus der Unterschicht, damit sie lernen, den Wert von Waren besser einzuschätzen, und ihr knappes Haushaltsbudget besser verwalten zu können. Junge Mädchen seien sozial isoliert, kritisiert Woodhull, sie würden von den herrschenden Sitten und gesellschaftlichen Konventionen in ihrer Bewegungsfreiheit eingeschränkt und daran gehindert, sich den geeigneten Ehepartner frei zu wählen. Woodhull ist überzeugt, dass Wunschkinder, die von ihren Eltern geplant und geliebt werden, gesünder sind als andere.

Planung der Fortpflanzung zur »Verbesserung« der Menschen, das bedeutet für Victoria Woodhull also nicht die Einführung irgendwelcher Zwangsmaßnahmen im Rahmen einer »Rassepolitik«, sondern die Schaffung größerer Wahlmöglichkeiten für Männer und Frauen bei der Suche nach einem Partner oder einer Partnerin. Also wieder: Abschaffung der gesetzlichen Ehe und mehr wirtschaftliche Unabhängigkeit für die Frauen. Es dürfe nicht sein, argumentiert sie, dass eine Frau nur des Geldes wegen mit einem Mann verheiratet bleibt, obwohl sich zum Beispiel herausstellt, dass er eine schwere Krankheit hat und sie mit ihm keine gesunden Kinder bekommen kann. Es sei auch nicht gut, dass eine Frau heiratet, ohne etwas über den Charakter, die Familie, die Geschichte und die Gewohnheiten ihres Mannes zu wissen. Damit sie möglichst gesunde Kinder bekommen können, müssten junge Menschen mehr Wahlmöglichkeiten im Bezug auf ihre Lebenspartner haben und sie müssten diese Partner auch wechseln können, wenn sie das wollen. Oder, wie Woodhull es jetzt formulierte: Die Ehegesetze müssten der »moralischen Verantwortung« der Eltern für die Gesundheit der Menschheit gerecht werden. Wichtig sei auch, dass die Menschen nicht überarbeitet und schlecht genährt sind, denn dann verlieren sie die Fähigkeit zur Selbstkontrolle bei der Fortpflanzung.

Den erwachsenen Menschen sieht Woodhull keineswegs nur als Ergebnis seiner ererbten Eigenschaften, sondern ebenso als Produkt der Erziehung, der Sozialisation: »Diese Kinder, die von klein auf dazu angehalten werden, für ihre Eltern zu lügen, zu betteln und zu stehlen, wachsen mit der Idee auf, dass das Böse gut ist, und wenn sie dann erwachsene Männer oder Frauen sind, setzen sie das, was sie in der Jugend gelernt haben, um, und werden dafür von der Gesellschaft entsprechend bestraft.« Das ist auch der Grund, warum sie sich für eine Reform der Gefängnisse und des Strafvollzugs einsetzt.

Diese neuen Themen und Ansichten von Victoria Woodhull bedeuten weniger eine Abkehr von ihren früheren Einschätzungen als vielmehr eine Fortentwicklung. Auch in den siebziger Jahren in New York hatte Woodhull ja eine veränderte Auffassung der Mann-Frau-Beziehung keineswegs im Interesse der Frauen gefordert, sondern im Interesse der Gesellschaft, der Menschheit als ganzer. Ihr war es schon immer darum gegangen, die Frauen in ihrer Verantwortung zu stärken und zu verhindern, dass männlicher Eigennutz oder Trieb der Gesellschaft schadet. Während sie diese Forderung früher aber politisch-philosophisch mit dem Recht auf Selbstbestimmung begründet hatte, sah sie nun in den Sozialwissenschaften, der neuen Vererbungslehre und dem medizinischen Fortschritt eine Möglichkeit, die »wissenschaftliche« Richtigkeit ihrer Thesen zu beweisen.

Auch diesmal vereinte Victoria Woodhull ein breites Sammelsurium an Themen in ihrer Zeitschrift. Als in England die Debatten um das Frauenwahlrecht wieder aufflammten, druckte sie das Woodhull-Memorial erneut ab, zusammen mit ausgewählten Pressereaktionen von damals. Aber auch Kirchenleute kamen im *Humanitarian* zu Wort, sie schrieben zum Beispiel Artikel über »den Weg der Trunkenheit« oder den »Schlüssel zum sozialen Problem«. Ein anderes Lieblingsthema von Victoria war nun die englisch-amerikanische Verständigung – die hatte sie ja durch ihre Heirat mit einem Engländer selbst praktiziert. Sie und John Martin gaben jedes Jahr zum amerikanischen Unabhängigkeitstag am 4. Juli eine Party, die verschränkten Flaggen beider Länder wurden zu Woodhulls neuem

Markenzeichen. Sie beschäftigte sich – aus gegebenem Anlass – auch verstärkt mit dem Älterwerden: Schönheit, schrieb sie im *Humanitarian*, sei keineswegs der Jugend vorbehalten. Sie machte sich in der Geschichte auf die Suche nach älteren Frauen, die Vorbilder sein könnten, etwa indem sie vorlebten, dass eine Frau sich auch im Alter von vierzig Jahren oder sogar noch später neu verlieben kann. Großen Raum nahmen dabei medizinische Berichte ein, die den Prozess des Älterwerdens erklärten und Tipps gaben, wie man damit umgehen kann. Dass sie sich jetzt so viel mit Themen wie Gesundheit, Älterwerden und körperlicher Fitness beschäftigte, wirkte sich auch auf Victorias Lebensweise aus. 1895, mit Ende fünfzig also, kaufte sie sich ein Fahrrad und unternahm ausgedehnte Radtouren, um sich körperlich fit zu halten. Auch dieses Interesse teilte sie mit John Martin, der ein aktiver Sportler war. Beide achteten auf gesunde Ernährung und auf Hygiene im Haushalt.

Auch Tennessee Claflin veröffentlichte in diesen Jahren Essays und Broschüren zu Themen wie »Die Übel der Gesellschaft und ihre Heilmittel«, aber am *Humanitarian* arbeitete sie nicht mit. Zum ersten Mal hatte Victoria hier ein größeres Projekt ohne ihre Schwester gestartet – sie machte nicht Tennessee zur Mitherausgeberin, sondern ihre Tochter, die inzwischen zu Victorias wichtigster Freundin und Mitstreiterin geworden war. Bei der Übersiedlung nach England hatte Zulu Maud ihnen Namen in »Zula« geändert, was femininer und jedenfalls weniger merkwürdig klang. Inzwischen war sie längst eine erwachsene Frau, weit in den Dreißigern, aber sie lebte noch immer bei ihrer Mutter und unterstützte sie bei all ihren Projekten. Zula war nicht nur Mitherausgeberin des *Humanitarian* und so eine Art persönlicher Sekretärin, sie versorgte auch den behinderten Bruder Byron. Das Verhältnis von Mutter und Tochter war außergewöhnlich eng. Zula Maud scheint keinerlei Ambitionen gehabt zu haben, auszuziehen, zu heiraten oder sich sonst irgendwie von Victoria unabhängig zu machen. Wie früher Tennessee bewunderte jetzt offenbar auch Zula die charismatische Persönlichkeit Victorias ohne Einschränkungen und ohne Neid und setzte damit den ungewöhnlich engen Zusammenhalt der Frauen in dieser Familie in der nächsten Generation fort. Vielleicht ist das auch gar nicht so verwunderlich. Denn sicher bot das Zusammenleben mit einer Frau wie Victoria für Zula mehr Möglichkeiten und Freiheiten als etwa eine traditionelle Ehe.

Zula Maud Woodhull (ca. 1878) blieb ihrer Mutter deren ganzes Leben lang eine enge Mitarbeiterin und Vertraute.

Nur eine Begebenheit lässt anklingen, dass Zula überhaupt je »Verehrer« gehabt hatte: Weil Victoria Woodhull den *Humanitarian* nicht nur in London, sondern auch in New York herausbringen wollte, siedelte Zula Maud in ihrem Auftrag eine Zeit lang dorthin über. Sie lebte im Haus ihrer Kusine Ella Celeste, die schon vorher wieder zurück nach Amerika gegangen war und dort einen Arzt namens Charles Welles geheiratet hatte; auch er arbeitete nebenbei für den *Humanitarian*. Doch diese Episode endete, wie so oft bei den Claflins, im Streit. Eine Version der Geschichte lautet, dass Victoria, in Sorge darum, Zula Maud könnte in New York von Männern »verführt« werden, Welles gebeten habe, sie in solch einem Fall sofort zu informieren. Und tatsächlich habe Welles einmal etwas in dieser Richtung an Victoria geschrieben, worüber dann wiederum Zula Maud so verärgert gewesen sei, dass sie ihre Mutter gegen Welles aufbrachte und die dann die Zusammenarbeit mit ihm aufkündigte. Aber es gibt auch andere Varianten dieser Geschichte, und sie sind ebenso denkbar: Zum Beispiel die, dass Victoria Woodhull Charles Welles überredet hätte, seine Praxis aufzugeben, um ganz für den *Humanitarian* zu arbeiten, ihm aber dann kein Gehalt bezahlt habe. Oder dass die Familie Welles inklusive Victorias Schwester Margaret Ann, Ellas Mutter, immer mehr Geld von Victoria gefordert hätte. Was auch immer davon stimmt – das Ganze war ein typischer Claflin-Streit, der zeigt, dass sich die Familiengewohnheiten auch in der zweiten Generation nicht wesentlich geändert hatten. Das Projekt, den *Humanitarian* in den USA zu verbreiten, war jedenfalls bald schon gestorben, und nach einem kurzen Ausflug nach Amerika kehrte Zula Maud zu ihrer Mutter nach London zurück. Es war das einzige Mal, dass die beiden längere Zeit getrennt waren. Zula Maud verehrte und bewunderte ihre Mutter und übernahm offenbar irgendwann auch eine Art Beschützerrolle für sie – zumindest schrieb ihr ein Freund: »Ich denke manchmal, du bist mehr ihre Mutter als sie deine, wenn man nach der ängstlichen Sorge urteilen soll, die deine Liebe aufbringt und die ihre Genialität erfordert, mit der du ihre täglichen körperlichen Bedürfnisse erfüllst und sie vor ihrem eigenen, entzückend launischen Selbst schützt.«

Ihre Schwester Tennessee dagegen sah Victoria immer seltener. Vielleicht war es zu einer gewissen Distanz zwischen den Schwestern gekommen, weil sich Tennie, anders als Victoria, nach ihrer Heirat kopfüber ins gesellschaftliche Leben Englands gestürzt hatte. Noch

oben: Victoria und John Martin
unten: Tennessee und Sir Francis Cook

immer war sie viel unbekümmerter als ihre ältere Schwester, scheute kein Aufsehen, und sie hatte als Lady Cook auch keine konservative Schwiegerfamilie im Nacken, auf die Rücksicht genommen werden musste. Tennie entwickelte sich zu einer reichen Exzentrikerin, die so radikal war, dass es die Engländer nur mit Humor nehmen konnten, was sie dann aber auch gerne taten. Zum Beispiel gab sie Parties, zu denen die gesamte Oberschicht eingeladen wurde, und dann öffnete sie herausfordernd die Türen für protestierende Arbeiter und lud sie ein, sich unter die Gäste zu mischen. Das war ganz sicher eine ernst gemeinte politische Demonstration – allerdings aber auch verpackt in einen für Tennessees Gäste außerordentlich amüsanten Skandal: Genau so etwas erwartete man in England doch schließlich von einer Amerikanerin.

Francis Cook hatte auch nach seiner Heirat mit Tennessee Affären mit anderen Frauen, was diese aber offenbar weitgehend tolerierte, denn sie hatte ja selbst nicht unbedingt aus Liebe geheiratet. Tennie verbrachte viel Zeit auf dem Landsitz in der Nähe von Lissabon, wo sie den Garten für Touristen öffnete und am Ausgang an jeden Besucher und jede Besucherin eine ihrer Broschüren verteilen ließ, die sie in verschiedenen Sprachen hatte drucken lassen. Sie gründete Schulen und startete verschiedene Wohltätigkeitsaktionen, übernahm die Sorge für die kostbare Gemäldesammlung Cooks, die sie ebenfalls für Besucherinnen und Besucher zugänglich machte. Doch im Gegensatz zu Victoria war Tennessee bei ihren politischen Initiativen und Projekten immer noch sprunghaft. So schnell sie für eine neue Idee Feuer fing, so schnell verlor sie auch wieder die Lust daran. Als sie einmal plante, in Richmond, der noblen Wohngegend, in der sich das Londoner Anwesen der Cooks befand, ein Heim für unverheiratete Mütter zu gründen, gab es Proteste aus der Nachbarschaft: So ein Heim würde nur die Unmoral fördern. Tennie war darüber so verärgert, dass sie öffentlich bekannt gab, sie werde von nun an keinen Penny mehr an irgendeine Kirche oder Wohltätigkeitseinrichtung in ganz Richmond spenden.

Im Februar 1894 führte Victoria Woodhull einen Prozess gegen das British Museum, weil sie verlangte, dass einige Bücher über den Beecher-Tilton-Fall, in denen auch von ihr die Rede war und die sie für diffamierend und beleidigend hielt, nicht mehr öffentlich zugänglich gemacht würden. Den mehrtägigen Prozess, zu dem alle wichtigen Zeitungen Reporter gesandt hatten, nutzte sie, um den unfairen Umgang, den »double standard« in der Beurteilung von Frauen deutlich zu machen: »Frauen kämpfen für ihre Befreiung von sexueller Sklaverei«, erklärte sie dem Verteidiger, der für das British Museum eintrat und sie ins Kreuzverhör genommen hatte, »es mag heute noch lächerlich klingen, aber die Zeit wird kommen, wo eine Frau hier steht, genau wie Sie jetzt, und einen Mann ins Kreuzverhör nimmt, und es wird ihr gutes Recht sein, das zu tun, so wie jetzt die Männer für sich das Recht in Anspruch nehmen, über Frauen zu urteilen.«

Im Jahr 1896 erkrankte John Martin ganz unerwartet an einem Leiden, das die Ärzte nicht diagnostizieren konnten. Martin war immer körperlich fit gewesen, lebte gesund und trieb viel Sport. Aber jetzt litt er häufig an Fieber und Kopfschmerzen. Die Ärzte empfahlen ihm, den Winter nicht im feuchtkalten London zu verbringen, und Martin beschloss, für einige Zeit auf die Kanarischen Inseln überzusiedeln. Victoria blieb aber in London. In seinem Tagebuch notierte Martin, sie habe dort »Dinge zu regeln«, ohne näher darauf einzugehen, was für Dinge das waren. Es wird die politische Arbeit gewesen sein: Victoria Woodhull hatte sich in ihrem Haus am Hyde Park Gate ein schönes Büro eingerichtet, hinter dem Schreibtisch ihr neues Markenzeichen, die überkreuzten Flaggen Amerikas und Groß-Britanniens, an der Wand Bilder von George Washington und Abraham Lincoln, auf den Regalen Büsten von Seneca und Minerva. Sie hatte eine ansehnliche Bibliothek zusammengestellt, und eine Reihe von Professoren, Theologen, Schriftstellerinnen und Künstlern war regelmäßig bei ihr zu Gast, um über die neuesten sozialwissenschaftlichen Theorien zu diskutieren. Vermutlich war Victoria einfach nicht der Typ, einen ganzen Winter lang in südlichen Gefilden Urlaub zu machen. Jedenfalls blieb sie nicht deshalb in England, weil sie und Martin sich einander entfremdet hätten. Während seiner Reise schrieben sich die beiden lange Briefe mit romantischen Liebesbeteuerungen. Offenbar hatte niemand vermutet, dass es sich bei Martins Krankheit um etwas Schwerwiegendes handeln könnte. Er ließ sich auf Teneriffa nieder, unternahm aber auch Reisen zu den anderen Inseln. Doch im März 1897, als er sich gerade auf Lanzarote aufhielt, wurde er plötzlich sehr krank. Man brachte ihn noch nach Las Palmas auf Gran Canaria, wo es eine bessere ärztliche Versorgung gab, aber dort starb er innerhalb weniger Tage an einer »schrecklichen, akuten und plötzlichen Krankheit«, wie die Ärzte an

Victoria schrieben. Vermutlich hatte er sich eine Lungenentzündung geholt. John Martin war erst 55 Jahre alt.

Da es von ihr selbst keine Aufzeichnungen über ihr Privatleben gibt – nur John Martin hatte ausführlich Tagebuch geführt –, ist nicht bekannt, wie Victoria Woodhull diese traurige Nachricht aufgenommen hat. Sie blieb nach Johns Tod vorerst in dem Londoner Haus am Hyde Park Gate wohnen. Allerdings verarbeitete sie den Tod ihres Mannes zumindest theoretisch, zum Beispiel im *Humanitarian*. Dort schrieb sie nun vermehrt über Themen, die sich mit Leben und Tod und der Frage von Gesundheit und Krankheit beschäftigten. Auch der Spiritismus scheint Victoria in diesem Zusammenhang wieder interessiert zu haben. Zum Beispiel erschienen Artikel zu der Frage, ob Geister fotografiert werden könnten. Andere Texte behandelten Themen wie: »Ist das Leben lebenswert?« oder »Die Kunst des Sterbens«. Vor allem um die Gefährdung der Gesundheit schien sich Victoria nun ernste Sorgen zu machen. Sie brachte ganze Serien über die Ausbreitung von Infektionen, über Keime auf Telefonen, in Eisenbahnwagen und auf Büchern aus öffentlichen Bibliotheken. Ein ausführlicher Bericht beschäftigte sich etwa mit der Frage, wie viele Bakterien man allein beim Sprechen in der Umgebung verbreitet, ein anderer beschrieb, wie ungesund lange Röcke sind, die über den Boden schleifen und dadurch »ganze Kolonien von Mikroben und Bazillen« aufsammeln.

Nach John Martins Tod war Victoria Woodhull eine überaus reiche Frau – noch wohlhabender als zu ihren besten New Yorker Zeiten. Denn Martin hatte ihr nicht nur seine eigenen Besitztümer hinterlassen, das Haus in London und eine hübsche Summe Geld, sondern durch einen unglaublichen Zufall erbte Woodhull auch noch einen Teil des Martin'schen Familienvermögens. Drei Tage vor John war nämlich auch dessen Vater gestorben, und er hatte seinem Sohn ein Vermögen von rund 150 000 Pfund vererbt – das entspricht heute einer Summe von über 10 Millionen Euro. All das fiel nun an Victoria Woodhull. Wäre der alte Martin nur einige Tage später, nämlich nach seinem Sohn gestorben, dann hätte Victoria aus dem Familienbesitz der Martins nur 100 Pfund geerbt.

Victoria und Zula Maud in Norton Park

Auf dem Lande

Zu diesem Erbe gehörte auch ein Familiengrundstück in Bredon's Norton, einem kleinen Ort rund 150 Kilometer von London entfernt, in der Nähe von Tewskbury in Worcestershire. Und einige Jahre nach Martins Tod, im Jahr 1900, beschloss Victoria Woodhull, dorthin umzusiedeln. Vielleicht war ihre zunehmende Angst vor den Keimen und Bakterien der Großstadt – die zeitweise geradezu wahnhafte Züge annahm – der Grund dafür, jedenfalls hatte sie im *Humanitarian* schon häufiger die gesundheitlichen Vorzüge des Landlebens gerühmt. Bredon's Norton war ein typischer englischer Landsitz. Die Strukturen erinnerten noch an die Feudalzeit: Norton Park, ein großes altes Herrenhaus im Tudor-Stil, von dem einzelne Teile aus dem 16. Jahrhundert stammten, thronte über dem kleinen Dorf, Bredon's Norton. Die Herrin von Norton Park spielte eine wichtige Rolle für das Wohl und Wehe des ganzen Ortes, sie war die wichtigste Kundin der Geschäftsleute und Handwerker, wichtigste Sponsorin der Kirche, die bedeutendste Person des öffentlichen Lebens. Man kann sich vorstellen, dass so eine

Rolle Victoria Woodhull gefiel. Allerdings bedeutete dieser Umzug auch das Aus für den *Humanitarian*. Vom Land aus ließe sich die Herausgabe der Zeitung nicht mehr so einfach bewältigen. Aber nicht nur ihr bevorstehender Umzug und der Wunsch, sich neuen Aufgaben zu widmen, sei der Grund, die Zeitung einzustellen, schrieb Woodhull im Editorial der letzten Ausgabe, sondern auch, dass sich die Zeiten geändert hätten. »Viele Themen, die ich auf diesen Seiten und sonstwo behandelt habe, werden inzwischen frei in der Öffentlichkeit und den Medien diskutiert, Fragen, die zur Zeit, als ich mich erstmals mit ihnen beschäftigt habe, ungewöhnlichen Mut erforderten, um sie anzupacken, vor allem soziale Fragen.«

Victoria plante ihren Umzug nach Bredon's Norton und ihre Einführung in die dortige Gesellschaft mit Bedacht: Im November 1900 stiftete sie der Kirche des Ortes ein Lesepult aus Messing im Andenken an John Martin. Sie ließ Broschüren im Ort verteilen, in denen die Bevölkerung über die neue »Lady of the Manor« informiert wurde – nicht ohne dabei auch auf ihre angeblich »königliche« Abstammung hinzuweisen. Woodhull kündigte ihre Ankunft auch mit einer sieben Seiten langen, reich bebilderten Reportage in der Zeitung *Country Life* an – das ganzseitige Titelfoto zeigte Zula Maud, die natürlich mit nach Bredon's Norton ging. Woodhull ließ in Norton Park einen modernen Gas-Generator installieren und renovierte die wichtigsten Räume des Anwesens, so dass das Haus wieder mit einigem Komfort bewohnbar war. Und im Dezember 1901 zogen Victoria, Zula und Byron dorthin um.

Das Anwesen befand sich jedoch in schlechtem Zustand. Das Herrenhaus war über zehn Jahre unbewohnt gewesen, es war umgeben von 600 Hektar größtenteils verwildertem Land. Aber auch die zugehörige Ortschaft, ein kleines Dorf mit roten Backstein-Häusern, war heruntergekommen. Die Bevölkerung war in diesen zehn Jahren um 16 Prozent geschrumpft, die Infrastruktur weitgehend zerstört, die Straßen und öffentlichen Gebäude marode. Mit viel Elan machte sich Victoria Woodhull daran, die Ortschaft wieder aufleben zu lassen. Unterstützung fand sie bei dem örtlichen Kaplan, Reverend William Saywell, der ebenfalls erst seit kurzem in Bredon's Norton lebte. Sie ließ die Straßen reinigen, Laternen installieren, verbesserte den Postvertrieb, ließ Telefonleitungen verlegen, verfallene Gebäude abreißen und eine Halle für Veranstaltungen mit einem Leseraum für die Bewohnerinnen und Bewohner des Ortes bauen. »Sleepy hollow wurde einer ganzen Serie von galvanischen Schocks unterzogen«, schrieb eine örtliche Zeitung. Nicht alle Leute in Bredon's Norton waren von diesen plötzlichen Veränderungen begeistert, vor allem deshalb, weil Victoria Woodhull vollkommen eigenmächtig handelte, ohne die örtlichen Autoritäten zu fragen oder irgendjemanden in ihre Entscheidungen einzubeziehen. Schließlich war es ihr Geld, meinte sie wohl. Es kam sogar zu Fällen von Vandalismus gegen die Neuerungen. Victoria fühlte sich mit ihrem Enthusiasmus wieder einmal von der Welt missverstanden und schimpfte über das »selbstgenügsame Dorfleben«.

Aber sie verbrachte ohnehin die meiste Zeit im Herrenhaus. Und sie hatte eine neue Leidenschaft entdeckt, die für Ablenkung sorgte: das Autofahren. Schon immer war Victoria Woodhull an jeder Art Fortschritt höchst interessiert gewesen. Sobald die Schreibmaschine erfunden war, hatte sie eine. Schon 1889 ließ sie ihr Haus mit elektrischem Licht ausstatten. Und dieses neue, vierrädrige Fortbewegungsmittel namens Automobil, das es damals auf eine Geschwindigkeit von 30 Stundenkilometern brachte, faszinierte sie so sehr, dass sie gleich mehrere Modelle anschaffte. Victoria Woodhull wurde bald eine berüchtigte Autofahrerin, die in Bredon's Norton für ihren Gefallen an hohen Geschwindigkeiten bekannt war – vom Dorfpolizisten bekamen sie und ihre Chauffeure häufig Verweise für »wildes Fahren«. Bei ihren Spritztouren beschränkte sich Victoria keineswegs auf die nähere Umgebung. Sie fuhr kreuz und quer im Land umher, machte Ausfahrten im Londoner Hyde Park und unternahm, zusammen mit Zula Maud, sogar eine Autoreise durch Frankreich. Mit einem Mercedes Simplex, dem besten Wagen ihrer kleinen Flotte, fuhren Mutter und Tochter über Paris nach Nizza und Monte Carlo. Zusammen mit anderen wohlhabenden Frauen gründete Victoria Woodhull auch einen »Damen-Automobil-Club«, der sich erstmals im Juni 1904 traf. Präsidentin war die Herzogin von Sutherland: Sie fuhr bei den großen Konvois des Clubs immer an erster Stelle, Victoria, so wird berichtet, an vierter. Es war schon ein Ereignis, wenn sechzig fröhliche Damen mit ihren Automobilen durch die Lande rollten.

In den folgenden Jahren entwickelten Victoria und mehr noch Zula Maud zahlreiche innovative Projekt in Bredon's Norton. Zunächst hatte Zula Maud die Idee, die Grundstücke rund um Norton

Eine neue Leidenschaft: die Lust an höheren Geschwindigkeiten

Park zu nutzen und eine Art Landwirtschafts-Schule für junge Frauen zu gründen. Auch Victoria begeisterte sich für das Projekt, und so entstand ein Fortbildungsinstitut namens »Internationaler Landwirtschaftsclub und Schule für intensive Kleingärtnerei«. Es war nicht die erste Schule in England, die sich um die landwirtschaftliche Ausbildung von Frauen kümmerte, und auch für Victoria und Zula war das Thema nicht neu. Sie hatten sich schon seit einigen Jahren dafür interessiert und bereits 1899 im *Humanitarian* einen Bericht unter der Überschrift »Frauen in der Landwirtschaft« gebracht. »Es gibt viele Frauen«, war da zu lesen, »die in England viel Land besitzen (die Herausgeberin dieser Zeitung ist eine davon), und die sich für wissenschaftliche Landwirtschaft interessieren, weil sie glauben, dass daraus eine große Bewegung werden könnte.« In einem Interview mit der lokalen Zeitung von Bredon's Norton begründete Zula Maud das Projekt damit, dass immer mehr Frauen am Beruf der Bäuerin oder Farmerin Gefallen fänden. In der Landwirtschaft sei eine Tendenz zur Spezialisierung und zur Gründung von kleineren Farmen zu beobachten, und das eröffne Frauen interessante Perspektiven. Das College solle einen Beitrag dazu leisten, sie für diese Arbeit zu qualifizieren. Unmittelbares Vorbild für ihr Projekt war wohl das *Lady Warwick Hostel* in Reading, eine ähnliche Schule, in der Frauen zur landwirtschaftlichen Selbstversorgerinnen ausgebildet wurden. Auf dem Stundenplan standen Fächer wie Molkerei, Gartenpflege oder Bienenzucht. Jedenfalls gehörte Edith Bradley, eine Absolventin des *Lady Warwick Hostels*, die sich in Bredon's Norton niedergelassen hatte, zu den Unterstützerinnen der neuen Schule.

In der Landwirtschaftsschule von Norton Park konnten Mädchen und junge Frauen zwischen verschiedenen Ausbildungsarten wählen – die Palette reichte von Wochenendkursen bis hin zu einer dreijährigen Lehre. Neben großen landwirtschaftlichen Anlagen mit Feldern und Ställen gab es auch eine Bücherei, ein Sekretariat und, als neuste Errungenschaft des Fortschritts, ein Telefon. In ihren besten Zeiten hatte die Schule dreißig Schülerinnen. Weil es im College Essen und Unterbringung gab, betonte Zula, könnten sich die Schülerinnen ganz auf ihre Ausbildung konzentrieren. Außerdem hätten die angehenden Landwirtinnen bei ihrer Arbeit Gesellschaft, denn gerade im bäuerlichen Leben sei soziale Vereinsamung ein großes Problem. Im August 1906 organisierten Zula, Victoria und Edith

Interessierte sich für die neue Fröbel-Pädagogik,
die weniger autoritär und hierarchisch ausgelegt war:
Zula Maud Woodhull, ca. 1912

zum ersten Mal eine große Landwirtschafts-Ausstellung in Norton Park, die von da an jedes Jahr stattfand und bald ein fester Bestandteil des Jahresablaufs wurde.

Die Landwirtschaftsschule war aber nicht das einzige Projekt, das Victoria und Zula Maud ins Leben riefen. 1907 gründeten sie eine Modellschule für die Bauernkinder. Bedarf gab es genug: Wie der ganze Ort, so war auch die von der anglikanischen Kirche betriebene Dorfschule von Bredon's Norton ziemlich heruntergekommen. Zula interessierte sich für die neue Fröbel-Pädagogik, die weniger autoritär und hierarchisch ausgelegt war als das herkömmliche Schulsystem und Wert auf praktische Übungen und die Ausbildung des individuellen Charakters jedes Kindes legte. Die traditionelle Dorfschule von Bredon's Norton mit ihren wenig kreativen Unterrichtsmethoden war ihr deshalb ein Dorn im Auge. Zula überzeugte ihre Mutter, der Kirche den Pachtvertrag für das Schulgebäude zu kündigen und stattdessen ihr die Leitung der Schule zu übertragen. Das englische Schulsystem funktionierte damals so, dass Schulen von privaten oder kirchlichen Trägern geführt wurden, der Staat aber die Gehälter der Lehrerinnen und Lehrer bezahlte. Aber Zula und Victoria versäumten es, die Schulbehörden in ihr Vorhaben einzubeziehen. Erst als die Planungen bereits standen, informierte Zula die Behörden darüber, dass sie zwei neue Lehrerinnen einstellen wolle, die in der Fröbel-Pädagogik ausgebildet seien, und dass sie das dürftige staatliche Gehalt, das Lehrerinnen damals bekamen, aus eigenen Mitteln aufstocken werde. Doch die Schulbehörde weigerte sich, das Projekt zu unterstützen. Als Zulas Fröbel-Schule in Bredon's Norton schließlich im Januar 1908 den Betrieb aufnahm, trug Victoria Woodhull die Finanzierung komplett selbst.

Die Schule wurde trotzdem ein großer Erfolg, denn sie war in der Tat modellhaft. Auf dem Stundenplan standen die Fächer Religion, Geschichte, Erdkunde, Englisch, Naturwissenschaft, Zeichnen und Malen, Mathematik, Kochen, Nähen, Schreinern und Gartenbau. Zum Unterricht gehörten aber auch Spiele im Freien, und einmal in der Woche gab es Wanderungen in der Natur. Die Schuluniformen wurden den Kindern gestellt, und alle zwei Wochen untersuchte Woodhulls Hausarzt die Schülerinnen und Schüler. Interessierte Eltern planten bereits, einen Bus einzurichten, der die Kinder aus den umliegenden Ortschaften zu der neuen Bildungsstätte bringen würde. Aber den Behörden gefiel das Projekt nicht. Im Sommer 1909 entschied ein staatlicher Schulinspektor, die Bredon's Norton Schule entspreche nicht den gesetzlichen Anforderungen, weil die Standards von Disziplin und »moralischer Bildung« nicht eingehalten würden. Zula sicherte zwar zu, die angemahnten Veränderungen vorzunehmen, aber trotzdem wurde die Schule im Dezember 1909, nach nur zwei Jahren, geschlossen. Die örtlichen Politiker warfen Victoria Woodhull nun vor, ihr »Hobby« habe die Ortschaft ihre Schule gekostet, denn nun mussten die Kinder zu anderen Schulen in der Umgegend gebracht werden. Victoria spendierte ihnen als kleinen Ausgleich von da an täglich warme Abendessen.

Bald schon erlebte Bredon's Norton ein neues Projekt: 1911 verwandelten Zula und Victoria Norton Park in einen *Manor House Club*, eine Art Landhotel, wo man Erholungsurlaube verbringen konnte. Laut Eigenwerbung hatten sie »zwanzig Schlafzimmer für Damen, eigene möblierte Cottages für Herren, einen Golfplatz, Bootsfahrten, Croquet, Tennis und Jagen« auf dem Programm sowie »Möglichkeiten zum Studium von Landwirtschaft und Gartenbau« – eben in ihrer Schule. Schon bald konnte der *Manor House Club* eine illustre Gästeliste vorweisen: Adelige, Diplomaten, Schauspielerinnen und Militärs, aber auch Schriftstellerinnen und Intellektuelle suchten hier Erholung. Ihre Vorliebe, alles auf gedrucktes Papier zu bannen, hatte Victoria Woodhull noch immer nicht verloren: Nun ließ sie die *Manor House Club Causeries* schreiben, eine Art Protokoll über alle Persönlichkeiten, Feste und Ereignisse, die in Norton Park vonstatten gingen. Auch ihre Leidenschaft für technischen und sozialwissenschaftlichen Fortschritt behielt Victoria Woodhull bis ins hohe Alter. 1912, im Alter von 74 Jahren, lobte sie eine Prämie von 5 000 Dollar aus für den ersten Mann oder die erste Frau, die in einem Flugzeug den Atlantik überqueren würde. Sie interessierte sich auch für die neue Wissenschaft der Psychologie und wurde eines der ersten Mitglieder der *Gesellschaft für psychologische Forschung*, der sie auch ihr gesamtes Vermögen vererbt hätte, falls Zula vor ihr gestorben wäre.

Erst in den letzten Jahren ihres Lebens wurde Victoria Woodhull allmählich ruhiger. Die Leute in Bredon's Norton hatten sich an sie gewöhnt, sie war nun so etwas wie die »gute Großmutter« der Ortschaft. Sie war aber auch außerordentlich freigebig: Victoria Woodhull organisierte Weihnachtsfeiern für die gesamte Einwohnerschaft inklusive Geschenken für alle, sie gründete ein Theater, unterstützte

Jugendprojekte. Als 1914 der Weltkrieg ausbrach, teilte sie vorausschauend an alle Familien in Bredon's Norton Samen und Zucker aus und forderte die Hausfrauen auf, in ihren Gärten Gemüse anzupflanzen und Marmelade einzukochen. Sie organisierte Lesungen über Hauswirtschaft, damit die Frauen Tipps und Ratschläge bekamen, wie sie ihre Familien in den harten Zeiten ernähren könnten. Sie veranstaltete Kurse, in denen junge Frauen lernten, wie Lebensmittel konserviert und eingemacht werden. Sie kaufte Stoffe, aus denen die Frauen der Ortschaft Hemden für die Soldaten nähten, und spendete Lebensmittel für das benachbarte Krankenhaus, in dem verwundete Soldaten behandelt wurden. Im Herrenhaus organisierte sie Unterhaltungsabende für die Soldaten, und sie veranstaltete regelmäßig Lesungen, damit sich die Bewohnerinnen und Bewohner von Bredon's Norton über den Fortgang des Krieges auf dem Laufenden halten konnten. Als 1917 die USA in den Krieg eintraten, hisste Victoria Woodhull auf ihrem Haus die amerikanische Flagge.

1923 starb Tennessee Claflin im Alter von 77 Jahren. Tennie war in ihren letzten Lebensjahrzehnten weniger sesshaft gewesen als Victoria. Seit Victorias Umzug nach Bredon's Norton hatten die beiden Schwestern nur noch gelegentlich etwas miteinander zu tun gehabt. Tennessee reiste oft nach Amerika, häufig in Begleitung einer ihrer zahlreichen Nichten und Neffen oder deren Kinder. 1914 organisierte sie eine Reporterreise nach New York, wo sie den Journalisten das Ludlow-Gefängnis und weitere Orte ihrer früheren Berühmtheit zeigte. Sie gründete verschiedene Frauenclubs in Amerika und in England, von denen aber keiner lange Bestand hatte. Einmal bekam sie sogar eine Audienz bei Präsident Theodore Roosevelt, bei der sie ihm wieder einmal die Notwendigkeit des Frauenwahlrechts vor Augen führte. Auf Long Island plante sie eine »Schule für Väter«, was aber am Widerstand der Nachbarn scheiterte. Hin und wieder besuchte Tennessee Victoria und Zula Maud in Bredon's Norton, aber das Leben dort war für ihren Geschmack zu ruhig und zu beschaulich. Auch sie fuhr gerne Auto, und auf ihrem Wagen hing immer ein Banner mit der Aufschrift »Wahlrecht für Frauen« – bis es 1920 endlich eingeführt wurde. In London suchte Tennie die Bekanntschaft von Berühmtheiten, zeigte sich als freigebig und skandalös, und immer wieder konnte man etwas über sie in den Zeitungen lesen. Einmal hielt sie einen Vortrag über »Die gegenwärtige Veränderung von Moral und Gesetzen«, zu dem siebendtausend Menschen in die Albert Hall kamen. Und 1915, im Ersten Weltkrieg – da war sie 69 Jahre alt – kündigte sie an, ein Frauenbataillon »in khaki Uniformen, wie die Männer« auf die Beine zu stellen.

Nach ihrem Tod rühmten die Zeitungen Tennessee Claflin für ihren »Einsatz für die Frauenrechte in Amerika«, wie die Londoner *Times* schrieb. Kein Wort von Skandalen, Erpressung, freier Liebe, Hellseherei und Gefängnisaufenthalten. Sogar die New Yorker Zeitungen zeigten sich versöhnlich: »Bankier und Journalistin« sei Lady Cook gewesen, schrieb die *New York Times*, und nur am Rande wurde erwähnt, dass einige »unerfreuliche« Artikel in ihrer früheren Zeitung, der *Woodhull and Claflin's Weekly*, ihr und ihrer Schwester im Zusammenhang mit dem Beecher-Tilton-Skandal einige Kritik eingebracht hätten. Aber diese Geschichte lag ja nun auch schon vierzig Jahre zurück.

Nach Tennies Tod beschloss Victoria erst recht, ihrem eigenen Tod die Stirn zu bieten. Sie wollte nicht sterben, und sie traf ihre Vorkehrungen: Um etwas für ihre Gesundheit zu tun, kaufte sie ein Apartment am Meer, in Brighton, wohin sie sich und ihren Sohn Byron mit ihrem neuesten Auto, einem Talbot-Darracq, regelmäßig fahren ließ. Besucherinnen und Besucher bekamen nun als erstes eine Karte, auf der zu lesen stand: »Ich schüttele prinzipiell keine Hände – aus gesundheitlichen Gründen.« Ganz anders als in ihrer Jugend, als sie allen Menschen gleich die Hände gereicht hatte, um die energetischen Strömungen zu spüren, war Victoria Woodhull nun überzeugt, Händeschütteln sei eine barbarische Sitte, die abgeschafft gehört – die ganzen Bazillen, die da übertragen werden! Trotzdem suchte sie bis zuletzt die Öffentlichkeit. Die Zeit hatte so manche Wunden geheilt. Die Reporter wussten nicht mehr, dass diese alte Dame, die geschätzte Wohltäterin einer ganzen Region, früher einmal eine skandalöse Revolutionärin und Anhängerin der freien Liebe gewesen war. In England galt Victoria Woodhull als eine Pionierin der Frauenbewegung, die sich schon vor Jahrzehnten für die Rechte der Frauen eingesetzt hatte – Dinge, die inzwischen als selbstverständlich galten. Und Victoria hütete sich, dieser Sichtweise zu widersprechen. Seit 1920 die Frauen in den USA das Wahlrecht bekommen hatten, war sie wieder eine gefragte Interviewpartnerin – schließlich waren sie und Tennessee die einzigen der früheren Streiterinnen, die die Einführung des Wahlrechts noch erlebten. Sie lud den Earl of Coventry zu sich nach Norton Park ein, ließ ein Foto ma-

Byron Woodhull, der geistig behinderte Sohn, lebte bis zu Victoria Woodhulls Tod bei ihr und wurde dann von seiner Schwester Zula Maud versorgt.

»Earl besucht die amerikanische Mutter des Frauenwahlrechts«
Victoria Woodhull und der Earl of Coventry, 1920

chen und schickte es den Zeitungen zu – mit der Überschrift: »Earl besucht die amerikanische Mutter des Frauenwahlrechts«.

Zu ihrem 86. Geburtstag überbrachte eine Delegation aus dem Ort Victoria Woodhull ein Album mit einem Gratulationsbrief, den jeder einzelne Einwohner und jede Einwohnerin unterzeichnet hatte. Man nannte sie im Ort »Lady Bountiful«, die freigebige Dame. Ab 1925 konnte sie die Hügel von Norton Park nicht mehr bewältigen, daher ließ Zula Maud eine Straße bis zum höchsten Punkt bauen, sodass Victoria sich im Auto hinbringen lassen und weiterhin den Ausblick auf die Landschaft genießen konnte. Denn trotz ihres hohen Alters blieb sie nicht gerne zu Hause. Einen Großteil ihrer Tage verbrachte sie auf der Rückbank ihres Autos und ließ sich von ihrem Fahrer durch die Gegend kutschieren. Angeblich schlief sie die letzten vier Jahre ihres Lebens nachts aufrecht in einem Stuhl sitzend – aus Angst, sie könnte sterben, wenn sie sich hinlegte. Denn sie hatte in einer Statistik gelesen, dass die meisten alten Menschen nachts in ihrem Bett starben.

Im Mai 1927 überquerte Charles Lindbergh als erster mit einem Flugzeug den atlantischen Ozean. Es war das letzte Ereignis von weltgeschichtlicher Bedeutung, das Victoria Woodhull noch erlebte. Sie starb am 9. Juni 1927, im Alter von 88 Jahren. Ihre Asche wurde, wie sie es angeordnet hatte, genau zwischen England und Amerika ins Meer gestreut. Ihr Vermögen, insgesamt über 180 000 englische Pfund, erbte Zula Maud, die weiterhin für ihren behinderten Bruder Byron sorgte.

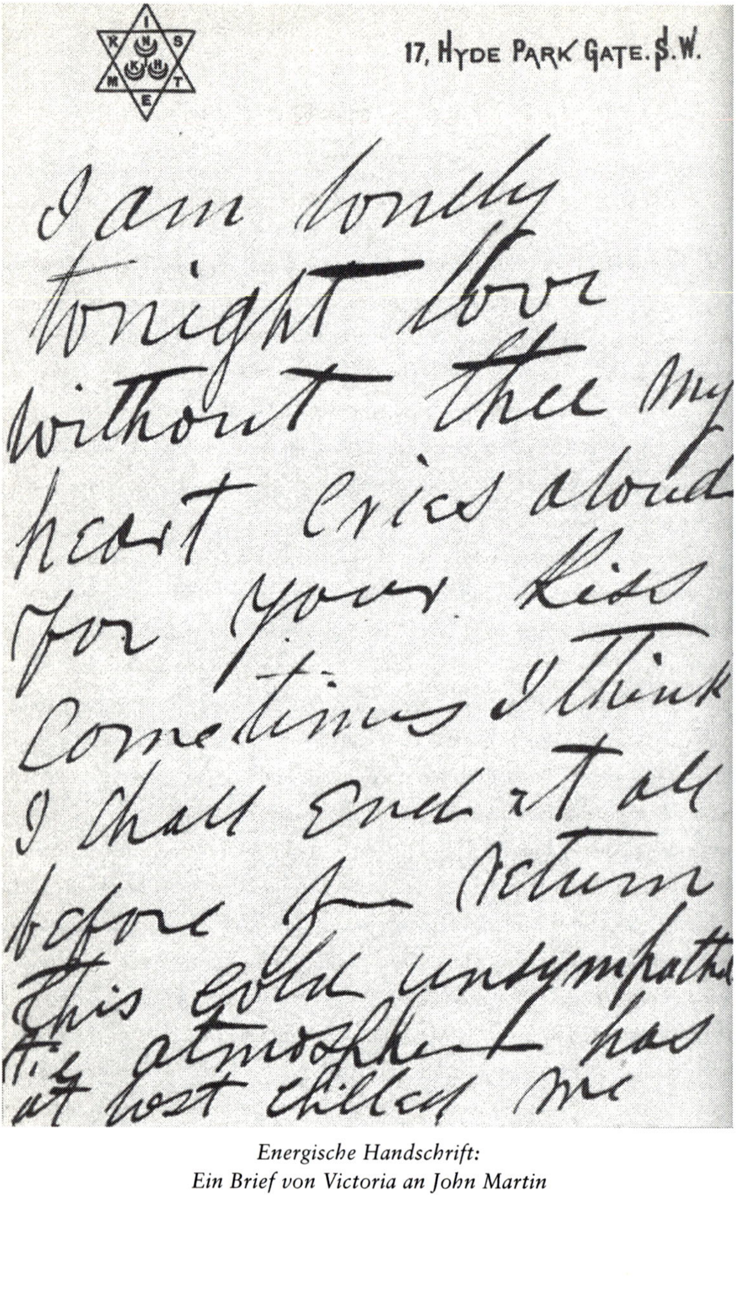
17, HYDE PARK GATE. S.W.

I am lonely
tonight love
without thee my
heart cries aloud
for your kiss
sometimes I think
I shall end it all
before I return
this cold unsympathetic
atmosphere has
at best chilled me

Energische Handschrift:
Ein Brief von Victoria an John Martin

Epilog

Die lokalen Zeitungen rühmten Victoria Woodhull nach ihrem Tod als »Wohltäterin von Bredon und Vorreiterin der anglo-amerikanischen Freundschaft.« Die Londoner *Times* druckte einen wohlwollenden Nachruf und würdigte ihr Engagement für Frauenrechte und die Belange der englischen Landbevölkerung. Überregional oder in Amerika sorgte ihr Tod jedoch für wenig Aufsehen – dort beherrschten immer noch Lindberghs Atlantik-Flug und sein bevorstehender Empfang in Washington die Schlagzeilen. Aber fast alle Zeitungen brachten immerhin kurze Nachrufe, würdigten Victoria Woodhull als Vorreiterin der Frauenrechtsbewegung, erwähnten ihr Kongress-Memorial und berichteten darüber, dass sie eine Zeitung herausgegeben hatte.

Bereits ein Jahr nach ihrem Tod erschien in den USA eine Biografie über Victoria Woodhull. Die Autorin, Emanie Sachs, hatte dafür nicht nur in New York, sondern auch in Homer/Ohio, Chicago und anderen Stationen des frühen Claflin'schen Wanderlebens recherchiert, und entsprechend missbilligend fiel diese Biografie aus. Zwar kann man zwischen den Zeilen eine gewisse Bewunderung der Autorin für Victoria Woodhull herauslesen, aber Emanie Sachs orientierte sich ganz an den Skandalen, an den Kontroversen. Mit Woodhulls politischen Ideen und Absichten konnte sie wenig anfangen. Eigentlich hatte auch Zula Maud geplant, die Biografie ihrer Mutter zu schreiben, aber dazu kam es nicht. Immerhin war Zula, als Victoria starb, auch schon Ende sechzig, und vielleicht hatte sie keine Energie für ein solches Projekt. Sie starb 1940, im Alter von 80 Jahren. So blieb die Biografie von Emanie Sachs für Jahrzehnte die einzige Quelle über das Leben der Victoria Woodhull. Ihr Bild wurde all die Zeit bestimmt von der Skandalfigur, die Sachs porträtierte. Dass Victoria Woodhull eine Vorkämpferin der Frauenbewegung, eine politische Denkerin und bedeutende Publizistin war, geriet in Vergessenheit.

Merkwürdigerweise wurde Victoria Woodhull aber auch später, als sich in den 70er und 80er Jahren des 20. Jahrhunderts feministische Historikerinnen auf die Suche nach »berühmten Frauengestalten in der Geschichte« machten, nicht wieder entdeckt. Die Hauptursache dafür ist, dass die frühen Frauenrechtlerinnen sich sehr bemüht hatten, Victoria Woodhull aus ihren Annalen zu tilgen. In der »Geschichte der amerikanischen Frauenbewegung«, die Elizabeth Cady Stanton, Susan Anthony und Mathilde Joslyn Gage bereits 1882 schrieben, kommt Victoria Woodhull so gut wie nicht vor. Die Autorinnen waren ganz offensichtlich bemüht, nicht mit der skandalösen Woodhull in Verbindung gebracht zu werden. Man kann ihnen das vielleicht nicht einmal verübeln. Sie schrieben ja nicht als objektive Historikerinnen (auch wenn sie natürlich diesen Eindruck zu erwecken versuchten), sondern sie waren Partei. Immerhin lagen die Konflikte erst gerade mal zehn Jahre zurück, und die Frauenrechtsbewegung war noch weit davon entfernt, ihre Ziele erreicht zu haben. Bei politischen Auseinandersetzungen war man nicht zimperlich mit der Wahrheit. Ida Harper zum Beispiel, die eine Biografie über Susan Anthony schrieb, hat dabei nicht nur Victoria Woodhulls Rolle völlig verschwiegen, sie ging sogar soweit, die entsprechenden Seiten aus Susan Anthonys Tagebuch einfach herauszureißen und zu vernichten. Dies alles trug dazu bei, dass Victoria Woodhull nicht als Frauenrechtlerin oder als Sozialistin, als Brokerin oder als Publizistin in Erinnerung blieb, sondern nur als Exzentrikerin, als Ulknudel, als Scharlatanin. Das ist auch das Bild, das Johanna Johnston in ihrem 1967 erschienenen Buch »Mrs. Satan« von Woodhull zeichnet, wobei sie aber ohnehin über weite Strecken nur eine Nacherzählung der Sachs-Biografie bietet.

Während man für die parteiische Haltung von Woodhulls Zeitgenossinnen noch ein gewisses Verständnis haben kann, ist jedoch die Naivität erschreckend, in der spätere Historikerinnen und Historiker damit umgingen. Fast alle haben sich bei ihren Arbeiten über die Geschichte der Frauenbewegung einfach gutgläubig auf das Standardwerk von Cady-Stanton und Anthony berufen: Was dort nicht erwähnt ist, das gab es für sie nicht. Nicht besser steht es mit dem Gedächtnis der Arbeiterbewegung: Schon die frühen Sozialisten diffamierten Victoria Woodhull als bourgeois und anarchistisch, weil sie sich nicht an die Theorien hielt, die Karl Marx vorgab. Marx und Engels schilderten sie und Tennessee als »geisterklopfende Shakers« und »Bourgeoisweiber«, die die Arbeiterbewegung auf Abwege führten. Gerade der Vorwurf, Victoria Woodhull sei »bourgeois«, ist aber höchst lächerlich, vor allem aus dem Munde von Bürgersöhnchen wie Marx und Engels. Es gibt wohl kaum eine führende Persönlichkeit in der Arbeiterbewegung des 19. Jahrhunderts, die weniger »bourgeois« war als sie. Doch in der sozialistischen Geschichtsschreibung galt wie in der feministischen: Was die vermeintlichen Helden und Heldinnen von damals erzählten, das war so sakrosankt wie die Bibel.

Seit einigen Jahren jedoch wird Victoria Woodhull, die in so vielerlei Hinsicht eine Vordenkerin und Vorkämpferin war, zumindest in Amerika langsam wieder entdeckt. Mary Shearer, eine Nachfahrin von Isabell Morrill Fogg und damit eine Ur-Ur-Ur-Stieftochter von James Blood, erfuhr im Rahmen von Ahnenforschung von ihrer Beinahe-Verwandtschaft mit Victoria Woodhull und baut seither eine reichhaltige Internetseite (www.victoria-woodhull.com) auf, inklusive Mailingliste und Merchandising – vom T-Shirt bis zum Wahlkampfplakat. Ende der neunziger Jahre kamen in Amerika gleich drei Biografien über Victoria Woodhull auf den Markt. Und im Oktober 2002 schließlich wurde sie endlich auch in die »Seneca Hall of Fame« aufgenommen, die größte Gedenkstätte für wichtige Frauen der amerikanischen Geschichte in Seneca Falls – dem Ort, wo 1848 der allererste Frauenrechtskongress stattfand.

Bildnachweis

S. 46, 55, 62b, 67, 74, 87, 117, 132, 141, 176, 182 — Barbara Goldsmith: Other Powers. The Age of Suffrage, Spiritualism, and the Scandalous Victoria Woodhull, New York 1998.

S. 35, 42, 50, 51, 85, 110, 116, 131, 167, 225 oben, 242, 245 — Gabriel, Mary: Notorious Victoria. The Life of Victoria Woodhull, Uncensored, Chapel Hill / North Carolina 1998.

S. 2, 72, 75, 97, 124, 161, 165, 191, 202, 209, 214, 217, 232 unten — Emanie Sachs: The Terrible Siren. Victoria Woodhull. New York, 1928.

17, 29, 53, 62 oben, 65, 140, 223, 225 unten, 229, 232 oben — Lois Beachy Underhill: The Woman who Ran for President: The Many Lives of Victoria Woodhull, New York 1995.

Zum Weiterlesen

Antje Schrupp
Nicht Marxistin und auch nicht Anarchistin
Frauen in der Ersten Internationale –
Virginie Barbet, Elisabeth Dmitrieff,
André Léo und Victoria Woodhull

Über die Studie (erschienen im Ulrike Helmer Verlag, 1999) schrieb der Freitag in seiner Literaturbeilage: *»Schrupp leistet Pionierarbeit und überzeugt mit bewundernswürdigem Spürsinn beim mühseligen Durchforsten und Auffinden männlich sortierter Quellepuzzle samt Überlieferungsfehlern. Das ist lehrreich, oft überraschend, liest sich spannend und erhellend.«* 3-89741-022-2

Englischsprachige Literatur

Barbara Goldsmith: Other Powers. The Age of Suffrage, Spiritualism, and the Scandalous Victoria Woodhull, New York 1998.
Mary Gabriel: Notorious Victoria. The Life of Victoria Woodhull, Uncensored, Chapel Hill/North Carolina 1998.
Lois Beachy Underhill: The Woman who Ran for President: The Many Lives of Victoria Woodhull, New York 1995.
Madeleine B. Stern: The Victoria Woodhull Reader, Weston, Massachusetts 1974.
Johanna Johnston: Mrs. Satan. The Incredible Saga of Victoria C. Woodhull, New York 1967.
Emanie Sachs: The Terrible Siren. Victoria Woodhull. New York, 1928.
Theodore Tilton: Victoria C. Woodhull. A Biographical Sketch, New York 1871.

AUS DEM VERLAGSPROGRAMM

Malwida von Meysenbug *Memoiren einer Idealistin*
hrsg. v. Renate Wiggershaus

Malwida von Meysenbug (1816–1903) beeinflusste mit ihrem Hauptwerk »Memoiren einer Idealistin« nachhaltig die Geschichte der Frauenbewegung. Sie trat für den Anspruch der Frauen auf Bildung und Beruf ein und verdiente sich mit Unterricht, Übersetzungen und schriftstellerischer Arbeit ihren Lebensunterhalt selbst. Als Zeitzeugin ersten Ranges dokumentierte sie die 1848er Ereignisse sowie ihre Erlebnisse im Londoner Exil, in dem damals »alle Revolutionäre Europas« versammelt waren. Mit vielen Bekannten ihrer Londoner Exilzeit stand Malwida von Meysenbug in späteren Jahren weiter in Kontakt. 3-89741-007-9

Malwida von Meysenbug *Ausgewählte Schriften*
hrsg. v. Sabine Hering und Karl-Heinz Nickel

Auszüge aus von Meysenbugs Briefen – unter anderem an Johanna Kinkel, Friedrich Nietzsche, Romain Rolland, Cosima Wagner und Lou Andreas-Salomé –, eine Auswahl der Erinnerungen u.a. an Alexander Herzen, Jules Michelet, Friedrich Nietzsche und Richard Wagner sowie Vorworte und Auszüge aus Essays und Zeitschriftenartikeln machen mit einer starken Persönlichkeit bekannt, die mit großer Unbeirrbarkeit, mit Humor und Menschenliebe ihren Weg ging.
3-89741-039-7

Lida Gustava Heymann / Anita Augspurg
Erlebtes – Erschautes

Die Memoiren der »Radikalen« der ersten Frauenbewegung in Deutschland, 1940 im Zürcher Exil aus dem Gedächtnis aufgezeichnet, sind ein sprechendes Dokument vom politischen Wirken zweier ungewöhnlicher Frauen in einer Zeit großer Umwältzungen vom Kaiserreich über die Münchner Räterepublik bis hin zum Nationalsozialismus. 3-927164-43-7